KB073861

극예술, 바다를 상상하다

공연과 미디어 연구회

지식과교양

머리말

2016년에 발족한 공연과 미디어 연구소는 그동안 '극예술과 과학', '기념과 기억의 정치로서 극예술'이라는 연구주제로 월례세미나와 학술 심포지엄을 진행하고 두 권의 성과물 『극예술, 과학을 꿈꾸다』(2019), 『극예술, 기념/기억의 정치』(2021)를 출간하였다. 우리 연구소는 2021년 두 번째 연구서 발간을 준비하면서, 코로나 19 팬데믹 상황을 겪어야 했고 새로운 연구에 대한 논의는 온라인에서 이어가야 했다. 2년여간은 열띤 논의 후 따듯한 식사 한 끼와 서로를 향한 격려 등을 현장에서 마주하며 나눌 수 없었지만, 공연과 미디어 연구소원들의 공동연구에 대한 열의는 여전했다. 연구소원들의 열정에 힘입어 공연과 미디어 연구소는 '극예술'에서 등장하는 '바다'의 이미지를 탐구하는 세 번째 과제를 이어갈 수 있었다. 특히 이번 연구주제는 국립해양문화재연구소와 연구 협력관계를 맺고 2021년 10월 〈극예술, 바다를 상상하다〉라는 기획 주제로 국립해양문화재연구소와 공동학술대회를 개최하는 뜻깊은 시간을 가질 수 있었다.

'바다'는 탐험과 여행을 상상하는 체험의 장소이자, 교류, 운송 등의 활동이 이뤄지는 현실적 장소이다. 희곡, 영화, 연극, 다큐멘터리 방송, TV

드라마 등에서 '바다'는 생명과 죽음의 원형적 심상과 더불어 다양한 방식으로 형상화되었다. 극예술에서 바다는 식민지 시대 희곡에서부터 최근 TV드라마에 이르기까지 각 시대 시·공간의 의미를 담아내고 있다. '바다'는 향유와 미적 대상으로서 안식과 휴식을 보장해주는 낭만적 공간으로서 상상되기도 하지만, 계급적 투쟁이 발생하고 국가나 종교 간 분쟁이 발생하는, 생존의 위기와 맞닿아 있는 정치적 공간이기도 하다. 이처럼 극예술에서 바다는 단순히 배경으로 활용되거나 미적 공간이나 소재로 그치는 것이 아닌 다채로운 의미를 구축하고 있다. '바다'는 해양문학, 해양문화라는 연구 영역에서 지속적인 관심 대상이라고 할 수 있다. 공연과 미디어 연구소는 해양문학/문화의 확장된 연구로서 연극, 영화, 뮤지컬, TV드라마 등에서 '바다'가 각각 어떻게 형상화되었고 어떤 의미로 해석되는지 살펴보는 것이 중요하다는 논의를 하게 되었다. 우리는 1년여에 걸쳐 월례세미나와 학술대회를 통해 '극예술과 바다'를 연구하게 되었고 그 결과로 세 번째 책, 〈극예술, 바다를 상상하다〉를 출간하게 되었다.

이 책에서는 극예술에서의 바다를 크게 두 가지로 나누어 살펴보았다. 첫 번째는 경제적 곤궁이나 생존 위기의 현장으로서 바다이다. 이때 바다는 계급, 인종, 국가, 이데올로기 등과 결합하여 삶의 극단이 드러나는 정치적 공간으로 표상된다. 또 하나의 바다는 환상적 섬에 대한 상상에서 비롯된 유토피아적 이미지로, 휴식과 회복이 실현되는 공간으로서 바다이다. 바다는 제한된 삶에서 벗어나는 해방적 함의를 가지거나 낯선 공간이 주는 신비로움, 여유 등을 통해 낭만적 공간으로 작동한다. 이 두 가지의 의미를 토대로, 우리는 '극예술에서의 바다'를 '폭력과 단절의 공간', '치유와 낭만의 공간'으로 나누고 9편의 글을 통해 살펴보았다.

폭력과 단절의 공간으로서 바다는 5편의 글에서 밝히고 있다. 이복실의 「조선조 희곡 〈불길〉을 통해 여순 항쟁을 읽다」는 여순 항쟁을 재현한 희곡 〈불길〉에서 형상화된 바다의 의미를 밝힌 논문이다. 〈불길〉은 해방 직후 한국 사회의 계급문제와 부정부패를 폭로함과 동시에 여순 항쟁의 근본적인 계기를 강조하고 있는데, 여기서 그 의미를 바다 공간의 변화와 긴밀하게 연결시켜 제시하고 있다고 논구하고 있다. 김태희의 「바다의 경계 확장과 의미 변화」는 천승세 희곡 〈만선〉과 소설 〈빙등〉에 나타난 바다라는 삶의 공간에서 벌어지는 힘의 지배와 계급적 착취에 대한 문제를 분석한 논문이다. 이를 통해 〈만선〉에서 〈빙등〉으로 이어지는 천승세의 해양문학이 국가의 무력함이 지배하는, 대안적 로컬리티의 가능성이 사라진 바다의 이미지를 형상화하는 결론에 도달한 것으로 규명하고 있다. 박소영의 「1960년대 영화와 단절의 현해탄」은 현해탄이라는 해역이 영상에 직접 드러나는 1960년대 영화를 통해 현해탄이 어떻게 영상적으로 재현되고 있는지 분석하고, 한일관계의 변화에 대한 대중들의 수용 양상이 영화에 미친 영향을 추적한 논문이다. 여기서 1960년대 영화에서의 현해탄은 이산(離散)을 상징하며 가족 간 연결되어야 할 상징적 공간으로, 한일관계에 대한 호의적 태도를 관객들이 공감하고 수용할 수 있도록 하기 위한 이미지로 재현되었다고 분석하였다. 서미진의 「영화 〈해무〉가 그리는 생명 정치와 바다」는 조선족을 싣고 밀항하던 근해 안강망 어선의 선상에서 일어난 사태를 재현한 영화 〈해무〉의 바다 표상과 의미를 밝힌 논문이다. 〈해무〉는 밀항 선상에서 일어난 생명 정치 사태에 대한 알레고리적 형상화를 통해 존재론적 물음과 타자의 책임(사랑) 윤리에 대한 의미를 구성하였다고 서술하고 있다. 이주영의 「암흑의 시간, 미디어를 횡단하는 페스카마호」는 1996

년 발생했던 온두라스 국적 원양참치연승어선 페스카마호 선상 반란 사건이 저널, TV, 연극을 횡단하면서 변화하는 해석들에 주목하고 있다. 논문은 희곡과 연극에 나타난 사건에 대한 해석점을 분석하고 페스카마호 사건을 극화하는 과정에서 여전히 해결되지 못한 지점, 사건에서 잃어버린 목소리를 밝히고 있다.

치유와 낭만의 공간으로서 바다에 주목한 글은 4편이 있다. 이상우의 「함세덕의 독서 체험과 바다 소재 희곡」은 함세덕의 바다체험과 독서 체험이 희곡 창작과 어떠한 연관을 가지고 있으며 희곡작품에 바다 모티프의 양상이 어떻게 나타나는지에 대해 희곡 〈산허구리〉, 〈무의도 기행〉, 〈해연〉 등의 분석을 통해 추적한 논문이다. 이를 통해 함세덕의 출생, 성장 과정의 환경에서 그 이유를 찾고 있으며, 경성의 일본인 서점 일한서방에 점원으로 일하면서 서양 희곡작품을 탐독했던 독서 체험이 바다 소재 희곡에 큰 영향을 준 것으로 규명하였다. 정명문의 「뮤지컬에 그려진 현실도피와 성장통의 공간」은 2010년 이후 소극장 뮤지컬에서 공간적 배경과 바다가 부각되는 작품들을 선별하여 작품 내 바다가 어떠한 기능을 하는지 살펴보고 그 의미를 밝히고 있다. 이를 통해 창작 뮤지컬에서 바다는 현실과 판타지, 장소 간 경계나 공간 변화를 드러내는 데 적절히 활용되고 있다고 분석하며, 여기서 바다는 역사의 공간, 현실탈피, 성장의 공간으로 의미가 확장되고 있다고 보고 있다. 문선영의 「TV로맨스 드라마와 바다」는 TV로맨스 드라마와 바다를 연결한 논문이다. 로맨스 드라마에서 바다는 주로 낭만적 사랑을 강화하는 배경이나 소재적 차원에서 활용되었지만, 최근 로맨스 드라마에서는 상처를 치유하고 회복하는 이야기에 적극적으로 개입되거나 도시와 지역이라는 다름에서 발생하는 차이의 문제를 담아내는 데 작동되기도 한다는 점을 서술하고 있다. 김남석의 「〈센과 치히로의 행방불명〉에 나타난 물과 바다 모티프」는 〈센과 치히로의 행방불명〉에서 바다는 주인공의 모험을 촉발하는 장소이자 계기이며 동시에 기회이자 위기의 장소라고 분석하며, 이 작품에서 미야자키 하야오가 제시하는 바다의 의미를 규명하고 있다. 이 글은 애니메이션 〈센과 치히로의 행방불명〉에서 바다는 일상과 내면의 공간으로 자신을 찾는 모험이며 내면의 여행을 상징한다고 밝히고 있다.

  이 책은 이전 두 권의 연구서에 못지않게 더 큰 관심과 열정을 쏟은 공연과 미디어 연구소 소원들이 있어 출간이 가능했다. 온라인상에서도 빠지지 않고 참여하여 늦은 시간까지 열띤 논의를 이어갈 수 있었던 것은 그들의 연구소에 대한 애정에서 비롯된 것이었다. 월례세미나와 학술 심포지엄, 학술대회에 늘 함께 한 소원들에게 감사한다. 그리고 이 책이 나오기까지 국립해양문화재연구소의 협력과 지원이 큰 도움이 되었다. '극예술과 바다'라는 연구주제가 의미 있는 결과들로 이루어지기까지 아낌없이 지원해준 국립해양문화재연구소에 감사의 마음을 전한다. 그리고 세 번째 학술서의 출판 역시 흔쾌히 맡아주신 '지식과 교양' 출판사에 감사드린다.

| 차례 |

1부

폭력과 단절의 공간으로서 바다

1
조선족 희곡 <불길>을 통해 여순항쟁을 읽다

이 복 실

1. 여순항쟁 : 역사적 기억의 소환

세계박람회의 영광과 밤바다의 낭만이 깃든 해양도시, 이는 곧 오늘날의 여수가 지니고 있는 대중적 이미지이다. 흔히 영광에 희생이 따르듯이 오늘날 여수의 영광 역시 일제강점기 이래의 수많은 사람들의 희생과 죽음을 딛고 있다. "일제강점기 징용을 갔다 귀국한 사람들, 여순항쟁과 한국전쟁 후 오갈 데 없어진 사람들이 모였던 귀환정, 마래산 절벽 아래 시체웅덩이, 전쟁 후 새로운 서울의 이미지를 만들기 위해 강제로 기차간에 실려 보내진 거지들의 종착역이었던 여수역, 국동 구봉산자락에 자연스레 형성된 무연고 공동묘지" 등[1]이 족히 그 수난의 역사를 증명하고 있다.

---

[1] 전영의, 「해양도시 여수의 문학적 표상과 공간의 로컬리티」, 『현대소설연구』 82, 현대소설학회, 2021, 514면.

상기한 고통의 역사 가운데 가장 큰 무게를 차지하는 것은 비극적인 현대사를 품고 있는 여순항쟁[2]이 아닐까 싶다. 주지하듯이 여순항쟁은 1948년 10월 19일 밤, 당시 여수에 주둔하고 있던 국방경비대 제 14연대 소속의 좌익계열 군인들이 제주 4·3사건 진압에 대한 육군본부의 명령에 반발하여 촉발된 무장봉기이다. 당시 봉기를 일으켰던 주도 세력은 여수를 즉시 함락하고 순천까지 재빨리 함락했지만 봉기 8일째인 27일에 이르러 결국 정부의 강경한 반공(反攻)으로 진압되고 말았다. 여순항쟁은 빠르게 종결됨과 동시에 수많은 인적·물적 피해를 초래[3]했으며 더욱 강경한 반공체제를 구축시켰다.

해방 직후 한국의 국가 형성 과정에서 발생한 이념과 정치, 폭력과 희생 등 중대하고도 민감한 문제들이 착종되어 있는 여순항쟁은 새로운 세기에 들어서기 전까지는 학계로부터 큰 주목을 받지 못했다. 최근에 와서야 다양한 시각에서 접근한 연구들이 역사학계에서 활발하게 진행

---

2) 1948년 여수 14연대 군인들이 일으킨 이 사건에 대한 명칭은 공식적으로 '여순반란사건'을 주로 사용해 왔다. 하지만 여수 지역민과 사회단체는 군인들이 일으킨 '반란사건'으로 인해 여수와 순천 시민들이 이미지 타격을 받는다며 명칭 변경을 촉구했다. 이에 따라 현재 한국 학계에서는 주로 가치중립적인 성격을 지닌 '여순항쟁'과 투쟁/저항의 의미를 담고 있는 '여순항쟁'이라는 명칭을 사용하고 있는데, 그 명칭에 대한 논쟁은 여전히 진행 중이다.(임송자, 「여순항쟁 연구의 현황과 쟁점, 그리고 과제」, 『남도문화연구』 2, 남도문화학회, 2021, 116~117면.) 이 글에서는 논의하려는 텍스트 〈불길〉이 당시 여수시민들의 투쟁/저항의 배경과 그 과정을 그리고 있다는 점을 감안하여 '여순항쟁'이라는 명칭을 사용하기로 한다.

3) 임송자의 최근 연구에 따르면 여순항쟁이 초래한 인적, 물적 피해상황은 아직 상세하게 밝혀지지 않았다.(위의 논문, 125면.) 『한국전쟁사』의 기록을 통해 그 피해의 일면을 파악해 보자면 '여순항쟁 발생 1주일 여수지구에서만 관민 1,200명이 학살당했고 중경상자가 1,150명, 이재민이 9,800명 나왔으며 1538동의 가옥이 소실·파괴되었다'고 한다.(한국국방부 전사편찬위원회, 『한국전쟁사』, 서울 전사편찬위원회, 1968, 452면.)

되고 있다.[4] 여순항쟁을 소재로 한 문학작품에 대한 연구도 두 편 정도 확인된다. 김미란은 김승옥의 소설에 주목하여 여수와 순천의 문학적 표상 방식 및 "반공과 자유주의의 길항 관계"에 대해 논의했다.[5] 전영의 는 여수를 소재로 한 여러 편의 소설을 통해 "여수의 문학적 표상과 공간 의 로컬리티"에 대하여 고찰했다.[6] 두 논문 모두 여수의 문학적 표상에 주안점을 두었는데 전자는 여수가 '개인에 대한 탐색과 발견의 문화적 공간'으로 표상되었음을 밝혔다면 후자는 주로 '국가의 폭력이 가해진 정치적 공간'으로 표상되었음을 밝혔다.

이상 두 논문의 연구대상으로 선정된 소설 중에서 여순항쟁을 전면 으로 다룬 작품은 『태백산맥』, 『여수역』, 『여수의 눈물』, 『절망 뒤에 오는 것』, 『하산장』, 「1948년 여수의 블루스」 등이다. 소설에는 훨씬 못 미치 지만 최근에 여순항쟁을 소재로 한 연극도 처음으로 공연되었다. 2020 년 10월 24~25일, 극단 파도소리에 의해 공연된 창작연극 〈1948 여수〉 가 바로 그 작품이다. 이 작품은 해방 후 여수시민들의 고달픈 삶과 14연 대 군인 모병의 배경 및 군인들의 반란에 동조한 시민들에 대한 정부 진 압군의 학살을 다루었다.[7] "그 역사를 기억하기를 원한다. 여순항쟁!"[8]

---

4) 여순항쟁의 연구 현황에 관한 글은 임송자, 앞의 글 참조.
5) 김미란, 「여순항쟁과 4월혁명, 혹은 김승옥 문학의 시공간 정치학-반공과 자유주의의 길항 관계를 중심으로」, 『대중서사연구』 22, 대중서사학회, 2009.
6) 전영의, 앞의 글.
7) 「여수-순천 사건 재조명, 창작연극 '1948 여수' 개막」, 『예술과 함께 문화뉴스』, 2020, 10, 21. http://www.mhns.co.kr/news/articleView.html?idxno=419495(검색일 : 2022.3.5.) 극단 파도소리는 전남과 여수를 대표하는 극단이며 〈여수 1948〉은 전남문 화재단, 여순항쟁문화연대모임 외 여러 단체의 후원 하에 여수시민회관에서 공연되었 다.
8) 위의 검색자료.

이라고 포스터에 적힌 짧은 '외침'은 망각되어 가는 역사에 대한 소환이
자 현재까지도 과거의 아픔을 치유 받지 못한 채 고통에 시달리고 있는
여수의 많은 지역민들에 대한 '구원'의 호소이다.

　상기해야 할 것은 여순항쟁 이후, 한국의 반공체제가 더욱 강화되었
기 때문에 여순항쟁을 소재로 한 문학작품이 당대의 한국에서는 빛을
보지 못했다는 점이다. 그런 점에서 여순항쟁을 당대에 희곡으로 재현
하고 공연까지 했던 중국의 조선족 작품 〈불길〉이 흥미롭게 다가온다.

　〈불길〉은 조선족 극작가 고철에 의해 창작된 작품으로 1948년 『연변
문화』 제3호에 발표되었으며 훈춘현 문예단체에 의해 연극으로 공연되
었다.[9] 이 작품은 우선, 여순항쟁 발생 직후 한국이 아닌 중국 조선족 집
거 지역에서 창작·공연되었다는 점에서 눈여겨 볼만하다. 다음, 계급
과 이념 갈등을 여순항쟁의 중요한 계기로 강조함과 동시에 계급/이념
투쟁 및 민주주의 건설을 미래지향성으로 강조했다는 점에서 주목된다.
나아가 이러한 지점들이 해방 직후 중국 조선족의 사상 편입 및 조선족
사회의 구축 등과 밀접한 연관관계를 지닌다는 점에서도 큰 주목을 요
한다.

　따라서 이 글에서는 이상의 문제들에 착안하여 희곡 〈불길〉을 살펴보

---

9) 『중국 조선족 연극사』에 의하면 희곡 〈불길〉은 1948년 12월에 창작되었으며 일부
　자료에는 〈봉화〉로 기록되어 있기도 하지만 『연변문화』에 발표된 제목은 〈불길〉이
　다.(김운일, 『중국 조선족 연극사』, 신성출판사, 2006, 139면). 또한 훈춘의 문예단체에
　의해 연극으로 공연되었다(김운일·권철·한기영 편, 『20세기 중국조선족 문학사료
　전집-희곡(제16집)』, 연변인민출판사, 2010, 238면.)고 하지만 구체적인 공연 시기와
　단체명에 대해서는 전해진 바 없다. 다만 1946년에 조선의용군 선전대가 훈춘으로 들
　어와 기존의 극단 '인민연극사'를 '훈춘문예공작대'로 개칭하고 출연진을 강화하고 꾸
　준히 공연 활동을 전개(김운일, 앞의 책, 86면)한 것으로 보아 〈불길〉을 공연한 단체가
　'훈문예공작대'였을 가능성이 높다.

고자 한다. 구체적으로 희곡 〈불길〉이 당대 중국 조선족 집거지에서 창작 · 공연된 경위, 여순항쟁의 극적 재현과 그 의미 및 바다 공간의 변화와 의미 등에 대해 논의하기로 한다. 이를 통해 해방 직후 조선족 집거지역의 문단 상황과 조선족 사회를 새롭게 구축하고자 했던 주체세력-조선의용군의 사상 선전을 파악하고자 한다.

2. 해방 직후 조선족 문단과 〈불길〉

1945년 일본 제국이 패망한 후, 중국 둥베이(東北) 지역에 집중적으로 거주하던 조선인들은 광복을 맞이한 고국으로 돌아가거나 '제 2의 고향'으로 간주하던 둥베이에 남는 등 선택의 기로에 서게 되었다. 게다가 국공내전까지 벌어지면서 해방 직후의 조선족 사회는 혼란스러운 상황에 놓이게 되었다. 그 과정에서 조선의용군이 조선족 사회의 주체 세력으로 부상했다.

주지하듯 조선의용군은 일제에 맞서 싸우던 독립운동단체로 해방 전에는 주로 중국 본토에서 활동했다.[10] 그러다 중국 공산당의 정권 쟁취에 협력하기 위해 일부 지대(支隊)가 둥베이로 들어오게 되었다.[11] 조선

---

10) 1938년 항일 및 '조선독립'을 목적으로 우한(武漢)에서 창립된 조선의용군은 창립 초기부터 1942년 화베이(華北)로 진입하기까지 국민당 통치구역에서 활동했다. 하지만 우한이 함락된 후 뿔뿔이 흩어져서 항일 활동을 하다가 점차 공산당 통치구역인 화베이 지역으로 모여들었다. 애초의 '조선의용대'라는 명칭에서 '조선의용군'으로 개칭한 시기 또한 이때였다.(이광일, 앞의 책, 63~82면 참고.)
11) 일제의 패망을 앞두고 조선의용군 제 1, 3, 5, 7 지대가 둥베이로 진입했다.(김운일, 앞의 책, 78면.)

인 집거 지역에 공산당 정권을 안착시키고 새로운 공동체 사회를 구축하기 위해서는 우선적으로 계급과 이념 투쟁을 통해 민주주의혁명을 완수[12]하고 나아가 사회주의를 건설하려는 공산당의 혁명사상을 전파하여 민심을 획득해야 했다. 요컨대 조선의용군의 급선무는 사상 선전이었다. 이 임무는 각 지대별로 갖추고 있었던 조선의용군 선전대(이하 '선전대'로 약칭)가 수행했다. 그들은 사상 선전과 동시에 해방 직후 와해되어 가는 조선족 문단을 재건하는 데 기여하기도 했다.

해방 전, 일제의 유린과 초민족적인 문화 환경 속에서 어렵게 구축해 놓은 조선인 문단은 해방과 더불어 와해의 위기에 봉착했다. 그 이유는 해방과 함께 기존의 조선인 문단을 이끌던 문인들이 대부분 고국으로 귀환했기 때문이다.[13] 이러한 위기의 상황 속에서 선전대는 자신들의 작가적 역량과 활동 경험을 통해 무너져 가는 문단을 재건하고 발전시켜 나갔다. 그 과정에서 조선족 문단은 크게 두 갈래의 영향을 받았다. 하나는 사상이론에 있어서 중국 모택동문예사상의 영향이고 다른 하나는 구체적인 작품 창작에 있어서의 북한문예의 직접적인 영향이다.

모택동문예사상은 1942년에 모택동이 공산당 통치 구역이었던 옌안(延安)에서 제시한 일련의 사회주의 문예사상인데 그 핵심은 '문예는 정치 및 노동자, 농민, 병사, 도시소자산계급 등 인민대중을 위해 복무해야

---

12) 중국의 민주주의 혁명은 구민주주의혁명시기(1840~1919)와 신민주주의혁명시기(1919~1949)로 구분된다. 중화인민공화국의 건립은 신민주주의 혁명을 기본적으로 완수했음을 의미한다. 이 글에서 지칭하는 중국의 민주주의 혁명은 신민주주의 혁명을 가리킨다.

13) 안수길, 염상섭, 박팔양, 현경준 등 만주국시기 조선인 문단의 주역이었던 기성작가들은 해방과 함께 모두 한국 또는 북한으로 귀국했다. 당시 중국에 남은 기성작가들 중에는 소설가 김창걸과 시인 리욱 뿐이었다. 이광일, 『해방 후 조선족 소설문학 연구』, 경인문화사, 2003, 83면.

한다"[14]는 것이었다. 우한(武漢) 함락 이후, 공산당 통치구역으로 집중
되었던 조선의용군은 공산주의사상과 중국 공산당의 정책·사상을 학
습하게 되었고 소속 선전대 또한 모택동문예사상을 활동 지침으로 삼게
되었다.[15] 당시 선전대의 주요 임무는 문예 활동을 통해 중국 공산당이
지도하는 사회주의 정치를 실현하고 프롤레타리아의 계급적 이익을 쟁
취하는 데 이바지하는 것이었다. 해방 전에 형성되었던 선전대의 이러
한 문예사상과 활동 성격은 그들이 조선족 문단을 주도함에 따라 자연
스럽게 문단의 사상적 기반이 되었다. 아래의 인용문을 통해 그 일면을
파악할 수 있다.

> 작품은 근로인민대중의 현실생활을 반영하고 혁명투쟁의 신심을 고무
> 하며 생산건설 중의 영웅적 인민 및 그들의 업적을 묘사할 것을 요구하였
> 다.
> 작가는 반드시 인민군중을 위해 성심성의로 복무해야 하며 인민군중
> 과의 연계를 더욱 밀접히 하며 사상과 창작, 연출 활동은 진실함으로써
> 인민군중의 신임과 존경을 받아야 하며 국가의 기율과 사회도덕을 모범
> 적으로 준수하는 고상한 품질로 항상 자기를 무장하는 데 힘써야 했다.[16]

위의 인용문은 1950년대 작가, 작품에 대한 조선족 문단의 창작요구
(『연변문예』, 1954년 7월호에 수록)를 이광일이 요약한 것이다. 핵심은
'근로인민대중을 위한 사실주의 문학을 창조'해야 한다는 것인데, 이는

---

14) 김시준, 『중국현대문학사』, 지식산업사, 1992, 322면.
15) 이광일, 앞의 책, 78면, 76면.
16) 위의 책, 94면.

근본적으로 '문예가 인민대중을 위해 복무해야 한다'라는 모택동문예사
상을 체현하고 있다. 뿐만 아니라 '근로인민대중의 현실 생활 반영과 투
쟁의식 고취, 영웅인물 창조' 및 '진실성' 체현 등 구체적인 창작 방향은
해방 후 북한에서 제시되었던 일련의 문예이론과도 같은 맥락에 놓여
있다.

　북한은 해방 후, 1967년 '김일성 유일사상체계'가 수립되기 전까지 여
러 단계에 걸쳐 문예정책이론을 내놓았다. 그 이론들은 시종 '새로운 국
가 건설에 이바지할 수 있는 전형적인 인물'을 창조하고 '새로운 국가 건
설을 위한 근로인민대중의 혁명적 투쟁'을 형상화해야 한다는 두 가지
핵심을 둘러싸고 제시되었다. 다만 정세에 따라 단계별로 제시한 구체
적인 영웅적 인물대상과 투쟁내용이 달랐을 뿐이다. 이를테면 해방 이
후의 '평화건설시기'에는 새로운 국가 이념을 구현하고 새로운 국가 건
설을 위해 투쟁하는 영웅적 인물(김일성, 노동자, 농민 등) 및 대립적인
이념 국가인 한국사회의 모순과 이에 맞서 투쟁하는 대중들을 형상화할
것을 제시했고 이후 한국전쟁 발발부터 휴전하기까지의 '해방전쟁시기'
에는 인민군인 및 후방 인민들의 영웅적 투쟁과 미국, 한국을 비판할 것
을 강조했다. 또한 휴전 이후의 '사회주의 건설시기'에는 문예를 통해 혁
명투쟁의 역사를 반영하고 전후의 복구 건설에 매진하는 인민대중을 형
상화할 것을 강조했다.[17] 북한의 이러한 문예이론과 이를 구현한 작품들
은 실제로 당대의 조선족 문단에 직접적인 영향을 미쳤다. 특히 문학의
경우, 해방 후 1950년대까지 북한의 문학이론을 포함하여 수많은 작품

---

17) 이상 해방 후, 북한 문예이론에 대한 내용은 민병욱, 『북한연극의 이해』, 삼영사,
　　2001, 39~58면을 참조하여 요약 · 정리하였다.

들이 조선족 문단에 소개되어 조선족 문학의 재건과 발전에 지대한 영
향을 미쳤다.[18]

희곡 〈불길〉은 이상에서 살펴 본 정치, 문화적 배경 하에 탄생했다. 따
라서 당시 조선의용군이 선전하고자 했던 계급/이념 투쟁 및 민주주의
혁명 등 공산당의 혁명사상이 〈불길〉에 고스란히 체현되었다. 또한 작품
은 주로 해방 직후 한국 사회의 각종 모순을 폭로하고 그 문제에 맞서 투
쟁하는 여수 시민들을 형상화했는데, 이는 모택동문예사상과 북한의 문
예노선을 충실히 따른 것이라 할 수 있다. 특히 〈불길〉에서 두드러졌던
표현기법은 남북한의 계급과 이념 문제를 대조적으로 제시하면서 북한
의 체제적 우월성을 강조한 것인데, 이는 해방 후 북한연극이 지속적으
로 채택했던 창작노선이었다.[19] 보다 넓은 측면에서 볼 때, 〈불길〉을 비
롯한 해방 후 조선족 연극 작품은 구체적인 배경이나 줄거리에 있어 북
한 작품과 다소 다르다. 그러나 양자 모두 항일투쟁, 계급투쟁, 이념투
쟁 등 인민대중들의 각종 투쟁을 다루었으며 이를 통해 사회주의 새 정
권을 수립하고 공고히 하고자 했다.[20] 양자가 이처럼 밀접한 영향관계를
형성할 수 있었던 가장 근본적인 이유는 바로 사회주의사상체제에 대한
공명에 있었다.

그 밖에 희곡 〈불길〉의 탄생과 관련하여 간과할 수 없는 점은 바로 극
작가 고철(1923~1988)의 역할이다. 고철은 앞에서 언급한 조선의용군

---

18) 북한문학 외에 중국문학과 소련문학의 영향도 있었는데, 이와 관련된 내용은 이광
　　일, 앞의 책을 참조하기 바란다.
19) 함세덕의 〈산사람들〉(1949), 〈소위 대통령〉(1950), 송영의 〈강화도〉(1950), 허춘의
　　〈수원회담〉(1953), 이종순과 최건의 〈다시는 그렇게 살 수 없다〉(1954) 등이 남북한
　　사회를 대조적으로 조명한 북한의 연극작품들이다.
20) 민병욱, 앞의 책, 39~50면과 김운일, 앞의 책, 74~105면 참고.

선전대 출신으로 해방 직후, 의용군 부대와 함께 둥베이로 들어와 조선
족 연극의 재건과 발전에 일정한 족적을 남긴 극작가이다. 고철에 대해
서는 김운일의 『조선족 연극사』에 간략하게 기록되어 있다. 고철의 본명
은 정민수이고 한국 경기도 출신이며 1944년부터 둥베이로 이동하기 전
까지 조선의용군 산하의 군사정치학교에서 '구락부 벽보위원', '정치부
지도위원'으로 활동했는데 그 기간에 장막극 〈강제징병〉, 〈조신은 살았
다〉, 〈개똥이와 이뿐이〉, 〈개똥철학〉 등 작품을 창작하여 무대에 올렸다.
둥베이로 들어온 후에는 1948년까지 군부대 선전과 과장으로 활동하다
가 신문사, 학교 등 기관에서 종사했다. 둥베이에서 활동하는 기간에 그
는 〈불길〉 외에 〈싸우는 처녀〉, 〈하루에 생긴 일〉, 〈꼬맹이의 참군〉 등 희
곡을 창작했다. 1984년 한국 국적으로 귀화한 뒤의 행적에 대해서는 알
려진 바 없다.[21]

　이상 고철의 약력을 보면 화베이 지역에서 선전대원으로 활동한 기간
은 짧지만 네 편 정도의 작품을 창작한 것으로 보아 선전대원으로서의
역할을 적극 수행했음을 알 수 있다. 당시 선전대의 역할은 문예 활동을
통해 공산당의 정치적 입장을 대변하고 정세변화를 예민하게 포착하여
즉시 대중과 군인들에게 전달하는 것이었다. 따라서 선전대의 문예 활
동 중에서 가장 큰 비중을 차지했던 것은 전달 속도가 빠르고 선전효과
가 좋은 연극이었다.[22] 희곡 〈불길〉이 1948년 12월, 여순항쟁이 발발한

21) 이상 고철의 약력에 대한 내용은 김운일 위의 책, 139~140면을 참조하여 요약·정
리하였다.
22) 이광일, 앞의 책, 74면. 해방 전 선전대의 문예 활동은 시, 소설 등 텍스트보다는 연극
을 중심으로 한 일시적인 공연에 그쳐 오늘날 당시의 문예 활동에 대해서는 구전으
로, 산발적으로 확인된다. 그러나 해방 후에는 기존 문단을 토대로 연극은 물론 시,
소설, 희곡 등 다양한 장르의 문학텍스트를 창작하여 문학사나 연극사에 문자로 그

지 약 두 달 만에 창작·공연될 수 있었던 것은 선전대 출신인 고철의 투철한 목적의식과 예민한 작가적 기질이 뒷받침되었기 때문이라 본다.

3. 〈불길〉 속 여순항쟁 : 계급/이념 투쟁과 민주주의 혁명의 목소리

〈불길〉은 1948년 10월 20일 밤, 여수 항구를 배경으로 국방경비대 소속 대원들과 여수항 인민들의 항쟁을 희곡으로 재현한 작품이다. 작품은 어부 배 씨와 그 아들 수남의 대화 및 선주 백만금의 횡포를 통해 해방 직후 한국 사회의 계급모순을 폭로하는 장면에서부터 시작된다. 수남은 찢어진 고기그물을 기워주지도 않고 고기를 잡으라고 하는 선주와 밤낮으로 아무리 고기를 잡아봐야 결코 개선되지 않는 현실생활을 원망한다. 그러던 중에 나타난 백만금은 배 씨 부자에게 물가 폭등을 운운하며 게으름을 피우지 말라고 횡포를 놓는다. 이에 수남은 참지 못하고 반항하다가 결국 백만금에게 매를 맞고 뱃길을 떠난다. 한편 뱃사공의 처량한 노랫소리를 들으며 민족의 운명을 운운하던 국방경비대원인 철수와 용식은 철수의 아내로부터 여수군대에 제주도 폭동 진압 명령이 떨어졌다는 소식을 전해 듣게 된다. 한국 국민들의 삶을 동정하고 이승만 정부에 불만을 품고 있던 차에 이 소식을 들은 철수와 용식은 군부의 명령을 거부하고 폭동을 일으켜 북한과 같은 '민주주의 인민공화국'을 건립할 계획을 세운다. 그러던 중, 철수의 아들이 미군이 던진 과자를 주워

기록을 남겨 놓았다.

먹으려다 그만 국방경비대 장교의 차에 치어 죽게 된다. 이에 분노하여
장교의 하사관에게 달려들던 철수의 아내마저 억울하게 매를 맞고 죽는
다. 이 처참한 소식을 전해들은 철수는 그간 처자식 문제로 주저했던 마
음을 다잡고 폭동계획을 이행한다. 결국 제주도로 출항하려던 시점에
철수를 비롯한 경비대원들은 장교와 하사관을 죽이고 백만금은 배 씨와
수남에게 잡히고 만다. 그리고 국방경비대대원들과 인민들이 여수항에
'인민민주주의 공화국 국기'를 내걸면서 막이 닫힌다.

〈불길〉은 여순항쟁이 발생한 계기를 비교적 논리적으로 비중 있게 구
성하고 있다. 작품은 제주 4·3폭동 진압 명령에 대한 항거를 여순항쟁
의 직접적인 계기로 그리고 있는 한편, 이승만 정부의 부패와 폭력 및 그
체제 하의 계급 갈등과 경제적 빈곤 등 해방 직후 한국 사회의 제반 문제
(계급과 이념 갈등으로 축약됨)를 여순항쟁의 근본적인 계기로 강조하
고 있다. 이승만 정부의 부패와 폭정은 주로 국방경비대 장교를 통해 드
러난다. 장교는 일제시대에는 일본의 앞잡이로, 해방 후에는 이승만 정
부와 그를 지지하는 미군에 충성하는 기회주의자로 설정되었다. 이에
따라 그는 지극히 위선적이고 개인주의적인 인물로 부각되었다.

　　妻　　제주도 사람들이 들구일어나 싸우는 란리를 치려 이 군대가 다
　　　　　뜬다던데요. 그래 旅長이란놈이 이번 가면 죽을 넌지도 모르니
　　　　　까 술이나 실컨 먹겠다고 계집을 다리고 야단이던데요
　　龍植　　흥 그놈도 제목숨 아까운줄야 아는게지. 우리를 정말 놈들의의
　　　　　놀림깨로 자기들의 보다도 우리민족을 팔어먹는 압잡이에 연장

으로 쓸려고 하는구나. 내가 좀 가보고 오지(퇴장)[23)]

　　인용문에서 드러나듯이 제주도로 출항하라는 상부의 명령을 받은 장
교는 군부의 명령을 철저히 집행하고 엄수하기는커녕 술과 여색에 기대
어 자신의 안위만을 걱정한다. 뿐만 아니라 대원들의 봉기신호가 울린
위급한 순간에도 이를 눈치 채지 못하고 자신의 주머니에 돈을 채울 생
각만 한다.

　萬金　이거 헤 …… 변변치는 않지만 혹시 제주도에 가시면 사람도 설
　　　　터인데 어떤때 도움이라도 되지 않을가 해서 …… (돈을 끄어내
　　　　준다)
　旅長　적어도 대한국 국방군 旅長이 그런짓을 하면 되겠나(돈을 보고
　　　　적다는 듯이)
　萬金　그게 무슨 우리 둘사이에서야 일이 있겠습니가(萬金이가 못알
　　　　아 차리는게 답답해서 눈치질을 하며)
　旅長　(더욱 엄숙한 어조로) 적어도 대한국 국방군의 한 개 旅長이 그
　　　　런 짓을 하면 되나
　萬金　우리 둘사이에야 일이 있습니가
　旅長　(돈을 받아들며)백萬金의 그래도 사람이 쓸만하거든 허 ……
　萬金　그리고 **旅長각하에 부탁하신 쌀과 귤 교환문제는 꼭 부탁합니다.**
　　　　제주도에서 일본도 가깝구 친히 각하는 그 과거 일본 노무라(野
　　　　村)상하고 친하시니까요. 그런데 배는 언제쯤 보내드릴가요
　旅長　대한국 존망을 결정하는 출정에 있어서 한 개 旅長의 체면으로

23) 〈불길〉, 『20세기 중국 조선족 문학사료전집』(제16집, 희곡), 연변인민출판사, 2010,
　　245면. 이하 작품 인용문은 제목과 페이지만 밝히기로 한다.

서 곤난한 일인데

萬金 그저 어떻게 소개만 해주신담에야

旅長 그쯤이야 내가 萬金이를 믿으니까 하 ······ [24] (인용자 강조)

백만금이 장교에게 돈을 주며 중개인 역할을 해줄 것을 부탁하는 장면인데, 여기서 장교의 위선적인 면모는 매우 적나라하게 그려졌다. 그는 백만금의 돈을 거부하는 척하면서 눈짓으로 더 많은 돈을 요구한다. 이에 백만금이 요구대로 돈을 올려주자 못이기는 척 백만금의 부탁에 응한다. 이렇게 둘은 서로의 이익을 채워주는데, 여기서 주목해야 할 점은 바로 백만금이 장교에게 부탁한 '쌀과 귤의 교환문제'이다. 우선 쌀은 당시 한국에서 매우 비싼 곡식이었다.

萬金 (아직 떠나지 않은 배를 보고)배영감 그래 아직 시간이 어떻게 되었는데 떠나지 않소. **물가가 이렇게 오르는데 부즈런히 벌어야 먹고 살지** 늙은게 배에서 그만큼 되었으면 정신을 차려야 하지 않겠는가

···(중략)···

萬金 어제 탄 품값은 어떻게 했어

裵氏 **요새 곡가가 어떻게 비싼데 쌀 한되에 그 얼마식인데요**

萬金 쌀? 아 그래 그만큼 늙엇거던 정신을 좀 차려야지 지금 **어느때이기에 우리 같은 사람도 쌀밥 먹기에 곤난한데** 잔말 말고 얼른 기위 공연히 그러다간 밥줄이 끊어질 줄 알어(인용자 강조)[25]

---

24) 〈불길〉, 250~251면.

25) 〈불길〉, 241면.

위의 대화를 통해 알 수 있듯이 당시 한국의 국민들은 물가 폭등으로 경제적 어려움에 시달리고 있었다. 특히 쌀은 백만금과 같은 자본가들조차 쉽게 사먹을 수 없을 만큼 귀하고 비싼 양식이었다. 이러한 경제 환경 속에서 어부와 같은 하층민들은 아무리 열심히 일을 해도 아이의 배조차 채워주기 어려운 현실에 직면해 있었다. 미군이 버린 과자로 굶주린 배를 채우려다 안타깝게 목숨을 잃은 철수 아들의 죽음은 곧 그러한 현실에 대한 생생한 증언이었다.[26] 이처럼 〈불길〉은 당시 한국의 경제적 빈곤과 그로 인한 하층민들의 비참한 삶을 아이의 목숨마저 앗아가는 비극으로 극대화시켰다. 뿐만 아니라 작품은 '쌀과 귤의 교환문제'를 통해 장교와 백만금으로 대표되는 권력과 자본의 결탁이 이러한 비극의 요인으로 작용했음을 간접적으로 밝혔다. 여기서 '쌀과 귤의 교환문제'는 장교와 백만금이 국가의 경제적 위기를 자신들의 사리사욕을 채우는 기회로 이용하고 있음을 보여 준다. 즉 장교가 돈을 받고 제주도의 귤과 일본의 쌀을 교환할 수 있는 경로를 백만금에게 소개해주는 한편 백만금은 쌀을 확보하여 미곡이 귀한 국내 시장에 되팔아 폭리를 얻으려는 속셈으로 읽을 수 있는 것이다. 그런 점에서 본다면 '쌀과 귤의 교환문제'는 정부와 자본가가 서로 결탁하여 국민들을 착취하는 자본주의국가의 폐단을 폭로한 것이라 할 수 있다. 폭정의 문제는 다음 절에서 다루기로 한다.

자본주체제 하의 계급 갈등은 우선 작품의 도입부에서 그려진 백만금과 어부 배 씨의 갈등을 통해 드러난다. 찢어진 그물을 깁느라 출항이 늦

---

26) 연극 〈1948 여수〉에도 굶주림에 시달리던 청년들이 군대모집에 참여하는 모습이 그려졌다. 앞의 기사 참조.

어지자 백만금은 배 씨에게 역정을 내며 배를 빌려주지 않겠다고 횡포를 놓는다. 늘 억압당해 왔던 배 씨는 이번에도 억울함을 속으로 삼키지만 아들 수남은 더 이상 참지 못하고 반항한다. 그러나 결국 백만금에게 구타당하고 강제로 뱃길로 내몰린다. 이러한 계급 갈등은 철수의 아내와 아들의 죽음을 통해 더 크게 부각된다. 굶주렸던 철수의 아들은 과자를 줍다가 차에 치어 죽고 진상을 밝히려던 아내는 오히려 뺑소니범 장교에 의해 바다에 생매장 당하는데, 죽기 전에 아내는 자신들의 죽음이 모두 가난 때문이라고 한탄한다. 앞에서 살펴보았듯이 그 가난은 자본주의와 계급 갈등에서 비롯된 것이다.

이와 같은 계급과 이념의 문제는 극 전반을 관통하고 있으며 작품은 이를 통해 계급/이념 투쟁과 민주주의혁명을 고취하고자 했다. 또한 〈불길〉은 남북한 체제를 대조적으로 보여주고 북한 체제의 우월성을 강조함으로써 더 효과적으로 그 선전 목적에 도달하고자 했다. 〈불길〉이 고취하려는 사상은 작품 전반에 걸쳐 드러나지만 용식과 철수의 대화를 통해 가장 직접적으로 잘 드러난다.

> 哲洙　저 노래가 남조선 인민의 어굴함을 말하는 상징일 것이다.
> 龍植　(등장) 이사람 그래 바다를 보고 무슨 공상을 하고 잇는가?
> 哲洙　듣게 저 노래를 (사공의 노래 더욱 흥분한다)
> 　　　나는 언제나 이런 문제가 해결되지 않네. 왜써 조선은 해방되었다구 그러는데 사공의 슬픈 노래소리는 없어질 줄 모르는가 왜써 해방되었다는 오늘에도 이 모양인가? 이게 조선민족의 운명인가? 이게 만약 조선민족의 운명이라면 나는 차라리 조선민족으로 태여난 것을 원망하네

龍植 …… 왜 조선민족의 운명이 그러하겠는가 도 운명이란 있을 수
있겠는가? 저 북조선에서 힘차게 건설되는 모든 민주건설 그리
고 남선에서 반항하고 있는 인민의 투쟁 특히 이번 38선 이남
이북을 물론하고 조선인민의 민족적 단결로써 이루어진 조선민
주주의 인민공화국탄생 그리고 조선이 망국된 이후 해외로 흩
어졌던 혁명가들 제 2차세계대전에 참가하여 일본파시쓰를 때
려부수는데 참가하였던 우리 진정한 조선의 아들딸 왜놈의 강
제병을 반대하던 용사들 또 중국에서 자기의 피땀을 아끼지 않
고 진정한 계급적립장에서 싸우고 있는 조선동포들. 왜 조선민
족이 위대하지 않는가? **특히 이번에 탄생한 조선민주주의 인민
공화국은 동방혁명에 있어서 시범이일 뿐만 아니라 전세계 민
주진영의 승리라네. 우리 민족의 적은 우리의 적은 바로 미
제이며 그리고 우리의 직접적인 원쑤 미제의 압잡이 리승만
을 위주로 한 남조선단독괴뢰정부요**(용식이는 흥분)

哲洙 그래 나도 동무의 의견에 완전히 동의하네

龍植 여보게 다만 저 노래가 노래의 슬픔에만 끝인다면 또 그는 노래
문제이겠지만 그 노래가 바로 남조선 인민들의 생활을 사실대
로 반영시켰을 적에 너무나 어굴하네

哲洙 그야 더 말할 것도 없지. **하여간 우리는 직접적인 행동으로 우
리가 선거한 민주주의 인민공화국을 지지하여야 할 것이며 우
리가 억지로 껄려나와 이 군복을 입었다 할지라도 바로 우리의
적을 쳐야 할 것일세**[27] (인용자 강조)

철수는 뱃사공의 슬픈 노래를 들으며 조선민족의 비참한 현실을 운명

---

27) 〈불길〉, 243~244면.

으로 받아들이려 한다. 그러나 용식은 마치 연설을 하듯 조선민족의 항일역사와 재중 조선동포들의 계급투쟁 및 북한 인민들의 민주주의 쟁취를 웅변하며 운명에 굴하지 않는 조선민족의 강인함과 자주성을 강조한다. 뿐만 아니라 미국과 이승만 정부를 조선민족의 적으로 지적하며 한국 국민들이 현실의 운명에 굴하지 말고 적에 대항하여 북한과 같은 민주주의 인민공화국을 건설할 것을 호소한다. 이 부분은 강인한 투쟁정신을 통해 민주주의국가를 건설해야 한다는 메시지로 압축된다. 이 메시지는 곧 〈불길〉이 고취하고자 했던 핵심 사상인데, 이 작품이 1948년 12월, 조선족 집거 지역에서 창작·공연되었던 점을 고려하면 다음과 같은 의미 해석이 가능하다. 1948년 12월은 둥베이 전역이 완전히 공산당에 정권에 의해 장악되었던 특수한 시점이다.[28] 말하자면 이 시기는 해방 직후 조선족 사회에 존재했던 이념적 갈등을 해소시키고 오직 공산당의 혁명사상을 확고하게 각인시켜야 하는 중요한 시기였다. 여기서 이념적 갈등이란 고국 귀환에 있어서 자본주의 국가 한국을 선택할 것인가, 사회주의국가 북한을 선택할 것인가, 혹은 둥베이 정착에 있어서 공산당의 사회주의정권을 옹호할 것인가, 국민당의 자본주의정권을 옹호할 것인가라는 해방 직후 둥베이 조선인들에게 주어진 사상적 갈등을 일컫는다. 이러한 시점에서 고철은 여순항쟁의 극적 재현을 통해 한국사회의 각종 모순을 폭로함으로써 자본주의를 부정하는 한편 계급평등과 인민민주를 실현한 북한의 체제를 긍정함으로써 조선족 사회의 이념 갈등을 해소하도록 촉구했다. 작품은 그 의도를 "조선민주주의 인민

---

28) 1948년 11월 2일에 공산당은 국민당과의 내전에서 둥베이 전역을 승리적으로 장악했다. 중국은 역사적으로 둥베이 전역을 해방했다고 한다.

공화국은 동방혁명의 시범", "우리 민족의 적은 바로 미제이며 …… 남조선단독괴뢰정부"라는 용식의 말을 통해 더욱 직접적이고 명확하게 제시했다. 작품은 또한 철수나 배 씨처럼 투쟁정신을 상실한 채 주어진 현실을 운명처럼 받아들이는 숙명론자들이 각성하여 계급/이념 투쟁에 참여함으로써 스스로 민주주의를 쟁취하는 모습을 보여주었다. 그리고 이를 통해 조선족들의 투쟁정신을 고양시키고자 했으며 나아가 그들이 중국의 민주주의 혁명을 완수하는 데 이바지하도록 했다. 그러나 사실 〈불길〉이 창작·공연될 시점에는 이미 여순항쟁이 이승만 정부에 의해 탄압되었다. 그럼에도 불구하고 인민대중들이 여수를 함락한 단계까지 극화한 것은 바로 조선족 사회에 민주주의 혁명에 대한 필승의 신념을 심어주기 위함이었다. '앞으로의 투쟁이 더 간고할 것'이라는 결말의 암시가 보여주듯이 중국의 민주주의 혁명은 완전히 실현되지 않았기 때문이다. 1948년의 여순항쟁이 당대 조선족 희곡으로 재현된 의미는 바로 이상의 지점들을 통해 확인할 수 있다.

4. 여수바다 : 절망의 공간에서 희망이 타오르는 '불길'로

바다는 〈불길〉의 가장 중요한 극적 공간인데, 이는 크게 두 가지 다른 성격의 공간으로 묘사되었다. 하나는 폭동 전의 착취와 피착취, 억압과 폭력, 삶과 죽음이 뒤엉킨 절망의 공간으로, 다른 하나는 폭동을 통해 혁명의 승리를 쟁취한 희망의 공간으로 표상되었다. 바다는 배 씨와 수남이라는 뱃사공 부자를 비롯한 어부들의 삶의 공간이다. 하지만 작품 속 그들의 생존 공간은 최소한의 생계도 보장받지 못하는 궁핍한 공간이다.

壽男 (하수에서 그물을 가지고 등장) 빌어먹을 놈이거 찌저진 그물
      도 기워주지않고 고기를 잡으라고 하니 어떻게 잡나

裵氏 그래 그동안 그물을 집으라고 했는데 어찌되었단말이냐

壽男 집기는 무얼하게요 고기를 잡으면 잡는체나 하지

裵氏 쩟쩟쩟 그래도 이놈아 고기를 많이 잡어야 그까지 삯전이나마
      더받지 않겠느냐

壽男 흥 밤낮 아버지는 그런말슴 삯전인가 뭔가 받어가지고 그물찌
      저진것도 기울수 없지 않어요 정말 이런생각을하면 (그물을 내
      던진다) 나도 않갈테요

裵氏 이놈아 백만금이가보면 뚜둘겨 맞는다 옛날부터 떠나는 뱃길에
      남한테 욕을 먹어도 부정타는데 공연히 매버리 할게야 있니

**壽男 같은 값이면 청진바다에 태여나지 햇필 이 려수바다에 태여날
      게야 있나**

裵氏 쩟쩟쩟 저자식이 바다면 마찬가지지 려수바다와 청진바다가 또
      어떻게 다른거야 고기잡이 팔자는 어데로가나 다 마찬가지지
      어떻게 다르단말야

壽男 알지못하면 가만 계서요

裵氏 이놈아 그래 내 너보다 모를줄아니, 바다에서 나서 바다에서 늙
      은 난데

**壽男 아 그래 북조선에서는 로동자 보호법령이 내려 우리같은 고기
      잡이도 다 잘산다는 데, 참 이런생각을 하면 북조선으로 가고
      싶어서**

裵氏 아, 저놈이 그저 철이 없이, 요새 세상이 어떤 세상이라구, 왜놈
      때 툭하면 떼어갔지만 이놈아 지금도 모가지가 떠러져

壽男 사람이 났다가 죽으면 한번죽지 두 번 죽어요 사자밥을 걸어놓

고 하는일인데 **빌어 먹을 것 같어니라구 지금가면 언제올지도 몰으는데 이따위 짓을하다 죽지는 않을테야**(흥분하여 퇴장 하려 하다)[29] (인용자 강조)

위의 인용문에서 드러나듯 배 씨 부자는 '고기를 아무리 많이 잡아도' 겨우 삯전을 받아 연명하는 신세이다. 그럼에도 불구하고 백만금은 선주로서 찢어진 그물을 기워주기는커녕 오히려 그물을 깁느라 늦게 출항하게 된 배 씨 부자를 질책하며 수남을 구타하기까지 한다. 이 장면을 목격한 장교는 배 씨 부자에게 "바다의 생산은 우리 대한국의 일이다. 생산은 국민으로써 응당히 하여야 할 의무이다"라며 한국 국민으로서의 책임과 의무만 강조할 뿐 일말의 동정도 하지 않는다.[30] 이로부터 배 씨 부자의 궁핍한 삶이 곧 자본가와 국가의 부당한 착취로부터 비롯된 것임을 간접적으로 파악할 수 있다. 이런 점에서 보자면 어부들의 삶을 지탱하는 여수바다는 곧 착취와 피착취로 점철된 비합리적인 공간인 셈이다. 그 점을 잘 인식하고 있던 수남이는 '바다는 마찬가지'라며 체념하는 아버지 배 씨와 달리 여수바다에 대한 불만과 증오를 토로하며 "북조선"의 청진바다를 동경한다. 그 이유는 위 인용문에서 드러나듯이 청진바다 어부들의 삶이 "로동자 보호법령"에 의해 보호받기 때문이다. 다시 말하면 수남이는 여수바다를 착취와 피착취의 비합리적인 공간-불평등한 계급 공간으로 인식했던 반면 청진바다를 법에 따른 합리적인 공간-평등한 계급 공간으로 인식했던 것이다. 더 나아가서 말하자면 수남

---

29) 〈불길〉, 239~240면.
30) 수남에 대한 백만금의 구타와 어부에 대한 장교의 의무 강조 장면은 〈불길〉, 241~242면 참조.

이는 여수바다와 청진바다를 각각 자본주의와 사회주의를 기반으로 한 대립적인 정치 · 사회 공간으로 인식했던 것이다. 따라서 여수바다를 증오하며 청진바다를 동경하는 수남의 심리는 결국 자본주의 체제에 대한 절망과 사회주의 체제에 대한 지향성을 드러낸 것이나 마찬가지다. 또한 더이상 "이따위 짓을 하다 죽지는 않을테야"라는 수남의 말에는 절망적인 현실에 저항하여 자신의 지향을 추구하려는 일종의 각성 심리가 놓여 있다. 이 대목은 이후, 수남을 비롯한 어부들이 군인들의 폭동에 가담하여 계급/이념 투쟁을 이끌어냄으로써 공간 변화를 가져 오는 하나의 중요한 계기로 작용하는 한편 극적 전개에 개연성을 부여하게 된다. 즉 작품은 여수바다와 청진바다에 대한 수남의 공간 인식과 그의 각성을 통해 계급/이념 투쟁의 주제의식을 비교적 논리적으로 제시했다.

  폭동 전의 여수바다는 위에서 살펴본 착취/피착취의 공간일 뿐만 아니라 폭력과 억압, 삶과 죽음의 공간이기도 하다. 여수바다의 이러한 이미지는 철수의 아내와 아들이 억울하게 목숨을 잃은 장면에서 가장 극적으로 표현되었다. 장교와 하사관은 과자를 주우려던 철수의 아들을 자동차로 치어놓고 뺑소니를 치려다 주위 사람들에게 잡히자 오히려 큰소리를 치며 엄포를 놓는다.

市民甲 (시민 갑을 길숙이의 시체를 가마니에 싸가지고 등장)세상
        이 무슨 세상인지 그저 사람을 깔아죽이고도 시침이를 딱 뗀
        단 말이야
市民乙 그놈이 양코백이 시절은 왜놈 쪽발일 때 보다도 더한단 말이
        야(하사관 철수처를 밀어던진다)
下士官 (등장하며)장교각하의 명령인데 무슨 잔말이야(철수처 무

대에로 밀어 너머진다)

妻　　　모두가 없는 탓이지. 어린 게 배가 고파 과자를 주워먹다 그
　　　　도 못 먹고 죽었구나(거적에 길송 시체의 손을 펴본다. 과자
　　　　가 나온다. 처 통곡)

下士官　그 시체를 바다에 내버려라. 보기 싫다(시민 갑을 어쩔 줄을
　　　　모른다)(처 시체로 달려든다 하사관 밀친다)

下士官　하사관의 명령이야 이놈아
　　　　(시민 갑을 마지못해 주저주저하며 시체를 바다에 던진다)
　　　　(처 발악한다) 그런데 이년이 (때린다) … 중략…

妻　　　그저 못사는게 죄다. 남편은 병정으로 자식은 깔려죽고 나
　　　　는 감옥으로…… 그래 이것이 대한국의 정치이며 대한국의
　　　　임무이냐(또 반항) (하사관 더욱 분개 몹시 때린다)
　　　　…중략…

妻　　　응…(시민 갑을 더욱 당황) 아앗……(비명) (시민 갑을 깜짝
　　　　놀래 눈을 가린다)

下士官　(놀랜다)(사이) 이게 죽지 않았나(사이) 이도 바닷물에 처넣
　　　　어라(시민 갑을 서설 뒤로 뺀다)

下士官　이놈아 어서 말 들어(바다에 갔다 넣는다) 흥 재수가 없을 내
　　　　니가-(퇴장)

市民甲　흥 왜놈보다 조선놈이 더 독하구나

市民乙　이러다가는 백성들 다 잡아 먹겠네

市民甲　이시만인지 무언지 하여간 세상이 얼른 뒤집히어 여기도 북
　　　　조선 모양 되어야지[31] (인용자 강조)

---

31) 〈불길〉, 247~248면.

하사관은 과자를 먹지도 못하고 죽은 아들의 시체를 바라보며 통곡하는 엄마의 원통한 마음을 헤아리지도 않고 무자비하게 시민을 시켜 아이의 시체를 바다에 던진다. 뿐만 아니라 이에 반항하는 아내마저 채찍으로 때리고 심지어 목숨이 붙어있는 채로 바다에 던져 생매장한다. 이 처참한 살육의 광경은 정부의 폭정과 그로 인한 당시 여수 시민들의 무고한 죽음을 의미한다. "모두가 없는 탓", "이것이 대한국의 정치이냐"며 마지막으로 내뱉은 아내의 말은 곧 당시 한국 정부의 폭력으로 억울한 죽음을 당했던 수많은 피착취/피억압자들의 목소리였다. 그들의 죽음은 여수의 밤바다를 암흑에 휩싸인 죽음과 폭력의 공간으로 흑화시켰다. 여수바다의 이러한 이미지는 해방 직후 한국의 비인간적이고 비민주주의적인 체제를 상징적으로 보여주었다.

죽음과 폭력으로 점철된 여수바다는 군인들이 정부의 제주도 출항 명령에 반기를 들어 폭동을 촉발함과 동시에 시민들이 착취와 폭력으로 얼룩진 현실에 맞서 투쟁을 전개함에 따라 새롭게 변화한다.

> 壽男 아버지, 저 구호소리를 들어봐요. 이제야 세상이 바로 되는 것
> 같습니다. **인제는 우리가 우리 손으로 선거한 인민공화국의 올**
> **바른 정치가 실행될 것 같습니다.** 아버지, 나도 총을 들구 저 군
> 중들과 같이 싸우겠습니다. 아버지, 나는 우선 백만금이란 놈부
> 터 잡아와야겠습니다. (배의 삿대를 빼어 가지고 급히 퇴장)
> (배 씨는 이때 등장)
> (군중 철수 용식 국기들을 들고 등장)
> (철수 국기를 등대에 단다)
> 龍植 우리는 초보적으로 올바른 길을 걷기 시작했다.

우리는 승리를 얻었다. 그러나 이 투쟁은 앞으로 더욱 간고할 것이다. 앞으로 우리는 이 승리를 더욱 발전시켜 우리는 우리의 정부 인민민주주의공화국의 저 국기를 높이 받들고 우리의 올바른 길로 더욱 매진합시다.[32] (인용자 강조)

위 인용문은 피착취자/피억압자들이 착취/억압 세력을 제압하여 결국 민주주의 승리를 쟁취한 대목으로 작품의 결말이자 폭동 후의 바다가 그려진 장면이다. 이 부분은 사건 전개의 형식으로 구체화하기보다는 대사로 결과만 간략하게 제시했으며 폭동 후의 바다 공간에 대해서도 상당히 미약하게 묘사했다. 이는 단막극이라는 체제적 한계 또는 작가의 극작술의 한계로 볼 수 있다. 여기서 바다는 '부두', '배', '등대' 등으로 형상화되었다. 철수와 용식, 수남 등이 등대에 '인민민주주의 공화국'의 국기를 달고 배 위에서 '이제는 인민공화국의 올바른 정치가 실행될 것'이며 '그 올바른 길로 더 매진하자'고 외치는 순간 그 바다는 승리의 희열과 미래에 대한 희망으로 들끓는다. 이에 따라 죽음과 폭력으로 뒤덮였던 폭동 전의 절망적인 공간은 사라지게 된다. 그리고 그 자리에 '올바른 길'로 강조된 '희망의 불길'이 타오르게 된다. '올바른 길'이란 바로 작품이 강조하고 있는 '계급/이념 투쟁과 민주주의 혁명의 길'이며 그 길이 바로 작품 제목이 의미하는 '불길'이다.

---

32) 〈불길〉, 253면.

5. 〈불길〉: 여순항쟁의 극적 의미

희곡 〈불길〉은 작가, 작품 내용, 공연 시점과 공연 공간 등 여러 측면에서 흥미로운 작품이다. 극작가 고철은 조선의용군 선전대 출신답게 당대에 발생한 사건을 예민하게 포착하여 희곡으로 재현함으로써 해방 직후 조선의용군의 정치적 입장을 대변함과 동시에 둥베이 조선족 사회를 새롭게 구축하고 나아가 중국의 민주주의 혁명을 완수하는 데 이바지하고자 했다.

〈불길〉은 1948년 10월 20일 밤, 여수의 국방경비대 소속 대원들과 여수항 민중들의 항쟁, 즉 이른바 여순항쟁을 희곡으로 재현하였다. 작품은 구체적으로 뱃사공과 철수 가족의 조우를 통해 해방 직후, 한국 사회의 계급 문제와 경제적 빈곤, 정부의 부정부패를 폭로함과 동시에 계급과 이념 갈등을 여순항쟁의 근본적인 계기로 강조했다. 한편 〈불길〉은 당시의 한국 국민들이 사회현실을 직시하고 혁명적으로 각성하여 민주주의국가를 건설할 것을 호소했다. 〈불길〉의 공연 시점과 공연 장소를 고려할 때, 이는 둥베이 조선족 사회에 전하는 메시지로 읽힌다. 즉 작품은 해방 직후 펼쳐진 중국의 국공내전 및 한국/북한으로의 귀환 등 복잡한 정세 하에 현실에 타협하거나 선택의 갈림길에서 방황하는 조선족들에게 북한체제의 우월성을 보여줌으로써 투쟁정신을 고양시키고 공산당 정권과 민주주의 혁명에 대한 신념을 확고하게 심어주고자 했다. 〈불길〉이 담고 있는 여순항쟁의 극적 재현의 의미가 바로 여기에 있다. 작품은 그 의미를 폭동을 기점으로 변화한 바다 공간의 변화와도 긴밀하게 연결시켜 보여주었다. 폭동 전의 슬프고 어두운 여수바다는 폭동과 더불어 환희에 밝게 빛나는 공간으로 변화했는데 이는 곧 자본주의를 극복하고 민주주의를 쟁취했음을 의미한다.

　최근 한국 학계나 지역 사회에서 여순항쟁의 피해참상에 대한 연구조
사와 그에 대한 문학적 재현, 연극 공연 등이 비교적 적극적으로 전개되
고 있는데, 〈불길〉은 그러한 행보에 참고자료로 제공될 수 있다는 점에
서 일정한 의의를 지닌다. 필자는 〈불길〉을 연극적 측면에서도 조명하여
작품의 전반적인 위상과 의의를 규명해 볼 필요가 있다고 생각한다. 현
재로서는 자료의 한계로 추후의 연구과제로 남겨 두기로 한다.

　－이복실, 「조선족 희곡 〈불길〉에 나타난 여순항쟁의 극적 재현과 바다 공간의 변
　　화」, 『공연문화연구』 46, 한국공연문화학회, 2023.

2
바다의 경계 확장과 의미 변화
: 천승세의 희곡 <만선>에서 소설 <빙등>까지

김 태 희

1. 한국 해양문학사와 천승세

　삼 면이 바다로 둘러싸인 특수한 지리적 조건을 갖추었음에도 한국의 해양문학은 활발한 연구의 대상이 되고 있지 못하다. 아주 오래전부터 부산이나 인천, 목포, 군산과 같은 유서 깊은 해양도시가 발전해왔음을 상기해본다면 해양문학 연구의 성과는 상대적으로 더 존재감이 약해 보인다. 덕분에 해양문학에 대한 선행 연구들은 대부분 바로 이 문제의식에서 출발하곤 했다.

　해양문학 연구를 개관하는 선행 연구에서 최영호는 한국 해양문학 연구가 당면한 가장 우선적인 과제로 해양문학 연구의 영역 확대를 꼽는다.[1] 해양문학 연구가 활발하지 못한 이유가 논의의 대상이 될 수 있는

---

[1] 최영호, 「한국문학 속에서 해양문학이 갖는 위상」, 『해양문학을 찾아서』, 집문당, 1994, 48면. 이어 최영호는 연구방법론의 심화와 분야의 다양화를 해양문학 연구가 당면한 과제로 제기하고 있다. 작가나 작품에 대한 개별 연구에서 나아가 해양사상, 해

실제 작품이 적어서이기도 하지만 동시에 아직 발굴되지 못한 작품들이 많은 까닭도 있다는 것이다. 특히 소설에 비해 희곡이나 시는 발굴된 작품의 수도 적고 구체적인 논의도 원활하지 못한 상황이다.[2] 따라서 새로운 작품을 발굴하는 한편 기존에 논의되었던 작품들을 함께 논의함으로써 해양문학의 윤곽을 보다 선명하게 드러낼 필요가 있다. 이런 맥락에서 천승세는 중요한 작가다.

해양문학을 개관하는 선행연구들은 대부분 천승세의 작품들을 주요 해양문학 작품으로 언급하고 있다.[3] 평론가 백낙청 역시 자신의 평론에서 천승세 문학의 본령이 "어촌의 토속적 생활현실"이라는 세간의 평가에 어느 정도 수긍이 간다고 서술한 바 있을 정도인데, 이는 천승세의 작품 세계에서 어촌을 배경으로 한 작품들이 큰 비중을 차지하기 때문이다.[4] 그리고 이런 평가의 중심에는 1970년대 발표한 〈낙월도〉와 〈신궁〉

양문학사, 해양문학의 사회적 연구, 근해 및 원양 항해와 인간의 체험 연구 등 다양한 연구 시각이 제출될 필요가 있다는 것이다.

2) 해양희곡에 관한 기존의 논의는 다음과 같이 정리될 수 있다. 우선 최영호, 김남석에 의해서 해양희곡 전반에 대한 연구가 진행되었다. 최영호는 해양희곡에 대한 개념을 제시하고 작품 목록을 가장 먼저 제시했다. 김남석은 통시적인 시각에서 주요 해양희곡들의 상동성을 비교 분석하는 연구, 한국 희곡 연구에 나타난 해양 관련 담론을 정리하는 연구를 발표했다. 이상이 거시적인 관점의 연구들이었다면, 함세덕, 오태석 등 개별 작가의 작품에 대해 해양희곡으로서의 의미에 주목한 연구들이 있다. 최영호, 「한국문학 속에서 해양문학이 갖는 위상」, 『해양문학을 찾아서』, 집문당, 1994. 김남석a, 「어촌 소재 희곡의 상동성 연구」, 『호원논집』 8, 고려대학교 일반대학원, 2000. 김남석b, 「한국 희곡 연구에 나타난 해양 관련 담론 연구」, 『인문사회과학연구』 12-2, 부경대학교 인문사회과학연구소, 2011.

3) 최영호, 위의 글, 23~24면, 43면. 최갑진, 「한국 현대소설이 갖는 바다의 인식지형」, 『해양문학을 찾아서』, 집문당, 1994, 351~352면 참고. 다만 이들 연구는 대부분 〈만선〉 보다는 〈낙월도〉와 〈신궁〉에 초점을 맞추고 있다.

4) 백낙청, 「토속세계와 근대적 작가의식-천승세의 작품세계」, 『민족문학과 세계문학 Ⅱ』, 창작과 비평사, 1985, 283면.

이 있다.[5]

〈낙월도〉와 〈신궁〉 모두 섬 마을을 배경으로 하는 작품들로, 생산수단
인 배를 점유한 이들의 횡포와 '바다'의 불안정성을 온몸으로 견뎌내며
힘겹게 생계를 이어나가는 민중들의 삶을 그리고 있다. 선행 연구들은
이 두 작품이 가난하고 억눌린 자들에 대한 다양한 관찰을 통해 어민들
의 삶을 성공적으로 그리고 있을 뿐만 아니라, 여기에 더 해 보편적인 인
간의 삶의 지평을 그리는 데 성공하고 있다고 판단한다.[6]

〈낙월도〉와 〈신궁〉이 이룩한 성과에 대해 이견은 없지만 이 과정에서
〈만선〉의 중요성이 부각되지 못하고 있다는 점은 아쉬움을 남긴다. 작가
가 〈낙월도〉와 〈신궁〉에서 집요하게 지적하고 있는 문제들, 요컨대 어촌
마을 내에 존재하는 지배-피지배의 구조는 〈만선〉에서 이미 시작되고
있었기 때문이다.

보다 흥미로운 것은 그가 1984년 발표한 해양소설 〈빙등〉이다. 천승
세는 〈낙월도〉 발표 이후 당시 화두가 되었던 북양어업 실태 취재를 위
해 베링해로 향하는 동태잡이 원양어선에 승선했다. 그리고 이를 바탕
으로 1984년에 『한국문학』에 원양어업의 실태를 다룬 〈빙등〉을 연재하
기 시작했는데, 〈빙등〉은 1부까지 연재된 후에 갑작스럽게 연재가 중단
되고 말았다.[7] 편집 후기에는 '작가의 개인 사정' 때문에 연재를 그만둔
다고 보고하고 있지만, 이후 안기부에 의한 검열이었다고 알려졌다.[8] 비

---

5) 최원식은 그의 글에서 〈낙월도〉의 출현을 본격적인 어촌소설이 등장한 "문학사적 사
   건"으로, 〈신궁〉을 "천승세 문학이 70년대 말에 이룩한 기념비"로 평가한다. 최원식,
   「민중예술의 길 천승세 소설」, 『혜자의 눈꽃』, 심지, 1991, 454, 464면.

6) 최갑진, 앞의 글, 351~352면 참고.

7) 〈빙등〉은 1984년 8월호부터 1986년 2월호까지 연재되었다.

8) 안영민, 「작가가 고난을 외면할 만큼 이 시대는 진정 풍요로운가」, 『월간 말』, 월간 말,

숫한 시기 〈만선〉이 여전히 연극계의 주요 레퍼토리로 공연되고 있었던
것과는 상이한 결말이었다. 이는 〈만선〉에서 〈빙등〉에 이르는 사이 천승
세의 해양문학이 변화했다는 방증이며 우리가 〈만선〉과 〈빙등〉을 다시
금 살펴봐야 하는 이유이기도 하다. 요컨대 두 작품의 차이를 독해하는
것은 천승세의 해양문학을 재고하는 작업이자 해양문학의 시야를 확장
하는 작업이 될 수 있을 것이다.

2. 전통적 바다와 근대적 가치들의 충돌 : 〈만선〉

1964년 3월 국립극장 장막극 현상모집에 당선된 〈만선〉은 천승세의
초기 대표작 중 하나이자 어민의 삶을 직접적으로 무대 위에서 다루고
있는 문제작 중 하나다.[9] 작품은 주인공 곰치가 칠산 바다에 나타난 부
서떼를 만나 기쁨에 찬 장면으로 시작하지만 이내 어촌 마을의 계급적
모순, 요컨대 주요 생산 수단인 배의 소유 여부에 따라 극명하게 갈리는
삶의 모순을 드러내며 비극적 결말을 향해 나아간다. 곧 곰치는 만선을
기대하며 무리하게 임제순의 중선배를 빌려 바다로 나가지만 예상치 못
한 폭풍에 배가 휩쓸리면서 배는 좌초되고 아들 도삼은 목숨을 잃는 것

1999.11, 129면.

9) 윤진현은 천승세의 〈만선〉이 갖는 독특한 지점으로 어민 생활 재현의 직접성을 꼽는
다. 동시대 차범석, 하유상의 희곡에서도 농촌 풍경이 자주 등장하지만, 이는 "작품의
사실적인 전개를 위하여 선택된 것"에 불과할 뿐 민중의 삶과 직접적인 연관을 갖지
못 한다는 것이다. 이에 반해 천승세의 희곡 〈만선〉은 '곰치'를 주인공으로 어부의 삶
을 직접적이고 사실적으로 무대 위에 드러내고 있다. 윤진현, 「파멸과 생성의 변증법:
천승세」, 『1960년대 희곡연구』, 새미, 2002, 330~332면.

이다. 그 충격으로 구포댁은 광기에 휩싸여 어린 아들을 작은 배에 태워 뭍으로 보내고 딸 슬슬이는 팔려갈 위기를 피하기 위해 스스로 목숨을 끊는다. 그야말로 한 집안이 몰락하는 비극적 결말인 셈이다.

　이 극을 이끌어가는 중심인물은 어부인 곰치다. 사(四) 대째 어부로 살아가고 있는 그는 이미 아들 셋을 바다에서 잃었지만 여전히 만선을 꿈꾸며 바다로 나가는 인물이다.[10]

> 곰치　(더욱 으스대며) 뱃놈이 쉬운 거 아니여! 죄다 가죽만 쓴 뱃놈
> 들이제, 참말로 진짜 뱃놈들인지 알어? **곰치만은 달러! (경건**
> **한 목소리로) 우리 선친님들 덕이제! 그분들은 참말로 재주가**
> **비상한 어른들이었응께……** (다시 열을 올려) 보소! 앞으로 사
> 나흘은 부서떼는 칠산바다 속에서 옴짝 못하고 백혀 있을 것이
> 시!(인용자 밑줄, 강조)[11]

　부서떼를 만난 곰치는 능숙한 기술로 칠산 바다에 부서떼를 몰아 넣는다. 작품에 등장하는 '부서'는 백조기(보구치)를 의미한다. 백조기는 제주도 서남쪽 바다에서 겨울을 지내고 3, 4월에 북상, 초여름에는 수심이 얕은 연안에서 산란 준비를 한다. 칠산바다는 이 부서떼가 지나가는 곳에 위치하고 있다.

　지나가는 부서떼의 한 허리를 배로 가로 질러서 무리를 흐트러뜨리고 중선배로 부서를 칠산바다 깊숙한 곳으로 유인, 원래는 칠산바다를 지

---

10) 곰치의 이런 면모로 인해 선행연구들은 곰치를 "현대판 영웅"으로 분류한다. 곧 그의
　　만선에 대한 집념이 내면적 결함이 되어 그를 파멸로 이끄는 것이며 이 때의 바다는
　　인간의 비극적 삶이 투영된 원형적 세계가 되는 것이다. 김남석a, 앞의 글, 16~17면.
11) 천승세, 「만선」, 『황구의 비명』, 창작과 비평사, 1975, 283면.

나처가는 부서를 칠산바다에 오래 머무르게 하는 것이 선조로부터 물려받은 그만의 기술이다. 곰치의 기술 덕에 만선이 시작되자 주변 사람들이 곰치의 공을 치하하고 이에 곰치는 선친들의 기술에 대한 자부심을 드러낸다. 곰치에게 바다는 선조들의 시간이 고스란히 담겨 있는 공간이다. '진짜 뱃놈'과 '가짜 뱃놈'을 가르는 것은 선조로부터 물려받은 기술이고 그것을 바다에서 구현할 수 있는 뚝심이다. 바다에서 삼대가 목숨을 잃고 아들 셋을 줄줄이 잃었어도 여전히 바다에서 만선을 꿈꾸는 곰치가 아이러니하게도 가장 의지하고 있는 것은 바다에서 목숨을 잃은 선조들인 셈이다. 그런 의미에서 눈 여겨 보아야 할 대상은 곰치의 아들 도삼이다. 그는 곰치의 든든한 조력자이면서도 동시에 대립각을 세움으로써, 그의 아버지만큼 〈만선〉의 중요한 축을 담당하고 있다.

도삼 바로 그 말이제라우? 그랄라고 기계도 놓고, 비행기도 싣고 하는 것이제머! 날씨도 제대로 몰라서는 무작정 나갔다가 엉뚱한 놈의 바람 만나서는 죄다 빠져 죽고…… (열을 올려) 이래도라우? **얼쭉같은 놈의 중선배 그까짓 것을 하늘같이 믿고는 죽어라 고기잡이 봐야 안됩니다. 안돼요!**

연철 (크게 고개를 끄덕이며) 아문! 자네 말이 옳아! 다른 것은 으짠다 치고라도 우선 날씨만은 알어사 쓸 것 아니라고?

곰치 (강경하게) 뱃놈이 그런 소리 하면 못 써! 고기를 많이 잡고 적게 잡는 것도 다 운이여! 지랄났다고 비행기가 뜨고 말고해. 그 **놈의 비행기는 뭣에다 쓰는 것이여?**

도삼 (그말엔 아랑곳 없이) **외국 사람들은 레이다로 물 속에 있는 고기를 다 봐요.**

연철 (안타깝게) 적어도 그렇게 해서 고기를 잡아사제. 우리들은 은
       제 그렇게 될 것잉고?

곰치 (격분해서) 이놈들! 그런 소리하면 못 써! 그래, 뱃놈이 그물 줄
       을 잡고 눈이 썩어라 물을 쳐다 봐사제, 믄 놈의 기계로 물 속을
       본단 말이여? 물에 나간 뱃놈이 한량들이라고 그럴 새가 으디
       있단 말이여! 그런 말 곧이 듣고 맘 쓰면 못 써! 속 편한 놈들이
       지어 만든 말을 갖꼬 느그들이 괜히 들떠서는 …… (고개를 설
       레설레) 큰일이다. 큰일! 대를 일 뱃놈들이 저따위 말들을 씨불
       대고 있으니! 쯧쯧![12] (인용자 밑줄, 강조)

　　도삼은 곰치와 크게 두 가지 측면에서 갈등을 겪고 있다.[13] 하나는 어
업의 기계화와 관련된 갈등이고 다른 하나는 중선배에 대한 입장 차에
서 비롯된 갈등이다. 도삼에게 바다는 곰치가 찬양하는 선조들의 기술
로 맞설 수 있는 존재가 아니다. 오히려 그에게는 날씨의 예측을 도와주
고 물 속의 어군(魚群)을 찾아주는 기계 장치들이 훨씬 중요하다. 칠산
바다에서 어업을 하며 자란 도삼이 그런 생각을 갖게 된 것은 1960년대
초반 한국 어업의 처한 상황과도 연관이 있다.

　　1960년대 초반에는 이상수온 현상으로 예년보다 수온이 낮아 칠산바
다 일대의 고기잡이는 흉어를 면치 못 했다.[14] 이는 다른 지역의 바다도
비슷했는데 어부들이 체감하는 위협 요소는 수온 이상 외에도 더 있었다.

12) 천승세, 「만선」, 『황구의 비명』, 창작과 비평사, 1975, 310면.
13) 최상민은 선행연구에서 로컬리티에 입각해 천승세의 희곡을 분석한 바 있다. 그는
　　도삼을 근대 동일성 논리에 입각한 '중심의 모방'에 대한 꿈을 지니고 있는 인물로,
　　곰치를 탈로컬의 윤리성과 가치를 스스로 입증해나가는 주체로 설명한다. 최상민,
　　「천승세 희곡에서 로컬리티의 문제」, 『드라마연구』 41, 한국드라마학회, 2013 참고.
14) 「흉어 못 면할 '조기' 예년보다 수온 낮은 탓」, 『동아일보』, 1961.05.08.

(전략) 즉 "일본 놈이 다 잡아갔다"는 것이다. 60 평생을 이 섬 근해의 고기잡이에 종사해 바다 밑 바위 생김새까지도 알고 있다는 원로 어부 남경동 씨는 "고등어가 뭡니까, 고등어 잡이 갔다가 겨우 멸치 여남은 마리 잡아 갖고 돌아오는데 처량합데다."고 쓴 웃음을 웃었다. 일본 어선은 '레이다'로 어군을 찾기 때문에 과학적으로 실수 없이 많이 잡아낼 수 있다는 것이다. 또 일본 어선은 어군을 유도하는 고광촉유도조명장치가 되어 있어 한국 해역에 들어와서 수 '마일' 안의 고기를 몰고 나간다. 일본 어선단은 오십톤 급의 거철선 일 천여 척을 동원하기 때문에 어획량도 많으려니와 수송도 빠르다는 것이다.[15]

한 인터뷰에서 원로 어부는 어업을 위협하는 요소 중의 하나로 일본 어선의 불법 어업을 꼽고 있다. 그의 증언에 따르면 일본 어선은 불법으로 한국 영해에 나타나 레이더를 통해 "과학적으로" 어군을 찾아내고 조명장치를 통해 물고기를 몰고 나간다. 이런 방식으로 어업을 하는 일본 어선단은 배의 크기나 규모에 있어서도 한국 어선과는 비교가 안 될 정도였다. 이는 비단 일본과 인접해 있는 동해에서만 벌어지는 일이 아니었다. 일본 어선의 불법 어획은 제주 근해와 거문도 주변까지 널리 퍼져 있었고 심지어 일본 어선단이 우리나라 영해에서 어로 작업을 하고 있던 선박을 침몰시키고 일본 경비정의 보호를 받으며 도망치는 사건이 벌어지기도 했다.[16] 이렇게 바다를 둘러싼 한일 간 갈등이 첨예해지고 심지어는 한 나라의 어선을 침몰시키는 일까지 서슴지 않을 정도로 감정이 격해진 데에는 '평화선'이 원인으로 작용하고 있었다.

---

15) 「피맺힌 절규 "평화선을 지켜주오"」, 『조선일보』, 1963.08.02.
16) 「도전하는 일본어선」, 『조선일보』, 1962.08.26.

1960년을 전후한 시기는 평화선의 존폐를 놓고 한일 간 갈등이 고조되고 국내에서도 많은 논쟁이 벌어진 시기이기도 했다. 평화선은 이승만이 1952년 1월 18일 선포한 영해의 경계선으로 영토로부터 60해리까지를 영해로 포함하고 있었다. 당시 국제법에서 영해로 인정하는 것은 통상 3해리에 불과했기 때문에 이승만의 평화선은 선포 당시부터 국제사회로부터 많은 질타를 받았으며 특히 인접한 일본의 불만은 상당했다. 지금의 관점에서는 국제 사회로부터 용납될 수 없는 무모한 행보로 보일 수도 있겠으나, 당시 정부로서는 일본에 비해 열악한 한국 어민들을 보호하기 위한 유일한 선택이기도 했다.[17] 시간이 흐르면서 평화선을 두고 한일 양국의 감정은 격해질 대로 격해졌고 특히 한일 협정의 주요 안건으로 평화선에 대한 논의가 상정되자 여론은 더욱 악화되어 갔다. 평화선 선포 이후 한국 어민들의 생활이 개선되지 못 했으니 이는 당연한 수순이었다. 어업은 여전히 한국의 주요 산업 중의 하나였으나, 그 수단이 선진화되지 못 한 피해는 고스란히 어민들에게 남겨진 셈이었다. 젊은 세대였던 도삼과 연철이 매번 곰치와 갈등을 겪으면서도 선진 설비에 대한 관심과 주장을 굽힐 수 없었던 이유도 여기에 있다.

> 도삼 (전략) 그나저나 기왕 이렇게 원시적으로 고기를 잡으랴면 차
>   라리 죽을 염려도 없고 속편한 내 뜰망배나 부릴 생각을 해야 해
>   요!
> 곰치 원시적이가 믄 말이여? 모를 소리를 그만해! 뜰망배라도 내 것
>   띄우자는 말에는 나도 찬성한다마는…… (단언하듯) 들어 둬!

---

17) 「평화선은 준영해이며 세계 어민 생명선이다(下)」, 『조선일보』, 1960.06.26.

> 첫째 뱃놈이 물을 무서워해서는 못 써! 그리고 니가 한 소리는
> 똥개 앙앙대는 소리같이 알아 듣지도 못하겟다마는 그것은 다
> 돈 많은 놈들 한량놀음이여! 뱃놈은 돈이 남으면 튼튼하게 중
> 선배나 하나 짜고, 그물이나 한 벌 사둬야 해! 비행기? 뭐, 레다?
> 흥! 듣도 보도 못한 헛소리여! 뱃놈이 그런 헛소리하면 못 써![18]

한편 도삼은 곰치와의 언쟁 끝에 "원시적으로 고기를 잡을라면 차라
리 죽을 염려도 없고 속편한 내 뜰망배나 부릴 생각"을 해야 한다는 이야
기를 덧붙이고 있는데 이 대목 역시 주목을 요한다. '뜰망배'는 보다 먼
바다에 나가서 어업을 할 때 사용하는 '중선'과 달리 연안해에서 고기잡
이를 할 때 사용했던 배로, 배의 규모가 훨씬 작았다. 연안에서 고기잡이
를 하기 때문에 상대적으로 죽을 염려가 적다는 것은 이해하겠지만 속
이 편하다는 것은 무슨 의미인가. 이는 작품 속 배를 소유하고 있는 임제
순의 횡포에서 비롯된 대사이다. 작품에 등장하는 임제순은 큰 중선배
를 소유하고 있는 인물로 동네 사람들은 모두 그에게 크고 작은 빚을 지
고 있다. 그 때문에 연철은 만선으로 돌아왔음에도 빈손이 되었고 곰치
는 이틀 내로 빚을 갚겠다는 불공정한 계약서를 쓰고 나서야 배를 띄울
수가 있었다.

임제순과 같은 '객주'의 횡포는 사실 한국 어촌의 고질적인 문제이자,
이후로도 아주 오랫동안 해결되지 않는 문제였다.[19] 특히 '객주'들이 단

---

18) 천승세, 「만선」, 『황구의 비명』, 창작과 비평사, 1975, 310~311면.
19) 천승세의 〈낙월도〉와 〈신궁〉은 객주의 횡포가 훨씬 심화된 상황을 배경으로 하고 있
　　다. 두 작품에서 객주들은 단순히 선박의 소유자를 넘어 어촌 마을 하나를 지배하는
　　지배자로 등장한다. 이들은 마을 남성들의 목숨을 담보로 부를 이루고 여성들의 성
　　을 착취하는데, 고립된 섬마을이라는 폐쇄적인 배경 탓에 착취의 고리는 쉽게 끊어

순히 배를 빌려주고 값을 받는 데 그치는 것이 아니라 그 값을 매우 고리로 빌려주고 착취한다는 것이 더 큰 문제였다.[20] 이에 정부는 객주업을 단속하고 농어촌고리채정리법을 발효하여 영세한 어민들의 빚을 정리해주려고 했으나 실질적인 효과를 보기는 어려웠다. 객주에 대한 여론이 악화되고 정부의 정책 기조가 객주의 폐지로 정해졌음에도 불구하고 작은 어촌으로 갈수록 객주들의 횡포는 여전했고 이들은 음성화, 국제화되는 경향을 보이기도 했다.[21]

〈만선〉의 표면에는 곰치와 도삼의 세대 갈등 정도로 비춰지지만, 사실 이들 부자의 갈등 배경에는 변해가는 어촌 풍경이 존재하고 있었다. 이제 더 이상 전통적인 어업 기술만으로는 바다에서 살아남기 어려웠다. 바다는 첨단 기술과 장비로 무장한 경쟁자들이 즐비한 투쟁의 장이었고, 그에 비해 한국의 어민들은 여전히 가난과 고질적인 수탈의 구조 안에 갇혀 있었다.

3. 근해에서 원양으로, 지배구조의 확대 : 〈빙등〉

천승세가 1984년『한국문학』을 통해 발표한 〈빙등〉은, 천승세가 직접 원양어선에 승선했던 경험을 바탕으로 창작된 작품이었다. 〈빙등〉은 삼대째 어업을 해오고 있는 유성준 집안의 이야기를 다루고 있는데, 연재가 중단되기는 했지만 1부에는 성준의 집안 내력과 그의 형이 목숨을 잃

질 수 없고 젊은 세대는 목숨을 걸고 탈출을 감행하지만 이내 실패하고 만다.
20) 「홍어에 허덕이는 법성포」,『경향신문』, 1963.05.30.
21) 「어촌의 객주」,『동아일보』, 1977.12.03.

은 원양어선의 침몰 사고, 부친의 반대에도 불구하고 성준이 북양으로 떠나게 된 이야기들이 서술되고 있다.[22]

작품은 성준으로 하여금 "바다로 달리는 충동"에 불을 지피게 만든 세 편의 기록으로 시작된다.[23] 하나는 첫 번째 북양시험조업을 다녀온 형의 기록이고 다른 두 편은 베테랑 어부인 아버지가 만난 해난사고의 기록과 북양에서 형이 죽던 날에 대한 아버지의 기록이다. 〈빙등〉의 아버지 유관수는 곰치만큼이나 어부로서의 삶에 대한 자부심이 강한 인물이다. 그는 거친 폭풍을 만나 배가 침몰하는 순간에도 구조가 되면 하루 빨리 바다에 다시 나와야 한다는 생각을 하는, 고난이 닥칠수록 굳세게 맞서는 뚝심 있는 인물이다. 다만 곰치와 다른 것은 아들의 죽음을 대하는 태도와 그 이후의 변화다. 곧 곰치는 연이어 세 아들을 바다에 바쳤지만 유관수는 아들 성우의 죽음 이후 해양사인 아들 성준이 원양어선에 탑승하는 것을 기를 쓰고 말리는 것이다.

성준의 형 성우를 사망케한 조난 사고는 실제 1967년 발생한 한국 원양어선의 침몰 사건을 바탕으로 구성되었다. 한국에서 원양어업이 붐을 일으키게 된 것은 1960년대 중반의 일이다. 근해 어업의 침체가 길어지자 한국 정부는 원양어업 진흥을 위한 정책을 실행하기 시작했다. 물

---

22) 북양에 대한 설명은 다음의 기사를 참고할 수 있다. "북양은 북태평양의 북위 37도 이북 전해역을 통칭한다. 서경 175도선을 중심으로 이서는 일소어업조약수역, 이동은 미일가어업조약수역으로 되어 있어 북양은 미, 일, 가, 소 등 4개국 어선이 각종어업을 해오던 그들만의 독점수역이었던 것이 지금까지의 실정이다. (중략) 북양에 발을 먼저 들여놓은 미, 일, 가, 소 등 4개국은 자원보존과 지속적 생산성을 유지한다는 구실 밑에 그들 간의 이익에 대한 공동보장을 위해 스스로 규제를 가하면서 다른 나라의 이 수역 진출을 적극적으로 막아 왔다." 「희생 따르는 개척험로 4국서 배타, 독점」, 『동아일보』, 1967.09.19.
23) 천승세, 「빙등」, 『한국문학』, 한국문학사, 1984.08, 249면.

론 남양으로의 원양어업은 이전부터 진행되어 왔지만 북양은 이 시기가
첫 도전이었고 한국 정부는 북양 조사단의 파견, 국제기구에 기술 협력
요청, 전문 인력을 양성하기 위한 교육 등 의욕에 찬 행보를 보이기 시작
했다.[24] 작품 속 성우가 탔던 북양어선은 삼양수산의 배로 삼양수산은
1966년 정부로부터 북양어업을 허가 받은 회사였다. 삼양수산은 1966
년 시험어로작업을 마친 후 1967년 본격적으로 북양어업에 나섰는데,
사실상 1년도 채 되지 않는 기간이어서 이 시기 정부의 지나친 의욕이
얼마나 성급한 시도로 이어졌는지를 엿보게 해준다.

본래 삼양수산의 원양어선은 1967년 8월 17일 부산항을 출발하여 10
월 말 경까지 베링 해협에서 어로 작업을 할 예정이었다.[25] 그러나 9월
16일 두 척의 배가 조난을 당해 연락이 두절되었다는 소식이 전해졌고
수색작업이 이어지긴 했으나 결국 29명이 목숨을 잃고 말았다.[26] 삼양수
산의 원양어선이 조난당한 직후 여러 언론에서는 북양어선단의 문제를
진단하는 기사를 내보냈다.

북양에 진출하려는 조야간의 열의에는 반대할 사람이 없다. 그러나 열
의만으로 될 일이 아니다. 시일이 걸리더라도 충분한 준비가 선행되어야
하겠고, **이를 위해서는 원양어업에 합당한 대선단의 편성부터 시작해야
한다.** 이것은 연륜이 유약한 우리 수산업계의 한 두 업자의 힘으로는 거
의 불가능한 일일는지도 모른다. 여러 업자들의 힘을 합치든가 정부가 직
접 개입하여 직영으로 하되 이와 병행하여 요원들을 훈련할 필요가 있다.

24) 「원양어업사업강화」, 『매일경제』, 1966.08.04.
25) 「북양어선 두 척 조난 1척 침몰」, 『경향신문』, 1967.09.16.
26) 「전원사망 보고」, 『조선일보』, 1967.09.21.

이에 소요되는 어선 기재 등의 공급이 우리의 원양진출을 시기하는 나라의 책동으로 원활치 못 한 실정을 모르는 바 아니나, 이것도 수입에만 의존할 것이 아니라 국내생산을 서둘러야 할 것이다.[27] (인용자 밑줄, 강조)

기사들이 조난 사고의 가장 큰 원인으로 지적하고 있는 것은 한국 어업계의 열악한 환경이었다. 다른 나라의 경우 여러 선박을 이끄는 모선이 만 톤급에 육박했지만 한국의 경우에는 겨우 천 톤에 불과했다. 강한 폭풍우를 만났을 때 배의 크기가 선원들의 안전과 직결되는 것은 당연한 결과였으니, 크기가 작은 한국 선박들은 절대적으로 불리한 형편이었다. 게다가 어업에 필요한 기재의 공급 역시 수입에만 의존하고 있어서 다른 나라의 협조가 없는 경우 큰 타격을 입을 수밖에 없었다.

"일본놈덜이 만든 기계로 괴기 억수 잡아봐야 머하겠노 하는 요런 말 아이겠입니꺼… 기계뿐이겠입니꺼? 기상도 내나 한 가지 아잉교. 일본놈들 기상 아니라모 한 항차에 여러 배 넘어갔을낍니더… 일본놈딜 기상 받아가면서 일본제 기계로 괴기 억수 잡아봐사 머할끼라요?… 우리나라 기상 받아가 우리나라가 만든 기계로 괴기 잡아사 진짜 자랑이다 요런 얘깁니더!"[28]

한국 어업의 열악한 상황은, 극중 윤병국과 김중수 선장의 대화에서도 적나라하게 언급되고 있었다. 성준이 탄 '태창 302호'가 북양에 도착했을 때 그들을 반겨주는 건 인물들이 '지옥'에 온 걸 환영한다는 다른

---

27) 「북양어선단의 조난」, 『동아일보』, 1967.09.19.
28) 천승세, 「빙등」, 『한국문학』, 한국문학사, 1984.08, 337면.

어선들의 통신이었다. 북양을 '지옥'이라고 부르는 것은 갑작스러운 기상 변화 때문이었고 태창 302호도 수시로 변화하는 기상 때문에 피항을 여러 번 반복해야 했다. 원양에서는 다른 나라의 어선들과도 통신으로 소통을 하곤 했는데, 특히 일본 어선들의 통신을 통해 기상 상황을 접하며 작업을 조율하는 처지였던 것이다. 이는 실제 조난 사고가 났던 1967년이나, 극 중 배경이 되는 1970년대 초나 크게 다르지 않은 상황이었다.

원양어업이 본격화 되면서 정부가 원양어업을 격려하면서 시험단을 파견하는 등의 노력을 기울였지만 전술했듯 1년도 채 안 되는 짧은 시간 안에 원양어업에 적합한 환경을 구축하는 것을 불가능에 가까웠다. 사고 직후 박정희 대통령은 삼양어선단에 "이 불행을 영광되게 하자"는 요지의 전문을 보내 선원들을 격려했고, 일각에서도 북양어업을 포기해서는 안 된다는 목소리가 꾸준히 제기되었지만 열악한 어업 상황을 단순히 의지의 문제로 해결할 수는 없는 것이었다. 그나마 정부의 의지는 시간이 흐르면서 구체적인 해결책으로 나아가지 못 했고 그 사이 양성된 인력들은 제대로 된 직업도 갖지 못한 채 표류할 수밖에 없었는데, 이는 성준이 우연히 들여다보게 된 윤병국의 잡기장(雜記帳)에서도 확인할 수 있다.

윤병국은 선장 김중수를 도와 항해의 중요한 결정을 내리고 어업의 크고 작은 일을 챙기는 인물로, 성준이 가장 의지하고 따르는 인물 중에 하나다.[29] 선장 김중수 만큼 원양어업 경험이 많은 인물이기 때문에 작품 속 원양어업의 문제점에 대한 발언들은 대부분 윤병국의 입을 통해

---

29) 성준은 기관장 노임수, 초사 윤병국, 선장 김중수의 얼굴이 가장 뱃사람다운 얼굴이라고 생각하며, 자신이 그들 중 어느 하나만이라도 돼주길 바란다는 마음을 내비치기도 한다. (천승세, 「빙등」, 『한국문학』, 한국문학사, 1984.09, 257면.)

발화되는 경우가 많았고 인력에 관한 문제 역시 그의 잡기장을 통해 독
자에게 제시되고 있다.

> 국가중흥의 활로는 오직 해양개척이라고 떠들어대는 통에 비린 해풍
> 만 맡아도 눈물이 솟는 젊음들이 바다 〈海〉자 물 〈水〉자 붙은 학교로 우당
> 탕탕통 몰린 적이 있었다. (중략) 나라에서 이쯤 뱃놈들을 존귀하게 대접
> 하는데 이 기회 놓치면 언제 다시 사람구실 해보랴, 아니 이 호시절 놓치
> 면 언제 보국(報國)할 것인가-해양 입국의 역군들은 나라말씀 믿고, 해운
> 항만청 시책 어련할까 믿고, 그래서 두름으로 엮어 양산됐다. (중략) 그런
> 데 별스런 부조화가 다 있었다. 해양입국의 역군임을 자처하고 두름으로
> 양산된 우리들은 갈 곳도 탈 배도 없었다. 이유는 간단했다. 무더기로 길
> 러낸 해양입국의 역군들에 비해 그들을 수용할 국적선(반도 3해의 천혜
> 조건을 구비한 우리 대한민국의 국적선 말이다)은 터무니없이 적었기 때
> 문이었다.[30]

작품 속 윤병국은 한국원양어업기술훈련소 어로학과를 졸업한 인물
로 설정되어 있는데 해당 교육기관은 1965년 원양어업 붐이 일었을 때,
수산 인재 양성을 위해 국제연합(UN)과 한국 정부가 협정을 맺어 건립
된 바 있다. 해당 교육기관을 통해 1978년 6월까지 1174명의 졸업생이
배출되었고 이후에는 한국 정부가 단독으로 운영을 맡아 한국해양수산
연구원으로 명맥이 이어지고 있다.[31] 교육기관을 건립했을 당시 원양어
업에 대한 정부의 의지는 청년들로 하여금 어업 분야의 장밋빛 미래를

---

30) 천승세, 「빙등」, 『한국문학』, 한국문학사, 1985.03, 278~279면.
31) 김종균, 「[한국원양어업기술훈련소 역사] 한국해양수산연수원으로 명맥 이어져」,
『부산일보』, 2017.02.12.

점치기에 충분한 것이었고 그 결과 해양 학교를 졸업한 인재들은 "두름
으로 엮어 양산됐다."

계획대로라면 인재가 양성되는 시점에 대한민국의 국전선이 마련되
어 이들이 원양어업에 투입되어야 했으나, 상황은 그리 희망적이지 않
았다. 여전히 대한민국의 국적선은 턱없이 부족했고 해양학교를 졸업한
인재들이 취업할 길은 요원해보였다. 결국 이들은 제대로 된 일자리를
구하지 못하거나 혹은 해외로 취업하는 길을 선택해야 했다.

당시는 해양계 대학을 졸업해도 탈 배가 없었다. **우리나라 국적선이
너무 적었기 때문이다. 이때 몇몇 해양인들은 중국과 일본 등지에서 오
래 전부터 미국의 큰 배를 빌어와 대리점을 차리고 그 배에 자기나라 선
원들을 태워 재미를 본다는 사실을 알았다. 또 자기 나라 선원들의 임금
을 선진해양국 선원보다 낮춰 외국적선에 취업을 알선하여 외화를 톡톡
히 벌고 있는 것도 눈으로 보았다.** 해양인들은 가까운 일본에 건너갔다.
그곳에서 외국 선주들과 만나 우리나라 선원들의 우수성을 소개하고 저
임금 덤핑으로 유혹했다. 해운업자 왕상은 씨도 여기에 참여했다. 왕 씨
는 대리점 관계를 맺고 있는 일본 협성기선회사에 찾아가 파나마국적의
홍콩편의 취득선 용화호(2천 4백 톤)에 우리 선원들을 태우기로 합의계
약하고 돌아와 64년 2월 14일 당시 해양대학 항해과장이던 김기현 씨(50,
현 여수항도선사)를 선장으로 28명의 선원그룹을 조직, 부산항을 떠났다.
우리나라 선원들의 첫 해외 취업 길이었다. 계약 임금은 선장 2백 5달러,
기관장 2백 달러, 통신장 1백 40달러였고 최하 선원이 40달러로 그때 돈
5만 2천원이었다. 국적선 선원에 비해 5곱절이나 많은 액수였다.[32] (인용

---

32) 「선원 (2) 좁아지는 활동 무대.. 실태와 문제점 해외 취업」, 『조선일보』, 1978.06.21. -

자 밑줄, 강조)

일자리를 찾아 항구 주변 다방을 떠돌아 다녀야 했던 이들은, 다른 나라의 이른바 '덤핑 계약'에라도 응할 수밖에 없었다. 이는 한국 선원들의 임금이 중국, 일본에 비해 저렴한 편이었으나 그나마 해당 임금이 국적선 선원에 비해 5곱절이나 많았기 때문에 가능한 일이기도 했다. 이렇게 근해에서 원양으로 어업의 무대가 바뀌면서 바다는 더 많은 생산이 가능한 공간으로 바뀌었지만, 이미 다른 나라들이 포진하고 있는 원양에서 한국의 열악한 어업의 문제점은 시시각각 노출되고 있었다.

한편 〈만선〉에서 객주를 중심으로 만들어지는 계급적 착취의 문제는 이제 강대국과 약소국의 국제 관계 문제로 변화하는 양상을 보여준다. 〈만선〉에서 바다에서의 어업을 허락하는 존재가 객주였다면 〈빙등〉에서는 강대국의 지배 원리에 따라 어업의 가능 여부가 결정되는 것이다.

일소 어업조약에 의거해서 연어, 송어잡이를 하고 있는 일본도 그들의 비약적인 경제성장으로 나날이 국제적인 발언권이 커가고 있다해도 일본어업에 대한 위협과 증오를 잊지 못하는 미국태평양연안어업관계자들의 강경한 반대로 미, 일, 가 어업조약에 의하여 이 조약수역에서의 연어, 송어잡이는 크게 제한을 받고 있다. 이 한 예만 하더라도 공해상에서의 어업이면서도 북양으로의 진출이 얼마나 어려운가를 알 수 있으며 이 수역으로의 길은 국제적인 배타, 독점주의가 그 앞을 가로막고 있는 것이다. 이렇듯 강대국들도 북양어장의 확보를 위해 서로 신경을 곤두세우고 있

해당 기사에서 언급하고 있는 일화들은 〈빙등〉에서 등장인물들의 대사를 통해 독자에게 전달되고 있다.

으며 지금까지도 해마다 으르렁대면서 고기잡이를 하고 있는 실정이다.

(중략)

이러한 어장 조사와 시험 출어가 이룩되기까지는 많은 난관을 극복해
야 했다. 한일어업협정 위반이니 국제어업질서의 교란이니 하는 등의 억
지구실을 내세워 반대공작을 펴오던 일본은 외국어선의 기항금지 입법
까지 했으며 중환자의 상륙도 거절해 시험조업은 별 성과를 못 거둔 채
한달 만에 돌아와버렸다.[33]

북양에서의 어업을 주도하는 국가는 북양 바다와 영해가 접해 있는
미국, 일본, 소련, 캐나다였는데, 사실상 북양은 공해이지만 인접국가들
간에 맺은 어업협정 때문에 다른 나라들의 어업은 쉽지 않은 상황이었
다. 한국이 처음 북양어업에 진출하려고 할 때에도 해당 국가들은 예민
한 반응을 보였는데 특히 일본은 1967년 시험조업 단계에서부터 비호의
적인 태도를 보여주었다. 삼양수산의 시범조업 당시 일본은 한국 선박
의 입항을 거부하였고 이로 인해 한국 선박은 더 먼 길을 돌아 피항을 해
야만 했던 것이 이를 단적으로 보여준다.[34]

〈빙등〉에서 강대국에 의해 지배되는 해양 논리를 명징하게 드러내는
장면은 '킹크랩 포획' 단속 장면이다. 북양에서 어업을 하던 태창302호
앞에 갑작스럽게 미국의 군함이 다가온다. 태창302호가 어업 중이라는
신호를 보냈음에도 불구하고 미국의 군함은 막무가내로 선박에 올라섰
고 평온하던 태창302호는 위기감이 고조된다. 김중수 선장은 선원들에
게 생물 킹크랩은 물론이고 킹크랩 껍질을 모아둔 것조차 다 바다에 버

33) 「희생 따르는 개척험로 4국서 배타, 독점」,『동아일보』, 1967.09.19.
34) 「시련 겪는 북양어업」,『동아일보』, 1966.08.30.

리라고 소리를 지른다. 심지어 거둬드린 어망을 배에 내리는 것도 중단
시키고 미군을 맞이한다.

"바꽈말해가 선진강대국 간에는 바아틀레트법이 없고 약소국에게만
정정하게 적용되다 이 말이라. 오매야아 미친다 아이가? 법적 부당성으로
선진 강대국들에게서는 휴지신세 되 바아틀레트법이 대한민국 트롤선
예망로 앞에서는 와 고레 용심을 써사하노? 혈맹 대한민국 뱃놈덜이 지
발로 드백힌 킹 클랩 한두 마리 쌂아 묵거로 머시 죄라능긴강? 그것도 엄
영한 공해상 포획물인데 말야!"

윤병국은 전에 없이 흥분된 목소리로 떠들어댔다.

"더 기맥힌 사연이 또 있제. 연 전에 킹 클랩 한 상자 감췄다가 10만불
벌금물고 풀려난 우리나라 어선이 있었다꼬. 킹 클랩 한 상자 감췄다 들
킨 죄 값 10만불도 미칠 일이제만, 더 환장할 설움을 맛봤다는 기라. 코쟁
이 관리가 위로한답시고 나발부는데에 이 코디액항만 해도 킹 클랩 자원
은 남아돌고 노동력의 인적 자원은 억수 부족하다, 귀국하거던 노동자로
들어와 달러를 벌어라, 와 킹 클랩에 맛을 들이느냐, 킹 클랩은 오직 미국
민의 일곱 선호 양식으로서만 존재 가치가 있다아 - 내 양놈덜 발광신호
를 발광포 탄도로 안본게 됐는강?"[35]

김중수 선장의 반응은 실제로 그 당시 원양어업 어선들에게 미군이
행했던 킹크랩 포획 유무 조사 때문에 그렇다. 미국은 북양에서의 킹크
랩 어업을 독점하기 위해 '미합중국 선박 이외의 선박 및 당해 선박의 책
임자에 의한 어업을 금지하기 위한 법률(작품 속 바아틀레트법)'을 적용

35) 천승세, 「빙등」, 『한국문학』, 한국문학사, 1985.09, 313면.

하고 있었다. 〈빙등〉의 설명에 의하면 이는 미 상원의원 바아틀레트에 의해 1964년 공포된 법인데, 킹크랩이 유영을 하지 못하고 해저에 접촉하여서 근거리를 이동한다는 논리를 바탕으로 킹크랩이 미국 영해의 자원이므로 다른 나라의 어업을 금한다는 내용으로 구성되어 있다.[36] 하지만 일본 해양학자가 킹크랩이 유영한다는 사실을 증명했고 소련과 일본은 바아틀레트 법을 전면으로 부정하고 나섰다. 결국 미국은 소련과 일본의 킹크랩 조업을 허용할 수밖에 없었고 사실상 해당 법은 백지화된 셈이었는데, 주변 약소국들에게는 여전히 효력을 발휘했다. 미군은 불시검문처럼 한국 어선에 올라 킹크랩 포획 유무를 조사했고, 실제로 킹크랩이 발견되어 벌금을 문 일도 있었다.[37] 어업을 하다 보면 "한 망에 서너 마리씩은 백히는 왕게"[38]였지만 "맹색이 선진국 국민 아니모 셋빠닥으로 핥기만해도 고마 죽을 죄"[39]가 되는 것이었다. 김중수 선장에게 뇌물을 한아름 받아내고서야 미군은 한국 선박에서 하선했고 그제야 인물들이 한숨을 돌리는 장면은 원양에 존재하는 지배 구조를 적나라하게 보여준다.

어업은 오랜 시간 한국의 가장 중요한 산업 분야 중 하나였다. 근해 어업이 침체기에 접어들자 정부는 자연스레 원양어업으로 시야를 돌렸고 그 무모한 의지는 많은 부작용을 야기했다. 정부가 설립한 교육기관에서 매년 해양 지식을 갖춘 산업 역군들이 쏟아져 나왔지만, 한국 정부는 이들이 일할 기반을 제공해주지 못 했다. 게다가 강대국들과의 이해관

---

36) 위의 글, 309면.
37) 「킹크랩 사건」, 『조선일보』, 1976.11.02.
38) 천승세, 「빙등」, 『한국문학』, 한국문학사, 1985.09, 307면.
39) 위의 글, 308면.

계가 촘촘히 얽혀있는 원양에서 한국 선원들은 제대로 된 국가의 보호를 받지 못한 채 거대한 지배 구조 속에서 착취를 오롯이 감내해야만 했다.

4. 천승세의 해양문학에 대한 재고

〈빙등〉의 연재 중단은 안기부의 압력 때문이라고 알려져 있으나,[40] 구체적인 연재 중단의 과정이나 이유는 알 수 없다. 다만 기존에 검열이 작동하는 몇 가지 경우의 수를 대입하고 그 배경을 몇 가지 가설로 세워보는 것만이 가능하다. 일반적으로 검열은 풍속 검열과 사상 검열로 나눌 수 있다.[41] 풍속 검열은 그야말로 미풍양속을 저해하는 것에 대한 검열을 총체적으로 이르는데, 과도한 욕설이 포함된 속어, 외래어의 사용을 제재한다. 사상 검열의 경우에는 정부와 체제에 대한 비판이 이루어지는 경우 이를 제재하는 것을 이른다. 어느 경우가 되었든 검열이라는 것은 검열관의 주관적인 판단이 개입될 수밖에 없었고 특히 사상 검열은 피검열자의 반발을 잠재우기 위해 그들에게 제공하는 검열의 이유마저

---

40) 안영민, 앞의 글, 129면. 천승세는 인터뷰에서 〈빙등〉 완성에 대한 의지를 보여주었으나, 이후 〈빙등〉의 완성본이 발표된 바는 없다.

41) 그러나 이 두 가지 경우에 속하지 않는 검열의 형태도 존재한다. 가령 작품을 둘러싼 이해관계가 복잡할 때, 이해 당사자들이 발휘하는 압력에 의해 작품에 대한 검열 결과가 달라지기도 한다. 가령 신명순의 〈증인〉은 한국전쟁 초기 한강교 폭파 사건을 다루는 과정에서 군대의 책임 소지가 불거질 수 있었기 때문에 초연 당시 군대에서 공연을 달가워하지 않기도 했다. 김태희, 「한국 전쟁에 대한 기억과 연극의 재현 양상 -신명순의 〈증인〉을 중심으로」, 『공연문화연구』 43, 한국공연문화학회, 2021 참고.

궁색한 경우가 많았다.[42]

〈빙등〉의 연재 중단의 원인에 대한 가설은 이 작품이 실화를 바탕으로 하고 있다는 점에서 출발해야 한다. 천승세는 〈빙등〉에서 실제 발생했던 사건들을 언급하거나 당시의 기사문을 인용하길 반복하고 있는데 가령 1967년에 발생한 어선 조난 사건을 작품 안으로 가지고 오고 있으며 킹크랩 조업 문제, 해양 학교를 통한 인재 양성의 문제점 등을 적나라하게 지적하고 있다. 문제는 해당 실화들이 지적하는 문제들이 정부의 책임론으로 이어질 수 있다는 점이었다.

특히 1985년은 북양어업이 침체기로 돌입한 시점이었다는 점이 중요하다. 미국은 '브로우 법'(1980년 4월)과 '매스너슨 법'(1980년 5월)에 근거하여 1980년부터 미국의 200해리 영해 내에서 조업하는 외국 선박들을 대상으로 어획 할당제를 적용하기 시작했다. 미국은 한국 선박에 대해 매년 어획량을 삭감시켜 나갔고 1985년에는 1979년 대비 10%에 불과한 약 3만톤을 할당하였다. 사실상 북양어업의 종식과도 같은 결과를 가져올 것이 뻔했지만, 사실상 정부가 할 수 있는 일은 거의 없었다.[43] 이렇듯 미국의 어획량 할당제가 화제가 되고 어민들의 불만이 높아지고 있는 시점에 북양어업의 문제점을 지적하는 〈빙등〉의 연재는 관계 당국

---

42) 가령 박조열의 〈오장군의 발톱〉에 대한 검열은 사상 검열의 궁색한 단면을 보여준다. 작가는 〈오장군의 발톱〉에 대해 군대라는 시스템의 폭력성을 우화적으로 지적하였는데 검열 주체들은 이 작품에 공연 금지 처분을 내리면서 주인공 오장군(이등병)이 장군 계급이 사용하는 화장실을 사용하는 등 시의성에 어긋난다는 점을 이유로 들었다. 사실상 작품의 체제 비판적 메시지가 문제가 된 것이지만 검열에서는 표현의 자유를 억압한다는 지적 때문에 이를 직접적인 이유로 들지 못하며 사실 관계에 맞지 않는다는 지적을 하곤 했다.
43) 천금성, 「다시보는 천금성의 '한국 원양어업 개척사'9」, 『현대해양』, 2017.04.03. http://www.hdhy.co.kr/news/articleView.html?idxno=5511

의 불편함을 고조시킬 수밖에 없었다.

〈만선〉 이후 〈낙월도〉와 〈신궁〉을 거쳐 천승세가 도달한 곳이 〈빙등〉의 바다라는 점은 어떤 의미인가. 〈빙등〉의 바다는 더 이상 곰치가 발 딛고 서 있을 수 없는 곳이다. 최상민에 따르면 곰치는 계급의 논리, 중심의 논리를 벗어난 대안적 로컬리티의 가능성을 보여주는 인물이다.[44] 하지만 〈빙등〉에 이르면 바다는 더 강력한 중심-주변의 구조에 귀속되어 있다. 객주와 어민의 계급구조는 이제 국가 대 국가의 관계로 확장되었고 이 속에서 한 개개인은 더할 나위 없이 작은 존재다. 유관수나 유성준 같은 주변 인물들은 지배 구조의 논리에 도전하길 멈추고 오히려 냉정하게 이를 독자들에게 전달하는 데 치중하고 있다. 그들은 "바다로 달리는 충동"에 대해 논하지만, 그들의 말과 행동은 계급구조로부터 자유롭지 못하다. 요컨대 근해에서 원양으로 바다의 경계가 확장되는 동안 천승세가 만나게 된 것은 더 큰 지배 구조와 국가의 무력함이 지배하는, 대안적 로컬리티의 가능성마저 사라진 바다였으며, 바로 이것이 천승세의 해양문학이 도달한 결론이었을 것이다.

– 김태희, 「바다의 경계 확장과 의미 변화 연구 – 천승세의 희곡 〈만선〉에서 소설
〈빙등〉까지」, 『해양문화재』 16, 국립해양문화재연구소, 2022.

---

44) 최상민, 앞의 논문 참조.

3
1960년대 영화와 단절의 현해탄

박소영

1. 현해탄과 대한해협

현해탄(玄海灘)이란 대한해협을 이르는 말로, 보통은 우리나라의 부산과 일본의 규슈 시모노세키 사이에 있는 바다를 말한다. 실제 현해탄은 부산부터가 아니라 대마도 남단의 이끼노시마에서부터 규슈 사이의 좁은 해역이기 때문에 일본인들은 현해탄을 일본 내/외의 경계로 인식했다.[1] 하지만 조선에서 현해탄은 일제강점기 시기를 거치며 한국과 시모노세키 사이에 관부연락선이 오갔던 해역 공간으로 생각되었다.[2] 조선인에게 현해탄이라는 공간은 한반도가 일본과 교류할 때 반드시 거쳐 가야 하는 곳이었다. 현해탄은 식민지 조선과 제국 일본을 연결하는 바

---

1) 김혜인, 「현해탄의 정치학-제국의 법질서와 식민지 주체의 정화술」, 『어문론총』 512, 한국문학언어학회, 2010, 196면.
2) 박경수, 「현대시에 나타난 현해탄 체험의 형상화 양상과 의미」, 『한국문학논총』 48, 한국문학회, 2008, 99면.

다가 되었고 이인직의 『혈의 누』(1906)에서처럼 "근대 문명국인 일본으로 나가는 입구이자 근대 문명 세계로 진입하는 통로"[3]로서 "근대화의 통로이자 식민화의 길목"[4]이 되었다. 그래서 조선에서 현해탄은 "근대와 전근대, 민족과 친일, 침략과 투쟁, 제국주의와 반제국주의, 이상과 현실 등 여러 이항 대립적인 가치들이 분기되거나 상호 교차하는 지점에 놓여 있는 역사적 공간"이었다.[5]

광복 이후 조선인의 일본입국과 일본인의 조선입국이 전면 금지되었고[6] 1949년 대일무역을 시작하기는 하였으나 여전히 일본인은 한국으로 입국할 수 없었다.[7] 1956년 대일통상단절이 시작되고[8] 1959년 일본 왕래금지조치까지 내려지면서[9] 한국인에게 현해탄은 건널 수 없는 바다가 되었다. 그럼에도 불구하고 국가의 허가를 받은 대일무역은 이루어지고 있었고 1960년대 번역물 붐을 타고 일본소설이 유행하며 일본소설의 영화화가 시도되는 등[10] 한국과 일본은 건너지 못하는 현해탄을 오가며 계속해서 교류하고 있었다. 1965년 한일협정이 이루어지면서 학생들의 한일수교 반대운동이 거세게 일어나던 거리에서 일본 영화의 표

3) 김혜인, 앞의 논문, 197면.
4) 고연숙, 「임화 시에 나타난 '바다'의 상징성 연구」, 『인문학연구』 83-2, 충남대학교 인문과학연구소, 2011, 77면.
5) 박경수, 앞의 글, 100면.
6) 「왜인조선입국금지」, 『조선일보』, 1946.01.18. ; 「돌연비상경계령」, 『동아일보』, 1946.05.16.
7) 「열리는 대외국(對外國) 첫 항로 대일무역에 정기선 도항은 한국인만 허가」, 『동아일보』, 1949.03.16.
8) 「대일통상단절과 금후조치」, 『조선일보』, 1954.04.10.
9) 「일본왕래금지의 이유를 분명히 말해보라」, 『조선일보』, 1959.06.21.
10) 「일본 트러블 (6) 번지는 왜색 무드」, 『동아일보』, 1964.02.06.

절작이 개봉되던 아이러니한 상황 속에서[11] '현해탄'은 영화에 등장하기 시작했다.

　1960년대 초반까지만 해도 한국 영화에서 일본은 등장할 수 없는 국가였다. 1958년 재일교포의 수기인 『구름은 흘러도』를 영화화하는 과정에서 일본이 배경이라는 이유로 제작 불허 판정을 받아[12] 제작진은 한국의 광산촌으로 영화의 배경을 변경해야 했다. 이런 상황은 1960년대 초반까지 이어졌는데, 영화 〈행복한 고독〉(1963)은 "등장인물의 대부분이 일본인인데 무대가 또한 일본이기 때문에 한국 영화에서 금단 된 일본 기모노, 일본음악 등"[13]이 등장하여 상영 여부 자체에 대한 논란이 발생했고 심지어 영화 광고가 "민족정기를 해하는 왜색을 노골적으로 나타내고 있다"는 이유로 광고물 등 단속법 시행규칙 시행 이후 첫 번째 단속 광고물이 되었다.[14] 물론 〈검은 장갑〉(1963)과 같은 예외가 있기는 하였으나[15] 1960년대 한국 영화계에서 일본 묘사는 검열을 통과할 수 없게 하는 장애물과 같았다.

　그럼에도 불구하고 한국 영화계는 일본 배우의 출연이나[16] 일본 현지

11) 「영화) 황량한 질(質) 안고 과잉생산」, 『동아일보』, 1965.12.27.
12) 이날 회의에서는 1. 이 작품을 영화화하려면 배경, 풍속 등이 일본땅이어야 하고 2. 용어를 우리말로 한다면 실감이 안난다는 점 3. 그 점으로 이 작품은 최선의 분장을 갖춘다하더라도 영화면으로는 우리나라에서 소개될 수 없다는 점을 들고 있는 것이라고 한다. 「구름은 흘러도」 영화화는 부적당」, 『조선일보』, 1959.03.19.
13) 「"일본색채"와 영화계」, 『동아일보』, 1963.01.28.
14) 「광고물단속제일호 영화 "행복한 고독"」, 『동아일보』, 1963.01.26.
15) 「이국일본(異國日本)서의 우리 영화 로케」, 『동아일보』, 1962.09.18.
16) 〈현해탄은 알고 있다〉에서는 재일한국인 배우 공미도리, 〈푸른꿈은 빛나리〉에는 재일한국인 배우 유수미애, 〈총독의 딸〉에는 미도 미치코가 출연했다. 미도 미치코는 일본 여성의 수기 『흐르는 별은 살아있다』를 영화화할 때 주인공으로 발탁되기도 하였으나 검열 당국이 출연을 보류시키기도 했다.

로케를 끊임없이 시도했다. 반일감정도 거세지만 동시에 일본문화에 대한 동경과 호기심 역시 강했고, 영화에서 이국적인 배경을 통해 국제적인 분위기를 만들어내기에 일본은 적합한 국가였기 때문이다. 게다가 영화계는 60년대 일본 붐을 타고 1965년 한일수교 이전부터 발 빠르게 일본을 스크린에 등장시키고자 노력했고, 이렇게 복잡한 상황은 한국영화가 일본을 어떻게 그려야 할지 고민하게 했다.[17] 왜색 영화와 항일영화가 동시에 제작되고 개봉되던 이런 상황에서 현해탄은 이름 하나만으로 일본을 연상시킬 수 있는 공간이었다. 일본에서 한국, 혹은 한국에서 일본으로 이동할 때 가로지르는 바다는 실제 현해탄이 아니어도 관객에게는 현해탄으로 인식되었다. 한국 영화에서 현해탄이란 그러한 해양공간이었다.

본 논문은 1960년대 영화들에 나타난 현해탄이라는 공간에 주목해보고자 한다. 기존의 1960년대 현해탄 담론에 대한 연구는 김예림, 함충범[18] 등에 의해 진행되었는데 현해탄이라는 공간에 주목하기보다 정확하게는 일본을 어떻게 인식하고 있었는지를 분석하고 있었다. 그래서 본고는 이들의 연구를 기반으로 하여 현해탄이라는 공간에 보다 집중해 1960년대 영화 안에서 현해탄이 어떻게 재현되고 있으며 어떤 공간으로 인식되고 있는지를 알아보고자 한다. 그동안 '바다'라는 공간은 한국 영

---

17) 오영숙, 「한일수교와 일본표상」, 『현대영화연구』 10, 한양대학교 현대영화연구소, 2010, 283면 참조.

18) 김예림a, 「불/안전국가의 문화정치와 포스트콜로니얼 문화상품의 장 -1960년대 영화와 "현해탄 서사" 재고-」, 『현대문학의 연구』 42, 한국문학연구학회, 2010. ; 김예림b, 「현해탄의 정동 -국가라는 "슬픔"의 체제와 밀항」, 『석당논총』 49, 동아대학교 석당학술원, 2011. ; 함충범a, 「1960년대 한국 영화 속 일본 재현의 시대적 배경 및 문화적 지형 연구」, 『한일관계사연구』 47, 한일관계사학회, 2014.

화에서 보통 어촌마을의 배경으로 상상되는 경우가 많았다. 삼면이 바다로 둘러싸인 한국의 지리적 환경으로 인해 많은 어촌마을이 존재하고 있으며 작은 어촌마을을 통해 한국 사회의 모순을 드러낼 수 있기 때문이다.[19] 그러나 '현해탄'은 해양 공간으로서 한국사에서 중요한 공간이었던 만큼 해양 그 자체로 영화에서 자주 등장하고 있다는 점에서도 주목해볼 만한 곳임은 확실하다.

1960년대 한국 영화에서 현해탄은 한국인과 일본인, 혹은 한국인과 재일한국인의 서사 속에서 특히 자주 등장한다. 한국과 일본을 가로지르는 해역이기에 오히려 교집합적인 공간으로 상상할 수 있으면서 동시에 서로를 만나지 못하도록 가로막는 장벽이 될 수 있기 때문이다. 그러나 영화 안에서 실제로 이 대한해협을 직접적으로 보여주는 경우는 많지 않았다. 그래서 본 논문은 현해탄이라는 해역이 영상에 직접 드러나는 작품이었던 조긍하 감독의 〈총독의 딸〉(1965 제작), 안현철 감독의 〈윤심덕〉(1969), 이병일 감독의 〈귀국선〉(1963), 김효천 감독의 〈슬픔은 파도를 넘어〉(1968)를 통해 현해탄이 어떻게 영상적으로 재현되고 있는지를 분석하고, 한일관계의 변화에 대한 대중들의 수용 양상이 영화에 어떤 영향을 미치는지 알아볼 것이다. 다만 자료상의 한계로 영상을 확인할 수 없는 〈총독의 딸〉[20]과 〈귀국선〉은 오리지널 시나리오와 녹음대본 등을 통해 추측하였다.

---

19) 김남석, 『해양영화의 의미와 미학』, 부경대학교출판부, 2018, 176~177면.
20) 〈총독의 딸〉은 현재 필름이 남아 있어 2017년 한국영상자료원에서 상영회를 개최하였으나 현재 DVD나 VOD 등으로는 공개되어 있지 않아 접근이 불가능한 실정이다.

2. 낭만적 공간으로서의 현해탄

한국과 일본을 가로지르는 현해탄은 그 공간 자체로 한국과 일본의 관계를 상징한다. 한국과 일본의 관계가 단절된 상황에서는 합일(合一)을 불가능하게 하는 비애의 공간이 되고, 한국과 일본의 관계가 호전되는 상황에서는 합일이 시작되는 공간이 된다. 그래서 현해탄은 이루어질 수 없는 사랑이 시작되는 공간으로 재현된다. 거친 파도와 흔들리는 배 위에서 시작되는 이루어질 수 없는 사랑은, 그 이후의 고난을 쉽게 상상할 수 있기에 더욱 낭만화되고 애상화된다.

한운사의 소설 『현해탄은 알고 있다』를 영화화한 김기영 감독의 〈현해탄은 알고 있다〉(1961)는 아이러니하게도 현해탄이라는 해역이 중요한 공간으로 등장하지 않지만 제목에서 알 수 있듯 "현해탄"을 매우 강조하고 있다. 그것은 조선인 학도병인 아로운과 일본 여성인 히데코와의 사랑에 관한 이야기를 하고 있기 때문이다. 한국 남성과 일본 여성의 애정 관계는 폭압적인 질서의 일본 군대에서도, 일본에서 권력을 지니고 있는 히데코의 가족들에게서도 인정받지 못한다. 그럼에도 불구하고 그들의 진실한 사랑은 폭격 속에서 아로운이 생존함으로써 완성되는데, 이때 현해탄은 서로의 존재를 부정하고 거부하려는 한국과 일본 사이에서 두 사람이 공존할 수 있고 이해받을 수 있는 상징물로 내세워진 것이다.

하지 (도아 밖을 가리키며) 저 사람들이 당신을 쫓고 있나요?
갑수 (끄덕인다)
하지 무슨 잘못으로? 당신은 살인범 · 사상범?

갑수 ……

　　　(인용자 생략)

갑수 시간이 없습니다. 아가씨가 날 숨겨줄 수 없다면 저 창밖으로 뛰
　　　어 내려야 합니다.

하지 거긴 바단데요?

갑수 그렇습니다. 난 바다라도 뛰어내려야합니다.

하지 (막으며) 잠깐…… 쫓기고 있는 가련한 사슴을 구해줄만한 아
　　　량은 제게도 있으니 안심하세요. 이리 오세요.[21]

　　그뿐만 아니라 현해탄은 한일남녀가 사랑을 시작하는 공간이 되기도
한다. 조긍하 감독의 〈총독의 딸〉은 총독의 딸인 나쓰에[22]와 독립운동가
인 한갑수의 사랑 이야기이다. 두 사람의 만남은 일본에서 조선으로 향
하는 바다, 현해탄에서 우연히 발생한다. 배 안에서 일본 경찰에게 쫓기
고 있는 한갑수를 나쓰에가 숨겨줌으로써 처음 만나고, 두 사람은 조선
에서 사랑을 키워나간다. 두 사람은 결국 사랑하게 되고 나쓰에는 임신
까지 하지만 한갑수는 나쓰에의 정혼자에게 잡혀 사형을 언도받는다.
한갑수의 사형이 집행되고 몇 시간 지나지 않아 조선이 독립하고 나쓰
에는 조선을 떠나기 위해 다시 현해탄을 건넌다.[23]

---

21) 장사공, 〈총독의 딸〉 오리지널 시나리오, 1965, 7면.
22) 오리지널 시나리오에는 나쓰에라고 나와 있지 않고 음독인 하지(夏枝)로 표기되어
　　있다.
23) 2017년 한국영상자료원에서 진행했던 〈총독의 딸〉 상영회 전 영화해설을 맡았던 이
　　화진의 논문에 의하면 관부연락선을 타고 나쓰에가 일본으로 떠나는 장면은 영화화
　　된 것으로 알 수 있다. 그에 의하면 "영화의 라스트씬은 패전 후 관부연락선을 타고
　　귀국하는 총독과 나쓰에, 그리고 나쓰에의 유모 하루코(김신재 분)의 모습을 보여준
　　다"고 설명하고 있으며, "나쓰에의 독백은 일본어로 이루어졌으며 한국어 임포즈드
　　자막으로 번역되어 화면 오른편에 위치하였다". 이화진, 「'65년 체제'의 시각 정치와

　현해탄이라는 바다는 조선과 일본 사이에 있기 때문에 더더욱 조선과 일본의 청춘남녀들이 처음 만나고 사랑을 시작하기에 좋은 낭만적 공간으로 재현된다. 그러나 동시에 일제강점기라는 시대적 배경으로 인해 남녀의 사랑에 거대한 장애물이 발생할 수밖에 없다. 이때 주목해볼 만한 것은 남성 캐릭터는 조선인으로 여성 캐릭터는 일본인으로 설정된다는 것이다. 조선인 남성은 군인이나 독립운동가 등 남성적이고 주체적인 성격의 인물이라면, 일본 여성은 일본인 아버지의 딸일 뿐이다. 이렇게 제국 일본은 여성 캐릭터를 통해 수동적이고 여성적인 성격을 부여하며 일본 여성은 식민지 조선의 남성에게 사랑에 빠져 순종하면서 그의 아내가 되고자 한다. 이러한 한일남녀의 서사는 제국과 식민지의 관계를 전복시켜 가부장적 관계로 재편한다. 한일남녀의 애정 영화를 통해 과거 식민지였던 조선의 상황을 극복하여 국가로서의 주체성을 획득하고자 한 것이다.[24]

　동시에 현해탄을 배경으로 한 한일남녀의 사랑은 이루어질 수 없기에 관객의 동정심을 자극하게 되고, 관객은 한일남녀의 사랑이 맺어지기를 바라게 된다. 특히 여성화된 일본은 관객들에게 지배자였던 제국 일본의 이미지와 선량하고 사랑받아야 할 일본의 이미지를 분리하여 받아들이게 하는 데 일조한다.[25] 1960년대 초반 한국 영화에 출연했던 일본인(재일한국인 포함) 배우들이 모두 여배우였다는 점은 이를 증명한다. 과거의 제국 일본과 지금의 일본을 분리하여 인식하게 함으로써 일본에

　〈총독의 딸〉」, 『한국근대문학연구』 18-1, 한국근대문학회, 2017, 293면.
24) 이러한 조선과 일본을 피식민과 식민의 관계가 아니라 남녀의 관계로 만드는 것은 한일남녀의 사랑을 소재로 한 영화에서 공통적으로 드러나는 특성이기도 하다. 함충범a, 앞의 논문, 306~307면. ; 김예림a, 앞의 논문, 592~594면.
25) 이는 3장에서 분석하는 〈귀국선〉의 헨리와 에미꼬의 사랑을 통해서도 알 수 있다.

대한 반감을 해소하고자 한 것이다.

〈총독의 딸〉 역시 1965년 일본 쇼치쿠 영화사와 합작하여 일본인 여배우 미치 가나코를 주인공으로 내세워 한일협정의 '한일 친선'이라는 슬로건을 애정 서사로 옹호한 작품이었다.[26] 물론 이러한 한일남녀의 애정 서사는 1965년 체제의 한국에서 긍정적으로 받아들여지지 못했다. 〈현해탄은 알고 있다〉와 달리 〈총독의 딸〉은 제작을 끝내고도 결국 개봉되지 못했다. 〈현해탄은 알고 있다〉는 원작 소설과 드라마에 이어 영화까지 각색되어 제작되고 모두 흥행에 성공하였으나, 오히려 한일수교가 맺어지던 1965년에 제작된 〈총독의 딸〉은 촬영 단계에서부터 한국에서 나쓰에 역을 맡았던 미도 미치코의 입국 승인을 받지 못해 관광 비자로 입국시켜 비밀리에 촬영해야 했고[27] 심지어 검열 당국의 특별한 언급도 없이 극장에 상영되지 못했다. 〈현해탄은 알고 있다〉와 〈총독의 딸〉의 차이는 한국 사회에서 한일남녀의 사랑이 한일관계의 상황에 따라 다른 감정으로 받아들여졌음을 드러낸다. 한일남녀를 가로지르는 현해탄이 그들의 사랑을 가로지르듯 영화의 제작 및 상영도 불가능하게 만든 것이다.[28] 〈총독의 딸〉 이후 현해탄이 사랑하는 남녀에게 중요한 공간으로 등장하는 영화가 〈윤심덕〉이었다는 것은 한국 영화계가 한일남녀에 대한 멜로드라마 제작에 소극적인 태도였음을 증명한다.

---

26) 이화진, 「'65년 체제'의 시각 정치와 〈총독의 딸〉」, 『한국근대문학연구』 18-1, 한국근대문학회, 2017, 279면.
27) 「현해탄에 물결 높다 한일협정조인 뒤에 오는 것 (8) 대중문화의 침투」, 『동아일보』, 1965.07.06
28) 〈총독의 딸〉의 미상영은 일본에 대한 국민들의 반감뿐만 아니라 일본의 배우를 시작으로 일본 영화계가 한국의 영화계를 장악해버릴 수도 있다는 경계심 또한 영향을 미쳤다. 이화진, 앞의 글, 299면 참조.

현해탄은 일제강점기 시기 정사(情死)의 낭만적이고 신화적인 공간
으로도 상상되었다.[29] 대중들에게 현해탄을 이러한 공간으로 인식시켰
던 가장 대표적인 사건은 김우진과 윤심덕의 동반자살일 것이다. 조선
최초의 소프라노 성악가이자 수많은 염문을 뿌리고 다녔던 신여성 윤
심덕과 목포 유지의 아들이자 천재적인 문학가였던 수산 김우진은 일
본에서 조선으로 돌아오던 관부연락선에서 동반 자살했다. 많은 남성과
의 소문을 몰고 다니던 윤심덕이 유부남이었던 김우진과 현해탄으로 몸
을 던져 자살하자 두 사람의 관계에 대해 수많은 소문이 빠르게 그리고
많이 만들어졌다. 쏟아지는 기사들과 소문은 대중에게 현해탄을 낭만적
공간으로 상상하게 만들었다.

안현철 감독의 〈윤심덕〉(1969)은 그런 윤심덕과 김우진의 관계에 대
한 상상을 기반으로 유부남이었던 김우진과 사랑에 빠진 윤심덕의 애정
서사를 보여준다. 이 영화는 영화 자체로 훌륭한 작품성을 가지고 있다
고 평가하기는 어렵다. 일제강점기라는 시대적 배경을 제대로 구현해내
지도 않았으며 영상미학을 보여주고 있다고 하기에도 힘들며 두 사람을
통해 조선의 예술계를 보여주고자 했던 시도도 찾기 어렵기 때문이다.
〈윤심덕〉은 오로지 두 사람의 애정 서사에만 주목하고 있다. 실제 사실
과 달리 김우진이 윤심덕을 잊기 위해 막일을 하고,[30] 윤심덕으로 인해
자살했다는 소문의 주인공인 일본 유학생 박정식을 윤심덕의 약혼자로
설정하기도 했다. 즉 영화는 "윤심덕"이라는 인물을 내세우면서도 실제

---

29) 김혜인, 앞의 글, 197면.
30) 김우진과 윤심덕이 연인관계였음은 대부분의 학자가 인정하고 있으나 김우진은 목
   포에서 아버지의 사업을 이어받아 사업가로 활동하며 가끔 '수산'이라는 필명으로
   자신의 글을 발표하며 지냈다. 영화 〈윤심덕〉에서처럼 막일을 하거나 그로 인해 와
   병 생활을 한 기록은 없다.

인물에 대한 깊이 있는 연구와 고민보다는 일제강점기 가장 주목받았던 스캔들을 영화화하는 데 급급했던 것으로 보인다.

> 우진   이곳 관부해협은 동해와 서해의 물이 여기서 합류 하는데다 난
> 류 한류가 부딪친 곳이라 파도가 높아… 현해탄이라고 부릅니
> 다.
> 심덕   선생님 마음은 난류실까 한류실까?
> 우진   … 글쎄요.
> 심덕   기분파실거야. 현해탄… 갈매기…
> 우진   낭만! 이 배에 타고 있는 남녀는 모두 생생한 작별의 상처를 지
> 닌 사람일 것입니다.[31]

　그럼에도 불구하고 영화 〈윤심덕〉(1969)에서 현해탄에 대한 이야기는 매우 주목해볼 만하다. 영화의 초반부, 약혼자인 박정식의 끊임없는 구애를 거절하면서 윤심덕은 성악가가 되기 위해 일본 유학을 결정한다. 부모의 반대를 무릅쓰고 일본 유학길에 오른 윤심덕은 자신을 따라온 박정식에게 거부감을 느끼며 자리를 피하다가 우연히 김우진을 만난다. 김우진과 윤심덕은 일본으로 향하는 관부연락선에서 바다를 보면서 대화하다가 순식간에 사랑에 빠진다. 김우진이 설명하는 현해탄은 일본과 조선의 사이에 있는 공간이 아닌 "난류 한류가 부딪친 곳"이다. 윤심덕은 김우진을 "기분파"일 것이라고 하지만 대중은 난류(暖流)를 윤심덕으로 한류(寒流)를 김우진으로 쉽게 상상할 것이다. 일반적으로 윤심

---

31) 유한철, 〈윤심덕〉 오리지널 시나리오, 1969, 13면.

덕과 김우진의 정사(情死)를 다루는 문학[32]에서 두 사람의 만남은 동우
회 기금 마련을 위한 극예술협회의 공연 연습에서 이루어진 것으로 설
정하지만, 〈윤심덕〉에서는 현해탄 공간을 강조하기 위해 두 사람의 첫
만남을 일본으로 향하던 현해탄 위로 설정한다. 그로 인해 현해탄은 김
우진의 대사처럼 낭만의 공간이 된다.

> 심덕   넓은 저 바다와 함께 영원에 사는 거예요. [33]

[그림1] 현해탄을 바라보는 김우진과 윤심덕   [그림2] 김우진과 윤심덕이 뛰어내린 후의
현해탄

두 사람의 마지막 역시 그들의 사랑이 시작되었던 현해탄에서 완성된
다. 김우진이 유부남이었기에 윤심덕과의 사랑은 완성될 수 없는 것이
었다. 일본으로 가는 배 위에서 유부남이어도 개의치 않겠다던 윤심덕
은 조선에서 김우진의 아내를 보고 그와의 사랑을 포기하려 한다. 아내
인 정점효는 사랑 없는 결혼이었으며 자신은 김우진에게 절대 사랑받을
수 없다는 사실을 잘 알고 있으니 김우진과 함께 떠나 행복하게 살아달
라고 부탁하고, 윤심덕은 그 이야기를 듣고 오히려 김우진과의 관계를

---

32) 김우진과 윤심덕의 이야기를 다룬 문학으로는 김호선의 영화 〈사의 찬미〉(1991),
손승휘의 소설 『사의 찬미』(2013), 한소진의 소설 『사의 찬미』, 뮤지컬 〈사의 찬
미〉(2013-2019), 오페라 〈사의 찬미〉(2018), SBS 드라마 〈사의 찬미〉(2019)가 있다.
33) 유한철, 앞의 글, 72면.

끝낸다. 그러나 김우진이 윤심덕을 잊지 못해 출가하여 막일을 하다 병원에 입원하게 되면서 재회하게 되고, 두 사람은 이탈리아로 도피하기로 결정한다. 이탈리아로 가기 위해 다시 관부연락선을 먼저 탄 윤심덕을 따라 김우진도 함께하면서 두 사람은 현해탄에 몸을 던진다.

두 사람은 갑판에 앉아 현해탄을 바라보며 〈사의 찬미〉를 함께 부르고 바다에 뛰어든다. 영화는 두 사람이 바다의 빠지는 모습을 직접 보여주고 검은 바다 위에 두 사람의 모습을 오버랩함으로써 현해탄이라는 해양 공간이 윤심덕이 말하는 것처럼 김우진과 윤심덕이 영원히 함께 살아갈 공간임을 보여준다.[34] 〈윤심덕〉에서 현해탄은 조선과 일본 사이에서 예술가인 윤심덕과 김우진이 근대를 경험하러 가는 길목이기는 하지만 그 의미는 후경화된다. 그보다는 김우진과 윤심덕이 처음 만났던 공간이자 그들의 삶의 마지막 공간으로서 불가능한 사랑을 완성할 수 있는 낭만화된 공간으로 재현된다. 김우진과 윤심덕의 비극적인 사랑과 자살은 사실이지만 그 과정에서 발생하는 애정 갈등의 대부분은 영화적 상상의 결과이다. 그중에서도 현해탄에서 사랑이 시작되어 완성된다는 수미상관적인 구성은 현해탄의 낭만성을 극대화하는 영화적 상상이다.

바다라는 공간은 육지처럼 안정되지 않고 일렁이는 물결로 인해 불안정하게 움직이는 특성이 있다. 고정되지 않는 공간인 바다는 낭만적으로 만난 남녀가 사랑하는 과정에서 많은 질곡을 경험하게 될 것임을 예견하게 한다. 김우진을 "파도 이는 곳에서만 만나게" 된다는 윤심덕의

---

34) 심덕 : 울면 결심이 약해져요. 영원히 살고 싶지 않으세요? … 허허넓은 저 바다와 함께 영원히 사는 거에요! (유한철, 앞의 글, 38면.)

대사는[35] 현해탄에서 만난 연인의 운명을 상징하는 말이다. 김우진과 윤심덕은 각각 부인과 약혼한 남성이 있었기에 사랑을 완성할 수 없었고, 갑수와 나쓰에는 독립운동가이고 조선 총독의 딸이었기에 사랑을 완성할 수 없었다. 서로의 상황은 사랑을 완성하는 데 있어서 많은 장애물을 경험할 수밖에 없게 한다. 운명적인 연인이 거친 현해탄에서 사랑을 시작한다는 점에서 그들의 비극적 결말을 예견하게 하는 것이다.

〈총독의 딸〉과 〈윤심덕〉에서 현해탄은 한국과 일본 사이에 있는 바다이면서 동시에 한류와 난류가 만나는 공간이며 "결합될 수 없는 두 가닥의 레일"이 만난 지점[36]이다. 바다에서 시작하여 바다에서 끝나는 그들의 사랑은 바다라는 공간이 가지는 낭만성으로 인하여 운명적 사랑이된다. 그리고 거친 바다에서 시작한 만큼 그들의 사랑에는 많은 굴곡과어려움이 발생하며 그것이 그들의 사랑을 더욱 비극적이고 극적이도록한다. 화해할 수 없는 한일 양국 사이에 존재하는 현해탄은 그렇기에 완성되지 못할 사랑을 완성할 수 있는 공간이 되고 그들의 사랑을 이해하는 유일한 존재가 된다. 그러나 한일남녀의 사랑을 통해 한일관계에 대한 인식 전환을 기대하는 시도에 대해 국민들은 예민하게 반응할 수밖에 없었고, 영화계는 한일남녀의 사랑보다는 조선인의 금지된 사랑, 혹은 이산가족의 비극을 통해 난관을 극복하고자 했다.

---

35) 유한철, 위의 글, 20면. 그러나 이 대사는 실제 영화에서 생략되었다.
36) 장사공, 앞의 글, 13면.

3. 이산과 밀항의 공간으로서의 현해탄

현해탄을 배경으로 한 남녀의 애정 서사가 일제강점기 시기를 배경으로 한다면, 1960년대 당대의 현해탄은 이산(離散)과 밀항의 공간이 된다. 1960년대 밀항은 그 이전보다는 수가 줄었다고 해도 여전히 존재하고 있었다. 식민지 시기 밀항은 조선의 빈농이 생존을 위해 제국 본토의 (하층) 노동자로 전환될 것을 감수하고 선택한 길이었다. 그러나 조선은 공식적으로 일본의 영토였기 때문에 일본으로 가는 과정에서의 번거로움을 해결하기 위해 밀항을 선택하는 경우들이 많았다.[37]

그러나 1945년 광복 이후 상황은 달라진다. 한국은 일본의 영토가 아닌 독립된 국가가 되었기 때문이다. 미군정 조치에 따라 1946년 일본인의 조선 입국도, 조선인의 일본 입국도 전면 금지되면서 국교는 단절되었다. 그로 인해 45년 이후 일본으로의 밀항은 증가 급증[38]할 수밖에 없었다. 한국보다 풍요로운 일본의 삶을 동경하거나 병역을 기피하거나 혹은 일본에 남은 재산이나 관계들을 처리하기 위해서 등 그 이유는 다양했지만[39] 가장 큰 이유는 먹고 살 방법이 한국에 없기 때문이었다.[40] 이렇게 이어진 밀항은 1965년 한일수교협정이 맺어지고 나서도 계속해서 지속되었다.

---

37) 김예림b, 앞의 논문, 318면.
38) 「일주간밀항동포오백」, 『조선일보』, 1948.05.27.
39) 「한인의 일본밀항 다섯가지 이유 있다」, 『동아일보』, 1949.09.13.
40) "그 무엇이 그리워서 몸서리 나게도 지긋지긋한 일본을 이제 또 다시 찾아가랴마는 그러나 이 땅의 민생고를 반영하는 듯 일본 밀항자는 날로 늘어만 가고 있다." 「공포적 존재! 실업자 백입만 인적자원 부족타말고 당국은 화급한 대책 세우라」, 『경향신문』, 1949.04.01.

그래서 1960년대 영화에서는 가족들이 한국과 일본으로 떨어져 만나지 못하는 상황들이 계속해서 등장한다. 영화 〈행복한 고독〉에서도 한일남녀로 이루어진 부부가 국교 단절로 인해 오랜 시간 떨어져 지내야 했고, 〈현해탄의 구름다리〉에서 일본인 소녀가 한국 땅에서 한국인 부부의 딸로 키워져야 했다. 그로 인해 현해탄은 한국과 일본을 가로질러 두 국가를 단절시키는 공간이 된다. 그들에게 있어 현해탄은 뛰어넘어야 하는 극복의 공간이자 월경(越境)해야 할 대상인 셈이다. 이렇게 흩어진 가족이 대처할 수 있는 방법은 두 가지였다. 〈행복한 고독〉의 도시코처럼 단절된 국교가 다시 회복되기를 기다리던가 혹은 〈귀국선〉의 명희와 정순, 〈슬픔은 파도를 넘어〉의 경수처럼 밀항하는 것이었다.

이러한 작품들은 이미 부부로 결합한 한일남녀가 한일 양국의 외교적 상황으로 인해 현해탄을 건너지 못하고 가족으로 재결합되는 데 실패하게 되는 비극적 상황을 전면에 내세운다. 그로 인하여 현해탄을 사이에 둔 인물들의 관계를 다루는 영화는 결혼까지 하게 되는 한일남녀의 사랑이 아니라, 이미 결혼을 한 한일부부의 가족애라는 좀 더 보편적이고 수용 가능한 정서를 통해 관객들의 거부감을 최소화하고자 한다. 특히 이때 주인공으로 부모를 만나고 싶어 하는 아동이나 남편을 기다리는 부인을 내세워 관객들의 동정심을 최대한 자극하고 영화의 비애감을 극대화한다.

물론 한국에서 일본으로 가는 방법은 현해탄을 건너는 것 말고 비행기를 타고 가는 방법도 있었다. 한일남녀로 이루어진 가족이 광복으로 인해 해체되었다가 재결합하기 위해 일본으로 떠날 때 비행기를 타고 떠나는 경우들이 많았다. 〈흐르는 별은 살아 있다〉(1962), 〈현해탄의 구름다리〉(1963). 〈푸른 꿈은 빛나리〉(1963), 〈뜬구름아 말 물어보자〉(1966) 등에 등장하는 인물들은 한국에서 고난을 극복한 뒤 사람들의 배웅을 받으며 일본으로 떠난다. 이러한 환송은 한일 양국에서 공인받은 인물들이었기 때문에 가능했다. 그러나 공인받지 못한, 혹은 공인받았다 하더라도 가난하여 비행기를 탈 수 없고 배를 탈 수 없는 사람들이 선택할 수 있는 방법이란 밀항뿐이었다.

〈귀국선〉은 한일수교가 정상화되기 전인 1963년에 개봉한 영화로 명희, 정순, 헨리 장을 주인공으로 하여 밀항자들의 이야기를 보여준다. 정순은 일본에서 돌아오지 못하는 남편을 찾아, 명희는 해방 후 일본으로 돌아간 일본인 어머니를 찾아 헨리 장의 밀항선을 탔다. 이렇게 가족을 만나기 위해 밀항을 통해 현해탄을 건너는 것은 〈슬픔은 파도를 넘어〉의 경수도 마찬가지였다. 〈슬픔은 파도를 넘어〉에서 경수의 아버지는 일본에 징용으로 끌려가고 어머니는 그런 아버지를 찾아 일본으로 떠나면서 한국에 남은 경수는 고아가 되어 거리를 떠돌고 있다. 거리의 고아 패거리들 역시 대부분 경수와 비슷한 처지였으나 모두 힘을 합쳐 경수를 일본으로 몰래 보내는 데 성공한다. 영화는 1968년도 작품이지만 경수의 일본행은 여전히 불가능에 가깝다. 해외에 가는 비용은 고아 소년이 벌 수 없는 큰 금액이기 때문이다. 그래서 경수는 몰래 일본행 배를 타 일본으로 향하게 된다. 세 번의 밀항 시도 중 두 번째는 전문 밀항 브로커를 통해서 이루어지는데, 이때 경수와 함께 밀항을 시도하는 사람들의 사연도 함께 소개된다.

> 남자 그렇다면 구지 일본에 갈 게 없지 않은가 …
> 청년 말 마십시오 … 군대에 나오라고 영장은 자꾸만 나오죠.. 그것도
>   한 두 번이나 빠지지… 몸살납니다.

(중략)

남자 나야 나야 사연이 길지… 이차대전 때 폭격으로 죽은 아내의 무
덤을 찾아간다네…. 애들도 클대로 컸으니… 뼈라도 찾아서 고
향땅에 묻어 줘야 할 게 아닌가…

(중략)

노파 나도 우리 영감 무덤을 찾아 가는데… 어디까지 가세요…? (중
략) 징용으로 끌려갔지 뭡니까… 원수놈의 땅을 찾아갈려니 치
가 떨린다우. [41]

위 대화에서도 알 수 있듯 밀항을 시도하는 사람들의 목적은 시신이
되었다 하더라도 헤어진 가족과 다시 재회하기 위한 것이다. 물론 군입
대가 싫어서 밀항하는 청년도 있고 시나리오에는 나오지 않지만 영화
에서는 한국에서 사업에 실패해 많은 빚을 지고 도망치는 사업가도 있
었다. 이런 그들의 모습은 1960년대 여전히 식민지 조선의 이산(離散)
이 제대로 해결되지 않았으며, 그들을 국가가 완전히 구제해주지 못하
고 있음을 보여준다. 현해탄은 모두에게 허락되지 않기 때문에 여전히
이산을 상징하는 공간으로 기능한다. 1960년대에 들어서면서 밀항에 대
한 기사들 속에서 밀항의 이유가 상세하게 소개되기 시작했다. 대부분
가난이 싫어서[42] 헤어진 가족을 만나기 위해서[43] 였고 원자폭탄에 피해
를 당하고 그것을 수술하기 위해서[44]와 같이 독특한 이유가 소개되기도

41) 김효천(최금동·신봉승), 〈슬픔은 파도를 넘어〉 오리지널 시나리오, 1968, 22면.
42) 「막연한 동경이 빚은 10대의 만용, 돛단배 훔쳐 일본밀항」, 『조선일보』, 1965.11.11.
43) 「10대 두 소년이 밀항기도」, 『경향신문』, 1963.08.23. ; 「현해탄에 선린의 가교」, 『동아
일보』, 1966.09.03. ; 「"엄마품에 안겨주마"」, 『조선일보』, 1968.07.05.
44) 「원자병 고치러 밀항」, 『조선일보』, 1968.10.04.

했다. 물론 밀항은 "나라 체통 깎는"[45] 사건이었으나 특히 가족을 내세울 때 국가정치를 넘어 인간의 보편 윤리로서 밀항에 대한 충분한 이유가 되었다. 〈귀국선〉과 〈슬픔은 파도를 넘어〉의 주인공들이 현해탄을 건너는 것에 대해 관객들이 공감하고 더 나아가 그들을 동정할 수 있는 이유도 이 때문이다.

〈귀국선〉은 한국인의 입장뿐만 아니라 그 반대의 경우도 보여준다. 밀항자들을 돕는 브로커인 헨리는 밀항선이 파선되면서 파도에 휩쓸렸다가 대마도 해안가를 헤매던 중 일본 여성인 에미꼬를 만난다. 두 사람은 서로 사랑의 감정을 느끼게 되지만 이내 헨리가 경찰에 검거되면서 헤어지게 된다. 헨리를 보살펴주던 에미꼬 역시 수교 단절로 인하여 가족과 헤어진 상태이다. 그녀의 아버지는 고기잡이를 하다가 평화선을 넘어가 한국 경비선에 붙잡혀 부산의 일본인 수용소에 억류 중으로,[46] 딸의 편지를 받아볼 수 있지만 답장은 해주지 못하는 듯하다. 에미꼬의 이야기는 한일수교 단절로 인한 이산의 상황이 한국인뿐만 아니라 선한 일본인에게도 발생하고 있음을 보여준다. 아버지를 한국에 빼앗긴 에미꼬는 연이어 연인이 된 헨리마저 빼앗기게 되며 두 번의 이산을 경험한다. 그러한 에미꼬가 바라는 "국교 회복"[47]은 국가 간 외교 문제나 한국의 정치적 문제가 아니라 가족의 회복을 위해 당연히 해결해야 할 인류애적 문제로 인식되게 한다.

스미　그래두 일본여자라는 건 숨길 수 없어요.

45) 「나라 체통 깎는 일본밀항 강력단속」, 『동아일보』, 1967.12.07.
46) 김영수·류한철, 〈귀국선〉 오리지널 시나리오, 1963, 13면.
47) 위의 글, 33면.

> 인호 (왈칵) 그 일본여자라는 말 좀 그만 하우… 여보! 나쁜 건 일본
> 의 군국주의였소. 당신이 책임질 이유가 없지 않소?
>
> 스미 당신의 출세를 위해서두…
>
> 인호 그까짓 출세 안해도 좋소. 여보! 당신이 가버리면 난 어떡하우?
> 애비(인용자: 애미의 오타로 추정) 없이 자랄 저 명희가 가엾지
> 도 않소?[48)]

　한일수교의 탈정치화에 대한 시도는 명희 아버지의 대사를 통해서도
드러난다. 광복 후 일본으로 돌아가려는 명희의 어머니를 말리면서 그
는 일본인과 일본의 군국주의를 분리한다. 그녀의 귀국은 가족의 해체
를 의미할 뿐이며 이것은 두 사람의 관계에 있어 국적이 무의미함을 보
여준다. 국적이 지워진 부부관계에서 한일수교 단절은 가족을 회복할
수 없도록 만드는 걸림돌이 되고, 현해탄은 해체된 가족을 재결합시키
기 위해 건너야 할 공간이 된다. 그래서 할머니는 명희에게 그녀의 일본
이름을 알려주며 밀항선에 태워 보내는 것이다.

　한일관계가 단절된 상황은 헤어져 있는 가족을 완전히 해체해 버리기
도 한다. 〈슬픔은 파도를 넘어〉의 경수 어머니는 남편이 죽고 일본에서
혼자의 몸으로 그의 유골함을 가지고 한국으로 다시 돌아가겠다는 의지
로 살아가고 있다. 아들인 경수가 어머니를 만나기 위해 일본으로 오지
만 결국 두 사람은 가족으로 완성되지 못하고 다시 헤어진다. 〈귀국선〉
에서 정순의 남편인 경수는 정순과 헤어져 일본에 있는 동안 일본 여성
과 결혼하여 사업가로서 성공한다. 정순은 목숨을 걸고 일본으로 밀항

---

48) 위의 글, 15면.

해서 왔지만 남편은 그녀를 따라 한국으로 돌아가지 않으려 하고 정순은 절망한다. 물론 송환 당하는 정순을 향해 경수는 한국으로 뒤따라가겠다고 외치지만 앞선 그의 모습을 통해 그의 말이 실현되기는 어려울 것임을 짐작하게 한다. 이러한 정순의 상황은 일제강점기를 지나오며 흩어진 가족이 현해탄을 건너지 못함으로써 해체되는 비극을 보여주며 한일수교 단절이 또 다른 가족의 해체를 불러오고 있다고 주장한다.

[그림3] 다시 헤어지는 경수와 어머니   [그림4] 아버지의 유골함을 들고 우는 경수

그래서 현해탄은 눈물의 공간이 된다. 이산을 극복하기 위해 누군가는 밀항을 해야 하고, 그렇게 재회한다고 해도 밀항자는 다시 돌아가야 한다. 〈귀국선〉에서 밀항했던 사람들은 모두 경찰에게 잡혀 한국으로 송환 당한다. 법이 뭐길래 딸과 애미가 같이 살려는데 딸을 보내야 하냐는 명희 어머니의 절규와 그 옆에서 울면서 손수건을 흔드는 에미꼬, 그리고 태극기를 흔드는 전송 교포들의 모습은[49] 현해탄이 다시 한번 이산의 공간으로 재현되고 있음을 보여준다.

〈슬픔은 파도를 넘어〉의 경수 역시 천신만고 끝에 일본에 사는 어머니와 재회한다. 두 사람의 재회는 인용된 장면에서도 알 수 있는 많은 사람의 지지를 통해 가능할 수 있었다. 국적이 다른 두 사람은 같은 언어를 쓰고 심지어 혈연으로 이어진 가족임에도 불구하고 결국 함께하지 못한

footnote
49) 위의 글, 37면.

다. 경수와 어머니는 일본 바다에 떠 있는 배 안에서 잠깐 만날 뿐 결국 헤어질 수밖에 없으며 이것은 신파적 눈물을 자아내도록 한다. 이때 흥미로운 것은 경수가 아버지의 유골함을 들고 한국으로 돌아온다는 점이다. 이는 일본에 있는 한국인들이 있어야 할 곳은 일본이 아닌 한국임을 보여주는 것이기도 하다. 경수가 일본으로 가는 것이 아니라 죽은 아버지만 경수와 함께 한국으로 오면서 일본 땅에서도 한복을 입고 있을 만큼 국가적 정체성이 확고한 어머니마저도 아버지의 상태 즉 죽어서야 함께 할 수도 있다는 불안함을 드러낸다.

현해탄은 〈슬픔은 파도를 넘어〉의 영화홍보 문구처럼 가족을 매섭게 갈라놓아[50] 그들을 만날 수 없게 만드는 공간이기에 밀항을 해서라도 건너야 할 공간이다. 그래서 인물들은 목숨을 걸고 현해탄을 건너 일본에서 가족을 만나려 한다. 그렇게 만난 가족은 다시 한국으로 송환당해야 하기 때문에 다시 헤어진다. 현해탄을 사이에 두고 서로를 바라볼 수밖에 없는 가족들의 모습은 한일수교가 정상화되어야 할 이유가 된다. 역사적, 정치적, 외교적 문제를 초월하는 가족의 문제가 되기 때문이다. 실제로 밀항하는 이유는 다양했으나 영화는 가족의 이야기를 전면에 드러내면서 다른 문제들을 모두 후경화한다. 법 때문에 만날 수 없는 가족의 슬픔은 한국전쟁 이후 헤어져 만나지 못하고 있던 가족들을 연상시키기 용이했다. 그로 인해 한일관계는 이산가족 앞에서 탈정치화되고 애상화되며 현해탄은 이산을 상징하는, 그리하여 반드시 연결되어야 할 공간으로 재현된다.

---

50) 「모자의 정을 매섭게 가른 현해탄아 말해보라!」, 『경향신문』, 1968.04.03

4. 한국과 일본, 그리고 현해탄

한국과 일본 사이에 있는 대한해협은 우리에게 현해탄이라는 명칭으로 인식된다. 현해탄은 한국과 일본의 경계선처럼 기능한다. 한때는 식민지 조선과 제국 일본을 가로질렀고 한때는 건너지 못하는 해역이었다. 1960년대 한국에서 일본으로 갈 때 반드시 건너야 했던 현해탄은 한국의 시점에서 일본을 상상하게 했다. 이때 한국과 일본의 관계는 남녀 애정 관계나 가족관계로 설명되어 감상화 된다. 그로 인해 한국과 일본의 관계는 지금처럼 갈등 관계가 아니라 함께해야 할 동반자적 관계가 되고, 그것을 불가능하게 만드는 현해탄은 극복해야 할 공간이 된다. 현해탄을 건널 수 없는 공간으로 만든 역사의 상처는 여전히 존재하고 있으며 해결되지 않았으나, 일본이라는 국가와 일본인이라는 인간을 분리해서 인식하게 함으로써 애써 얼버무린다. 이러한 재현은 단교된 상황에서도 여전히 향유되던 일본의 문화와 1965년 맺어진 한일수교 협약, 그 이후 일본의 대중문화가 수입 금지되는 과정을 바라보던 한국인의 모순된 감정과도 같았다.

한일 외교를 재개하려 했던 1960년대 한국 사회에서 이러한 영화들이 제작되고 발표될 수 있었다. 1960년대는 왜색 영화와 항일 영화가 동시에 유행하던 시기였다. 이런 상황에서 한일관계에 대한 호의적 태도를 관객들이 공감하고 수용할 수 있도록 하기 위해서는 일본을 후경화하면서 일본인을 여성화하거나 보호해야 할 수동적 존재로 만들거나 혹은 이산가족을 연상시켜 관객들의 눈물을 자극해야 했다. 헤어진 가족, 인정받지 못한 연인은 현해탄에서 만나고 헤어지며 하나가 되지 못했다. 그로 인해 제국 일본은 사라지고 동정받을 사연만 남게 된다. 그렇게 될 때 현해탄은 뛰어넘고 극복해야 할 대상이 되며 관객들은 단절된 한일 외교를 회복해야 한다는 감정적 동의가 가능해질 것이었다.

그럼에도 불구하고 현해탄을 사이에 둔 영화의 인물들은 하나가 되지 못한다. 한국의 남성과 일본의 여성은 식민지시기 제국의 질서를 월경하여 사랑을 완성하고자 한다. 그러나 구습에 좌절했던 김우진과 윤심덕처럼 그 사랑을 완성하는 데 실패한다. 그로 인해 현해탄은 이룰 수 없는 사랑을 상징하는 낭만화된 공간이 되며, 유일하게 그들의 사랑의 진실성을 아는 공간이 된다. 현해탄의 파도 위에서 우연히 시작되는 만남은, 만날 수 없는 혹은 만나서는 안 되는 남녀의 사랑을 더욱 운명적으로 만들고 그래서 더 비극적으로 느껴지게 한다. 비극적인 사랑은 수동적인 일본 여성과 주체적인 한국 남성이라는 캐릭터로 만들어지며 한일관계에 대한 거부감을 줄이는 데 일조한다. 그렇게 하여 현해탄이라는 공간은 이룰 수 없는 사랑을 완성해줄 수 있는 유일한 공간이며 그들의 사랑을 이해하고 받아줄 수 있는 곳으로 기능한다.

식민지시기와 국교 단절로 인한 이산은 많은 사연을 낳았고, 밀항은 이산을 극복하는 수단으로 활용되었다. 밀항은 한일 수교가 정상화된 이후에도 꾸준히 일어났으며 이것은 여전히 이산이 제대로 해결되지 못하고 있음을 증명하는 것이기도 했다. 물론 밀항의 이유가 가족을 만나기 위해서만이 있는 것도 아니었고 가족을 핑계삼아 새로운 삶을 시작하려는 것도 있었다. 그럼에도 불구하고 국가나 정치 이전에 존재하는 인류라는 질서는 국가가 금지하는 밀항이라는 행위를 정당화하는 데 활용되며, 더 나아가 한일수교가 왜 필요했었는지를 보여주는 역할을 하게 한다. 이렇듯 애상화되고 감상화된 현해탄이라는 공간은 일본을 받아들이는 수단이 된다. 현해탄이 바라본 신파적인 사건들은 영화가 되어 관객에게 보이고, 관객은 마치 현해탄처럼 그들의 이야기를 보는 것이다. 그러나 이러한 영화의 욕망은 완전히 이루어지지 못했다. 〈총독의 딸〉이 개봉조차 하지 못한 것처럼 한일관계를 둘러싼 국가와 대중의 반응은 변화무쌍했고 이러한 상황 속에서 만들어지는 영화는 살아남기 위해서 정치적인 공간을 탈정치화해야 했다. 현해탄이 눈물과 슬픔, 이별과 이산의 공간으로 재현될 수밖에 없었던 것은 이러한 이유 때문이었다.

- 박소영, 「1960년대 영화에 나타난 현해탄의 재현 양상 연구」, 『어문논총』 41, 전남대학교 한국어문학연구소, 2022.

4
영화 <해무>가 그리는 생명정치와 바다

서미진

1. 현대의 바다와 생명정치 현상

지구의 육지에서 살아가는 인간 존재에게 바다는 또 하나의 우주적 섭리와 리듬을 가진 거대한 자연이자 초월적 세계이다. 동시에 크고 넓게 탁 트인 바다는 탐험(개척)과 생활(생존)이 이뤄지는 경험의 실재 세계이자 교류 · 운송 등의 활동이 이뤄지는 현실적 장소이다. 생명이 탄생한 물과 바다 생태계, 바다로부터 시작된 문명, 신세계를 향한 개척의 항해, 유령선과 버뮤다 해역의 불가사의한 소멸 그리고 바다 혹은 바다 생명체와의 인간의 사투 등은 인간(삶)과 바다와의 관계를 탐색하거나 상상해 온 인류학적 · 인문학적 내러티브의 주요한 소재이자 오랜 대상이었다.

특히 문학과 영상 콘텐츠에서 바다는 생명과 죽음의 공간, 미지 세계로의 모험과 극한의 공간으로 그 원형적 심상을 유서 깊게 구축하고 있다. 이는 고대 신화와 전설로 거슬러 올라가면 바다가 생명 탄생과 창조의 조화로운 우주(Cosmos)로 형상화되거나 인간의 죄악·욕망에 얽힌 파괴와 죽음의 대재앙의 세계 혹은 혼돈(Chaos)의 힘을 상징하는 바다 괴물 레비아단(Leviathan)이나 용의 공간으로 형상화되는 것과 관련된다. 또한 험난한 바다 여정 서사 및 동서양의 바다 영웅들의 전설적 사투에 투영된 인간의 의지(Will)에 대한 원형적 심상과도 연관된다. 주시하다시피 바다에 대한 이러한 원시적인 상징 이미지에는 '생성과 소멸'이라는 바다의 두 얼굴의 속성을 간파한 인간의 마음이 투사되어 있다. 즉 바다에 대한 경이감과 경외심, 두려움과 고통 등의 모순된 감정이 집단무의식의 내용에 드리워져 있다.

해양의 재발견으로 명명[1]되기도 하는 근대로 오면 바다는 두 갈래의 맥락에서 그 접속과 배치의 양상을 파악해 볼 수 있다. 첫째는 향유와 미적 대상으로서의 바다이다. 둘째는 해양 패권과 관련된 지정학적 심상지리(Imagined Geographies)로서의 바다이다. 전자는 바다를 휴식과 자연 향유를 보장해 주는 유토피아를 품은 곳으로 바라보거나 자연 미학의 관점에서 바다를 성찰하고 감정을 이입해 해석하며 이념을 투사하는 등의 정신 활동과 결합[2]된다. 후자는 바다를 무대로 종·횡단하며 식민지를 개척한 근대 제국주의 국가의 세계지배에 대한 상징과 은유로서의 바다의 표상 배치이다.

이에 반해 현대의 바다는 '컨테이너' 혹은 '세계화'(1945~2017년)[3]로

---

1) 해양문학에 대한 장르적 정체성을 탐색한 구모룡은 근대를 기점으로 본격적인 해양문학이 출발했다고 주장한다. 즉 해양은 근대적인 표상체계에 의해서 발견된 풍경임을 역설한다. 구모룡, 『해양문학이란 무엇인가』, 전망, 2004, 40면.
2) 군터 숄츠, 김희상 옮김, 『바다의 철학』, 이유출판, 2020, 221~222면, 258면 참조.
3) 2차 세계대전 직후부터 컨테이너의 혁신이 이뤄지면서 대형 화물 운송이 장거리 해상 경로를 통해 가능해졌다. 그 결과 세계화 속의 경제성장이 이뤄진다. 자크 아탈리,

표상된다. 즉 세계 해양 무역의 항로이자 (신)자유주의 운송의 네트워크 장소이다. 그런데 오늘날 세계화를 표상하는 네트워크 장소로서의 바다의 시간 이면에는 다양한 위기에 봉착한 '난민'과 '불법 이주자'들의 목숨을 건 월경(越境) 루트로서의 바다의 시간 역시 존재한다. 이 바다는 국경분쟁, 종교분쟁, 전쟁 등의 정치사회적 위기와 경제적 곤궁 및 생존 위기 등으로 한 국가에서 탈출 · 이산 · 이주하는 디아스포라적 주체들의 바다이다.

디아스포라(diaspora)[4]적 주체의 월경 루트로서의 바다 체험은 한 국가의 통치권이 미치는 영해와 모든 나라에 개방된 공해 사이의 식별과 비식별이 공존하는 경계 지대로서의 바다의 시공 체험이라고 할 수 있다. 이는 마치 내륙 국경지대의 불안정하고 중간적 성격의 시공 체험과 유사하다고 하겠다. 더불어 월경하고자 하는 디아스포라적 주체들은 바닷길에서 해양질서 안팎의 긴장이나 공백 상태에 던져진 '한갓된 생명'으로 격하될 소지가 다분하다. 그들은 굶주림과 신체적 고통, 정신적 공황과 죽음의 공포 등으로 점철된 한계상황의 바다에 직면할 개연성에 열려있다. 그뿐만 아니라 선상이라는 하나의 세계에 잠재된 폭력과 사건 · 사고에 언제든지 노출될 수 있는 '위태로운 타자'로서 존재하게 된다.

선경훈 옮김, 『바다의 시간』, 책과 함께, 2021, 169~176면 참조.
4) 그리스어에 유래를 둔 디아스포라는 민족분산(민족이산)으로 번역된다. 이주와 식민지 건설을 의미하는 능동적 의미에서 이후 팔레스타인 밖에서 흩어져 사는 유대인 거류지 또는 유대인의 유랑을 의미하는 부정적 의미를 담지하게 된다. 오늘날 디아스포라는 다른 민족들의 국제이주, 망명, 난민, 이주 노동자, 민족공동체, 문화적 차이, 정체성 등을 아우르는 매우 포괄적 개념으로 사용된다. 윤인진, 『코리안 디아스포라』, 고려대학교출판부, 2017, 4~5면.

이와 같은 디아스포라적 주체 혹은 위태로운 타자는 법의 보호를 받
을 수 없는 법 바깥의 예외상태(비상상태·긴급사태)[5]에 던져진 '벌
거벗은 생명'이라는 생명정치 사태와 접속된다. 일반적으로 생명정치
(biopolitics)는 '살아 있는 생명'을 대상으로 하는 통치술 또는 권력행사
방식[6]을 의미한다. 곧 자연적, 신체적 생명의 생명과정을 권력의 대상으
로 삼거나 살아 있는 생명 자체를 정치의 토대·쟁점[7]으로 삼는 것을 뜻
한다. 특히 주권권력과 죽음에 노출된 생명 간의 관계에서 정치의 본질
(본성)을 발견한 아감벤은 '호모 사케르(Homo Sacer)'가 모든 통치 형
태의 토대를 형성[8]함을 역설한다. 그의 생명정치 담론에서 핵심 테제
인 '호모 사케르 Homo Sacer)'는 법적·정치사회적 생명(삶)인 '비오스
Bios'를 박탈당하고 생물적 생명(삶)인 '조에 Zoé'밖에 가지지 못한 벌거
벗은 생명 존재로서 주권자의 추방령과 어떤 폭력의 대상[9]이 된다는 데

---

5) 문학비평가이자 사상가(정치철학자)인 아감벤은 법과 정치 사이의 경계, 법의 보호
　를 박탈하는 공간 그리고 법률 자체가 효력을 갖지 않거나 효력이 정지된 비정상 상태
　나 긴급사태를 예외상태로 명명한다. 조르조 아감벤a, 김항 옮김, 『예외상태』, 새물결,
　2009, 13면, 65면.
6) '생명'과 '정치'가 합성된 생명정치(biopolitics)는 오래전(100년 전)부터 있었던 용어
　이다. 푸코는 이 용어를 도입하여 고대·중세에서 근대 초, 근대 초 이후의 생명관리
　정치 양상의 단절적 변화를 고찰한다. 이를 통해 권력행사 방식인 근대 통치의 특징을
　역사적으로 규명한다. 그는 '통치성(governmentality)'의 개념에 근거하여 생명관리정
　치의 양상을 논한다. 예컨대 자유주의 통치성·신자유주의 통치성의 문제틀에서 생명
　정치를 검토·비판하고 있다. 미셀 푸코a, 이규현 옮김, 『성의 역사1(지식의 의지)』, 나
　남출판, 2020, 175~189면 참조. ; 미셀 푸코b, 오트르망(심세광·전혜리·조성은) 옮
　김, 『생명관리정치의 탄생』, 난장, 2012, 451~454면 참조.
7) 조르조 아감벤b, 박진우 옮김, 『호모 사케르』, 새물결, 2008, 23~25면 참조.
8) 위의 책, 184-186면 참조.; 토마스 렘케, 심성보 옮김, 『생명정치란 무엇인가』, 그린비,
　2015. 94면 참조.
9) 고대 문헌에서 '신성한 자'로 직역되는 '호모 사케르(Homo Sacer)'는 인간 세속의 법
　영역에서도 쫓겨나고 종교적인 신의 법 영역으로도 들어가지 못하는 추방·배제된

핵심이 있다.

2014년 개봉된 〈해무〉(2014. 08)[10]는 조선족을 싣고 밀항하던 근해 안강망 어선(漁船)의 선상에서 일어난 생명정치 사태를 알레고리적으로 형상화하고 있는 영화이다. 이 작품은 제7 태창호 해양 사고 · 사건(질식사 · 사체 유기)[11]을 중심 모티프로 창작된 김민정 작가의 사실주의 계열의 동명 희곡[12]을 다원적 · 변형적으로 각색하였다. 실화 소재의 각색 영화 〈해무〉는 현실 세계에 대한 재현력의 정도가 높다. 동시에 잠재적 세계에 대한 포스트미메시스[13]적 부분이 공존한다. 의미 지평에서는 바

자라는 의미를 어원적으로 지니고 있다. 즉 이미 신들에게 바쳐진 존재이자 신의 저주로서의 신성한 자라는 신성(Sacer)의 부정적 측면의 어원과 관련된다. 이러한 호모 사케르의 지위는 절대적인 살해 가능성에 노출된 생명이며 세속의 법과 종교의 희생제의 영역 모두를 초월하는 폭력의 대상으로 그 지위가 규정된다. 즉 모든 법적 권리와 인간적 지위가 박탈당한 채 맘대로 죽임을 당해도 그를 살해한 자는 형법으로 처벌받지 않는다. 또한 희생제의에서 희생물(제물)로 신에게 바칠 수 없는 존재라는 의미 영역을 어원적 관점에서 구성하고 있다. 조르조 아감벤b, 위의 책, 174~181면 참조.

10) 봉준호의 첫 제작 · 기획 작이며 심성보의 본격 장편 연출데뷔작이다. 각본은 심성보와 봉준호가 공동 참여하였다.

11) 제7태창호 해양사고 · 사건(2001.10.05.)의 개요는 다음과 같다. 중국 저장성 닝보항에서 중국인 60명(조선족 11명 포함)을 태운 중국 밀항 선박이 출발한다. 밀항자들은 제주도 남서쪽 110마일 해상에서 한국 근해어선 태창호와 접선해 환승한다. 남해(여수)를 향해 밀항하던 태창호의 어창 안에서 중국인 25명이 질식하는 사고가 발생하고 선원들이 사체 25구를 바다에 유기한다. 「밀입국 중국인 질식사 '현장 검증', 공기 통풍 가능한 어창 안 '질식사' 의문으로 남아」, 『오마이 뉴스』, 2001.10.13. https://www.ohmynews.com/NWS_Web/View/at_pg.aspx?CNTN_CD=A0000055964&CMPT_CD=SEARCH ; 「시체 25구가 바다에 버려진 '선상 살인사건'의 전말」, 『Insight』, 2017.06.08. https://www.insight.co.kr/newsRead.php?ArtNo=108721

12) 김민정의 원작 희곡 〈해무〉는 2007년도에 안현모 연출로 극단 연우무대 창립 30주년 기념작으로 연우 소극장에서 초연되었다. 한국연극 BEST 7(2007)과 창작 팩토리 우수작(2009)으로 선정되었다. 김민정, 『해무』, 지만지, 2014, 109~110면.

13) 간략하게 포스트미메시스는 세계의 현실성(the actualized)의 층위에 대한 섬세하고 고도화된 재현인 미메시스 능력이 존재의 잉여의 세계 곧 세계의 잠재성의 층위

다에서 일어나는 생명정치 사태의 존재론적 의미와 타자의 담론을 생성시키고 있다.

영화는 조선족 밀항자 무리의 '벌거벗은 생명'을 대상으로 한 생명정치적 사건과 인격적으로 마주하는 나와 다른 타자와의 만남이라는 타자성의 사건[14]을 중핵으로 구성한다. 이 두 개의 내러티브 중핵은 평행 · 상충하는 가운데 생명정치의 메시지와 타자의 책임 윤리 실천의 메시지를 변증시킨다. 결국 변증된 메시지는 타자의 생명에 대한 윤리적 물음인 '에토스 정치(ethopolitics 윤리정치)'의 의미망으로 수렴된다고 하겠다.

이와 같은 영화 〈해무〉가 생성하는 의미망은 타자의 생명을 대상으로 한 권력(정치)의 문제가 윤리적 물음과 맞닿아 있음을 환기시킨다. 따라서 오늘날 비극적인 생명정치 현상이 편재한 시대에 영화 〈해무〉가 구성하는 의미망은 우리가 살아가는 세계에 대한 인식의 측면에서 그리고 영화 매체의 실천적인 담론이라는 측면에서 주목할 필요가 있다. 특히 해양 소재 영화 〈해무〉는 생명과 죽음(소멸)을 상징하는 원형의 바다이자 쓰레기가 투기 · 매장되는 현대의 바다에서 일어나는 생명정치 현상을 자본과 뒷거래되는 밀항 세계를 통해 알레고리적으로 형상화함으로써 시대와 현실에 대한 유의미한 진단과 성찰로 나아간다.

본고는 영화 〈해무〉가 그리는 생명정치와 생명정치 사건이 일어나는 바다라는 시공간의 재현양상을 분석하고 의미망을 해석하고자 한다. 이

를 포획하는 것을 말한다. 오길영, 『포스트미메시스 문학 이론』, 느티나무책방, 2019, 350~354면.

14) 레비나스의 타자성은 동일성으로 회귀되는 것이 아닌 나와 다른 타자(타인)를 인정하는 인격적 관계의 타자성이다. 또한 레비나스는 나와 타자와의 근원적인 관계를 여성적인 것과 에로스의 관계에서 탐색한다.

를 통해 현대 바다 시공에 나타나는 반인간적/인간적 지평에 대한 존재
론적 물음과 타자에 대한 책임(사랑) 윤리 실천의 의미 지형을 유의미하
게 탐색해 보겠다. 방법론적으로 한 축에서는 생명정치의 문제틀을 정
초한 푸코와 이를 재해석 · 수정 보완한 아감벤의 생명정치 담론에 의지
하고 또 하나의 축에서는 레비나스의 타자의 철학에 기대어 논의를 전
개하려 한다. 이와 같은 글의 목적은 해양을 소재로 한 한국영화 혹은 해
양영화[15]가 생성하는 새로운 의미 지형의 국면을 탐구해 볼 수 있다는
점에서도 의의를 찾을 수 있다.

2. 영화 〈해무〉가 그리는 생명정치

1) '벌거벗은 생명(Homo Sacer)'과 주권권력의 생살여탈권

한중수교(1992) 이후 가중되어간 중국 조선족 노동인구의 바닷길을
통한 불법 입국 현상은 1990년대 중반부터 한국사회의 고질적인 문제로
떠오른다. 불법 입국 행위에 범죄조직이 개입하거나 불법 중개업자들
이 커미션을 수령하고 조직적으로 활동하는 사례가 적발[16]되면서 이슈

---

15) 일반적으로 해양영화는 소재적 차원에서 정의된다. 김남석은 해양영화를 '바다'를
중심 소재이자 모티프(Motif)로 삼고 있는 영화를 가리킨다고 정의한다. 그리고 영화
가 바다를 수용하는 다양한 방식과 양상을 배치하여 해양영화의 문법과 규칙을 탐색
하고 있다. 예컨대 '위기의 근원'으로서의 바다, 바다에 대한 '인간의 무지', '두려움'과
바다, 바다와 '희망의 상징' 등으로 수용 방식을 구분하여 해양영화의 미학을 탐색한
다. 김남석, 『해양영화의 이해』, 지식과교양, 2017, 10~37면 참조.
16) 오승렬, 「이달의 쟁점 : 중국 조선족의 불법입국, 불법체류 대책은 무엇인가? ; 정부
의 적극적 정책이 요구된다」, 『통일한국』 148, 통일문제연구소, 1996 참조.

화된다. 또한 불법 입국 항로가 서해안을 넘어 남해안으로까지 확대되면서 해안 감시체계의 한계[17]가 노정되자 해양 질서를 어지럽히는 사회현상으로 급부상한다. 이 시기 사회현상으로서의 중국 조선족의 이동은 민족의 역사 관점에서는 이산자의 귀환으로 그리고 글로벌 경제화의 관점에서는 탈중심ㆍ다방향성의 보편적 이주라는 이중의 성격[18]으로 이해되고 있다.

영화 〈해무〉는 신자유주의의 공세 속에서 자본주의의 글로벌 시장으로의 이행에 따른 징후들이 한국 사회 안팎을 드리운 1998년 IMF 시대를 배경으로 한다. 즉 밖으로는 세계화의 기류 속에서 중국 조선족의 불법 입국 문제가 부상하며 영해의 안전 관리망이 불안정해지고 안으로는 IMF(International Monetary Fund) 체제하의 경제적 파탄과 생계에 대한 위기감이 일상을 지배하던 시기의 사회상과 그 정조(情調)를 전면화하고 있다. 삶의 위기가 곧 정치(통치)의 위기라는 점에서 원작 희곡 「해무」와 달리 생존의 위기의식이 증폭된 금융 환란 시대로의 표징적 배경 설정은 영화 〈해무〉의 생명정치적 의미망의 토대를 강화한다는 점에서 유의미한 지점으로 볼 수 있다.

먼저 영화 〈해무〉의 전체 서술구조는 프롤로그(서막)ㆍ타이틀 시퀀스로 시작하여 본편의 플롯 시퀀스들과 6년 후의 에필로그(후기) 시퀀스로 이뤄진다. 프롤로그 시퀀스는 해양문학처럼 바다, 배, 항해를 근간으로 하여 바다 이미지와 어로 노동자들의 일상의 모습을 재현[19]하고 있

---

17) 위의 글 참조.
18) 윤영도ㆍ신현준ㆍ이정은ㆍ조경희, 신현준 엮음, 『귀환 혹은 순환』, 그린비, 2013, 33면.
19) 구모룡은 근대적 표상으로서의 해양과 함께 해양 체험의 형식으로서의 해양문학의 관점을 지지한다. 이 관점에서 그는 선원 계급의 형성 및 성장 즉 선원의 생활양식을

다. 밤바다를 부유하듯 항해 중인 낡은 안강망(鮟鱇網, 통그물) 어선 전
진호는 설정 쇼트로 구축된다. 새벽 바다, 동틀 무렵의 바다, 아침과 낮
그리고 해 질 무렵의 바다의 시간을 배경으로 전진호의 풍광은 재구축
되어 삽입 쇼트(insert shot)로서 배치된다. 이는 '바다 시공(時空)의 배'
가 또 하나의 주인공이자 주요한 구성요소임을 표식한다.

  설정 장면인 바다 위 전진호는 하나의 공동세계로 그려진다. 더불어
배에서 나날을 살아가는 어선원 여섯 명의 평균적인 일상성, 어선원 공
동체 고유의 생활양식, 상명하복(上命下服)의 위계적 선원문화, 어업 과
정의 분산함 그리고 정겨운 휴식시간의 장면 구성을 통해 유대와 상호
의존으로 이뤄진 평범한 어선원 공동체의 세계가 박진감 있게 재현된
다. 무엇보다 막내 선원 동식의 안전사고의 순간을 어선원들과 강선장
이 협심하여 살려내는 장면[20] 구성은 이들 평범한 어선원 공동체의 일상
적 도덕 양태를 드러낸다는 점에서 중요하다. 왜냐하면 전사(前事)로서
구축된 어선원 공동체의 도덕 양태는 영화 본편에서 우발적인 상황들의
연쇄와 마주한 이들 공동체가 어떤 집단 심리와 개인 심리를 표출하며
존재 양태를 변화해 가는지 그 존재성의 반전을 복선화하고 있기 때문
이다.

  재현한 문학을 해양문학의 핵심으로 간주한다. 구모룡, 앞의 책, 37~44면 참조.
20) 돈이 되는 만선을 기원하며 아침 첫 숟가락을 바다 신에게 고수레(고시래)했던 강선
  장은 양방기를 부수어 동식의 목숨을 결정적으로 살려내면서 만선의 기회를 놓친다.

[그림1] 프롤로그 · 타이틀 시퀀스와 도입부의 첫 쇼트

　영화 〈해무〉의 발단부 시퀀스는 만선(滿船)을 놓치고 육지로 귀항한 어선원들의 허탈한 발걸음과 '1998년 여수'라는 배경이 자막으로 제시되는 것으로 시작된다. 공판장에서 선주를 만난 강선장은 가불을 원하고 선주(船主)의 아내는 정부의 안강망 어선 감축 사업[21]에 따라 보상금을 받고 폐선시키겠다고 엄포를 놓는다. 이어지는 장면은 강선장과 막내 선원 동식을 서사의 주체(주인공)로서 초점화한다. 어항(漁港) 단지 근처 강선장의 횟집 딸린 안채와 바다가 내려다보이는 비탈길의 막내 선원 동식의 집의 가정환경과 삶의 모습이 교차되며 대비적으로 묘사된

---

21) 연안 수자원 보호를 목적으로 한 감척 사업은 1998 2002년 한 · 중 · 일 어업협정과 배타적 경제수역에 따른 어장축소로 어선이 넘쳐나자 근해어선에 대해 감척 보상이 실시되었다. 1994년부터 2004년까지 3967척 가운데 8077억원을 들여 2052척이 감척되었다. 「근해어선 감척사업 '부메랑'」, 『서울신문』, 2005.04.12. https://n.news.naver.com/mnews/article/081/0000038550?sid=102

다.[22] 특히 IMF 시대의 안강망 어선원 삶 주변을 둘러싼 시대상과 공기는 강선장이 처한 상황을 중심으로 묘사된다. 강선장은 과거 돌산항 안강망 어선의 전설로서 씀씀이가 큰 베테랑 선장이었지만 현재는 생계형 선장으로 내몰려 있다. 그는 폐선 위기의 전진호를 접수하기 위해 수협을 방문하고 대출이 여의치 않자 불법 밀수 중개업자 여사장을 찾아간다.

발단부의 여사장과 강선장의 밀항 관련 대화는 당시 시대적 상황과 현실에 관한 몇 가지 서술적 정보를 제공한다. 첫째, 서해안의 인천 뱃사람들이 '조구잽이(조기잡이)'라는 은어로 소통하는 '조선족 애기들을 실어 나르는 밀항 일'이 해안단속 강화로 남해안까지 내려와 황금어장이 되어있는 현실이다. 둘째, 노동력 부족으로 중국 조선족 노동력 공급이 국가적으로 필요한 상황임이 암시된다. 셋째, 어항 단지의 수부들에게 바닷길을 통한 조선족 노동인구의 불법 입국이 암암리에 묵인되고 있는 현실이다. 무엇보다 이들의 대화에서 주목되는 서사적인 장치는 발각될 경우의 대응을 묻는 강선장에게 '어창'에 넣고 오면 되는 운반일로 취급하며 전진호가 '눈치껏' 알아서 하는 것이 운송법의 기본이라고 여사장이 일갈하는 부분이다. 대처 방식에 관한 대화 내용은 조선족 밀항자들의 생명을 대상으로 한 생명정치 메커니즘에 대한 의미심장한 복선으로 기능한다.

해상 날씨가 좋지 않다는 기상예보가 라디오에서 흘러나오는 가운데 전진호 선원들은 출항 준비를 하고 해양경찰의 신분 확인(허가 절차)을

---

22) 강선장의 가정은 부부 관계에 있어서나 경제적으로나 위기와 몰락의 처지에 내몰려 있다. 이에 비해 할머니와 단둘이 살아가는 동식의 가정은 빈한하고 쓸쓸하지만 서로를 위하는 마음이 깊은 가정이다.

거친 후 바다로 나간다. 전개부 시퀀스는 어선원 인물들(characters)이 생동감 있게 제시되고[23] 접선이 이뤄지는 밤바다의 현장 장면으로 빠르게 옮겨 간다. 풍랑이 일고 비와 천둥과 번개가 내리치는 악천후의 밤바다 한가운데서 중국 화물선과의 접선이 이뤄진다.

장대비 속에서 짐가방과 검은 비닐봉지를 던지며 뱃사람들의 조력을 받아 전진호 갑판 위로 뛰어내리는 조선족 밀항자들의 역동적인 환승 장면은 박진감 있게 재현된다. 동시에 밤바다에서 어선원들이 위험한 야간 불법조업을 하는 듯한 불안감과 지각 장의 묘한 표현적인 분위기를 형성한다. 곧 인천 뱃사람들의 조구잽이(조기잡이)라는 은어처럼 갑판 위로 뛰어내리는 비에 젖은 조선족 밀항자들의 움직임의 이미지는 마치 퍼덕거리는 어둠 속의 살아 있는 자연 생명의 신체를 은유하는 이미지이다. 또한 환승 후 밤바다 전진호의 갑판 위에 군집한 검은 형제의 조선족 밀항자 무리는 한 덩어리의 생물군인 바이오매스(biomass)를 연상케 하는 미장센으로 포스트미메시스[24]적으로 형상화된다.

이러한 시각적 형상화는 불법 도항(渡航) 과정의 생동감 있는 현실 세계 층위와 겹쳐서 '조구잽이'라는 은어가 표상하는 조선족들을 실어 나

---

23) 어선원들 캐릭터(character)는 출어가 아닌 밀항 일임을 알게 됨과 동시에 강선장으로부터 선금을 분배받은 후 각각 내보이는 반응을 바탕으로 개성있게 구성된다.
24) 앞서 기술했듯 포스트미메시스는 섬세하고 고도화된 재현인 미메시스 능력이 존재의 잉여의 세계 곧 세계의 잠재성의 층위를 포획하는 것을 말한다. 들뢰즈는 사건의 존재론을 이야기할 때 현실화된 세계와 겹쳐 있지만 현실화된 세계로 환원되지 않는 잉여의 세계로 남아 있는 잠재성의 층위가 현전하는 것을 포스트미메시스로서 강조한다. 필자는 밀도 높은 시각적 재현력으로 구축된 쇼트나 장면이 동시에 어떤 은유나 환유 혹은 상징의 이미지를 내보일 때 곧 현실의 층위와 겹쳐서 세계(사건)의 잠재성의 층위 혹은 존재의 잉여의 세계를 현현하는 이미지로 작용할 때 포스트미메시스란 개념을 사용하고자 한다. 오길영, 앞의 책, 350~354면.

르는 밀항 일의 잉여 세계를 시각화하고 있는 장면이라고 할 수 있다. 나아가 해상 질서를 교란하는 밀항을 통해 이월하고자 하는 조선족 밀항자 무리의 신체가 생물학적 자연 생명(Zoé)의 기표로 환원되고 있음을 암시한다. 다시 말해 공식적 입국 절차를 거치지 않은 위반의 형식을 통해 월경하고자 하는 조선족 밀항자들은 국민국가의 주권적 추방령의 대상자인 국외자 지위를 갖는 난민과 같은 벌거벗은 생명(Homo Sacer)[25]의 심상으로 환승 장면에서부터 은유적으로 형상화되고 있다.

[그림 2] 악천후의 밤바다에서 이뤄지는 접선과 밀항 과정

한편 전진호에서 전개되는 생명정치적 사태는 감시와 통제의 망을 피해 안전하게 입항하기 위한 대기 상태에서 촉발된다. 비 갠 아침 바다 시간과 표류상태인 전진호의 풍광이 장면화된다. 강선장은 멀리서 들어오는 배를 보고 사람들을 기상시킨다. 초췌한 어선원들의 모습 및 뱃마루에서 웅크린 채로 자던 파리한 밀항자들이 일어나 배를 바라보는 모습 등이 교차된다.[26] 강선장의 지시에 따라 어선원들은 발각되지 않도록 조선족 밀항자 무리를 몰아 어창 안으로 들어가도록 돕는다. 배가 지나간 후 밀항자들은 어창 밖으로 나와 구토한다.

월경의 바닷길을 순환적으로 이동해 본 유경험자(불법 체류 노동자)

---

25) 조르조 아감벤b, 앞의 책, 224~225면 참조.
26) 동식은 다른 어선원들과 달리 선원실이 아닌 조선족 밀항자 무리와 함께 갑판 위에서 아침에 깨어난다. 이러한 동식의 모습은 주제의식과 관련하여 인물의 단면을 암시한다.

임을 추측케 하는 한 남성은 어창이 사람이 들어갈 데가 못 되는 곳이라며 항의한다. 밀항이 며칠 걸릴 때 먹을 것을 주고, 어창에 집어넣고, 갑판 위에서 일을 보게 한다는 그의 의심에 찬 발화는 밀항 선상에서 조선족 불법 이주자들이 어떻게 한갓된 생명으로 취급되는지 당시의 보편적 방식을 암시한다. 또한 그는 비싼 돈을 주고 탄 동포 배가 떼놈 배보다 못하다며 돈을 먹은 것 아니냐며 항변한다. 이러한 발화는 브로커와 연결되어 조직적이며 은밀하게 수행되는 밀항 범죄의 고갱이가 뒷돈 거래임을 폭로하는 화행(speech act)의 성격을 띤다. 동시에 같은 민족 혈통으로서 인간적 배려를 요구하는 저항적 화행이라고 할 수 있다.

이어지는 "아니 그렇소?" 하는 그의 선동에 밀항자 무리는 "옳소"하며 전진호 내의 반인권적 처우에 대한 공동의 저항 의지를 표출한다. 어선원 경구는 IMF 때문에 우리들도 먹고살기 힘든데 넘어와 동포 타령이라며 부아를 낸다. 갑판장 호영 역시 당시 한국 노동환경에서 값싼 노동자로 취급되던 불법체류 노동자에 대한 무시와 차별의 언어[27]로 이들의 존재를 모욕한다. 밀항자 무리와 어선원 집단의 공동의 대치 장면은 민족 관념이 공허해지고 신자유주의적 자본주의의 무한 생존경쟁이 지배하는 IMF 시대의 집단의식과 정서를 노정한다. 또한 전진호의 어선원들 역시 비루하고 한갓된 존재로서 타자화되는 조선족 밀항자들과 별반 다를 바 없는 경제적 난민이자 잠재적인 벌거벗은 생명(Homo Sacer)임을 드러낸다.

이들의 공동의 대치는 배의 가장 높은 위치인 선장실(조타실)에서 바다의 전방위적 시야를 확보하고 배의 공적 장소인 갑판을 통제할 수 있

---

27) 그는 똥구멍으로 돈 빌려고 온 새끼들이라고 모욕한다.

는 강선장의 등장에 의해 해소된다. 그는 선동자 남성을 빗자루로 무자
비하게 패며 진압한다. 갑판 위를 둘러싼 어선원들과 조선족 밀항자들
은 겁먹은 채 이를 지켜본다. 저항적 디아스포라 주체인 선동자 남성은
"이 개 거지 같은 남조선 새끼야"라며 폭력에 굴하지 않고 강선장에게
항거한다. 강선장은 더욱 가혹하게 매질하며 바다에 던져버리라고 명령
한다. 호영과 경구와 창욱은 지시에 따라 그를 바다에 던지고 동식은 기
관장 완호에게 살리라고 하자 바다 한가운데서 허우적거리는 그에게 구
명 튜브를 던진다.

[그림3] 저항하는 조선족 밀항자   [그림4] 전진호의 주권권력 강선장

　　인권이라는 공동적인 것의 대항을 선동하는 저항적 디아스포라 주체
인 조선족 남성을 본보기로 추방의 형식이자 죽음의 형식인 바다에 던
져버리라는 강선장의 명령은 조선족 밀항자 무리의 벌거벗은 생명을 대
상으로 한 전진호 내의 일종의 주권적 통치행위로 볼 수 있다. 강선장은
"내가 이 배에서 대통령이고 판사이고 아버지이다."라고 언명한다. 배 운
항의 최종 지휘자인 강선장의 이러한 언명은 전진호라는 공동의 세계에
서 자신이 최고 권력자이며 군주의 법처럼 자신이 법 위에서 법을 판결
집행하는 주체임을 밝히는 행위이다. 또한 로마 시대의 노예와 자식의
목숨을 마음대로 처분할 수 있는 권한을 가졌던 것으로 추정되는 가부

장(家父長)의 전권[28]을 쥔 주권 권력을 행사하는 자임을 공언하는 것에 다름없다.

자명하게도 이와 같은 주권권력은 절대 군주적이며 전체주의적(파시즘적)인 독재와 폭압의 속성을 내포하고 있다. 무엇보다 "니들 모가지는 나가 쥐고 있는 것이다"라는 그의 화행은 언제든지 망망대해에서 사라지거나 내버려질 수 있는 조선족 밀항자 무리의 벌거벗은 생명을 대상으로 한 주권권력의 생살여탈권에 대한 공언이라는 점이다. 생살여탈권(生殺與奪權)은 한비자가 군주의 특권으로서 주창[29]하였듯 동서양을 막론하고 절대 군주의 권한으로 여겨진다. 즉 생명을 대상으로 한 군주의 전횡적 성격의 전근대적 통치행위를 표상하는 권한이다.

푸코 역시 군주가 죽일 권리를 행사하거나 보유함으로써만 생명에 대한 권리를 행사[30]한다고 하며 군주의 오랜 특권의 하나로 생살여탈권을 역설하고 있다. 다시 말해 푸코는 군주의 신민 생명에 대한 탈취권인 생

---

28) 고대 로마의 가부장은 노예와 자식에게 생명을 베풀고 생명을 거두어들일 수 있는 권한인 '파트리아 포테스타스patria potestas'라는 가부장의 전권을 행사했다. 미셸 푸코a, 앞의 책, 175면 참조.

29) 사전적인 생살여탈권의 의미는 살리기도 하고 죽이기도 하고, 주기도 하고 빼앗기도 하는 권리라는 뜻으로 타인의 목숨과 재물을 마음대로 처리하는 권리를 뜻한다. 이러한 생살여탈의 권한은 군주론(제왕학)의 정전으로 일컬어지는 중국 한나라 법가 사상가 한비(韓非)의 저술 '한비자韓非子'에서 독재적이며 전횡적인 군주제를 주창하고 옹호하는 논리 구성에서 유래한 말로 알려져 있다. 곧 한비는 "군주 자신이 직접 국정을 돌보는 수고로움이 싫어서 신하들에게 정사를 대신 처리하게 한다면 이는 바로 권력을 신하들에게 넘겨주는 것이다. 백성을 죽이거나 살릴 수 있는 권한과 상과 벌을 움직이는 권력이 대신들의 손아귀에 들어가게 된다."라고 역설한다. 한비자, 김원중 옮김, 『한비자』, 현암사, 2006, 134~135면.

30) 군주가 요구할 수 있는 죽음에 의해서만 생명에 대한 권력을 갖는다고 한다. 미셸 푸코a, 앞의 책, 176면.

살여탈권이 죽게 '하거나' 살게 '내버려 둘' 권리로 표명[31]됨을 강조하며 '죽음'에 능동적 방점을 둔 죽음의 권리(죽일 권리)를 주권권력의 속성으로 탐색한다. 그러므로 강선장이 인간적 권리보다 앞서 생명(모가지)을 배치하고 자신이 그들의 생명을 마음대로 처분할 수 있는 자임을 공표하는 장면은, 생명을 대상으로 한 주권권력의 메커니즘 곧 생명정치술에 대한 알레고리적인 형상화라고 할 수 있다.

  이러한 생명정치의 원리(mechanism)는 아감벤의 통찰처럼 주권권력의 구성이 생명정치적 신체의 생산을 요구한다[32]는 데 핵심이 있다. 영화 〈해무〉에서도 강선장이 스스로 주권권력을 상징하는 자임을 공언(구성)함에 따라 조선족 밀항자 무리는 인격이 박탈된 생명정치적 신체로 산출되고 통치의 대상이 되면서 주권권력에 종속 · 결합된다. 특히 선상의 반인권적인 대우에 항거한 남성을 바다에 내던져버리는 행위는 공동의 저항이 개시되지 못하도록 저지하는 주권권력의 본보기식의 처벌 행위이다. 따라서 전진호에서 실행된 살아 있는 존재의 바다로의 투기(投棄) 행위는 주권권력의 생살여탈권을 전시하는 통치술의 일환으로서 조선족 밀항자 무리를 순치시키는 규율의 효과를 낳게 된다.

  그 결과 밀항자 무리는 어떠한 저항도 없이 순응한 채 다시 어창 안으로 들어간다. 태창호는 무전으로 공해상까지 온 전진호에게 무슨 '금기

---

31) 군주의 생살여탈권은 제약을 지니고 있어 발휘되기 어렸웠지만 몰수권 형태로 행사되는 17세기 이전의 권력 형태의 극단적인 지점을 상징한다. 위의 책, 176면 참조. : 토마스 렘케, 앞의 책, 66~77면 참조.

32) 아감벤은 호모 사케르(벌거벗은 생명)가 인간 존재의 삶과 죽음을 주권적 결정의 대상으로 만드는 정치체의 견고한 토대이자 숨겨진 토대임을 역설한다. 주권권력의 성립은 생명정치적 신체의 발명을 전제하며 호모 사케르의 감춰진 형상이 주권 논리의 이면을 나타냄을 강조한다. 토마스 렘케, 위의 책, 93~95면 참조.

어종'을 잡아버렸냐고 하며 지도선이 떴음을 알려준다. 어업 지도선의
김계장과 강선장 사이의 응대와 대치 장면은 밀항이 적발될 수 있는 위
기 상황의 순간이다. 이 위기 상황의 순간은 밀항 범죄의 고갱이인 금전
(뇌물)거래에 포섭된 행정권력의 암묵적 실태 및 어항 단지 뱃사람 출
신들에게 밀항 일이 각자도생의 돈벌이 수단이 되어있는 부조리한 구조
적 실상을 드러낸다. 김계장은 어업 활동의 행정지도를 하는 척 능청을
떨지만 이미 인지하고 있다는 듯 어창 뚜껑을 까려 한다. 강선장은 낫을
들고 위협적으로 대처한다. 들통날 시 전진호가 눈치껏 알아서 하라는
대처 요령은 예외상태(비상사태)에 대하여 결정하는 배의 주권자(통치
자)[33]인 강선장에 의해서 생명을 위협하는 폭력적 양태로 발현된다.

　한편 어창 안에 유폐되어 있던 조선족 밀항자 무리는 어업 지도선의
김계장이 떠난 후 집단 질식사 상태로 발견된다. 응대와 대치의 시간이
지속되는 중에 긴장감을 유발했던 갑판 아래에서 가늘게 들려오던 긁는
쇳소리와 쿵쿵거리는 듯한 소리의 청각적 기호(sign)는 존재를 말할 수
없는 밀항자들의 절박한 생존의 몸부림을 암시한다. 어창 뚜껑이 열리
면 밀항자 무리는 시체 더미로 발견된다. 몰사된 이들의 신체는 생물학
적 집합체의 뭉텅이(corpus)의 상징적 쇼트로 장면화된다. 인간 존엄이
휘발된 뭉텅이 곧 죽은 얼굴 뭉치의 쇼트와 겹겹이 쌓여 있는 사체 더미
의 쇼트는 '벌거벗은 생명(Homo Sacer)'의 신체에 대한 시각적 형상화
이자 생명정치 사태에 대한 포스트미메시스적 장면화라고 할 수 있다.

　불법 입국이라는 밀항길에서 우발적으로 발생한 조선족 밀항자의 죽
음은 어떤 법적 보호와 어떤 권리가 적용되어야 하는가? 입국 국가로부

---

33) 조르조 아감벤b, 앞의 책, 50면 참조.

터 영주증(거주증) 혹은 체류증(노동허가증) 등과 같은 법적 지위를 보
장받은 증빙서류가 부재한 미등록자인 이들은 법 바깥의 존재로 취급된
다. 곧 이들은 존재하나 법적으로는 존재하지 않는 유령의 존재이다. 이
러한 법적 공백의 상태, 혹은 법과 정치 사이의 경계에 있는 조선족 밀
항자 무리의 존재는 공해상의 추방령의 난민적 존재와 유사하다. 아감
벤은 일정한 지역 밖으로 쫓아내는 추방령을 관계의 한계 형태로 규정
한다.[34] 또한 추방령의 존재를 예외상태(긴급사태)의 주권의 장(場)에
자리하는 생명의 한계 형상[35]으로 파악한다. 따라서 공해상이라는 예
외상태(긴급사태)에서 발생한 조선족 밀항자들의 사체 뭉텅이는 처리
과정에서 다시 한번 강선장의 주권적 결정의 대상이 되는 호모 사케르
(Homo Sacer)의 신체가 된다.

　해무가 점점 밀려와 저녁과 밤 사이의 시간이 되었을 무렵 장고를 끝
낸 강선장은 '밑에 있는 것'을 다 끄집어 올리라고 하며 사후 수습을 지
휘한다. 사체들을 갑판 위로 끌어 올리고 이들이 남긴 소지품을 정리하
는 과정에서 어선원들은 나름의 인간적 연민을 드러낸다.[36] 이때 강선
장은 창욱을 밀쳐내고 중년 여성(아지매)의 신체를 '도끼'로 무참히 내
리쳐 절단한다. 피가 튀는 그녀의 죽은 얼굴이 클로즈업 쇼트로 프레임
화된다. 처벌(감방)을 모면하기 위한 방도로 강선장은 피를 내어 고기밥
이 되도록 잘게 조사서(잘라서) 처리하라고 선원들에게 지시한다.

---

34) 위의 책, 76~81면 참조.
35) 여기서 예외상태의 비식별 역(域)은 법질서의 내부와 외부에 동시에 자리하는 주권
　의 장을 의미한다. 위의 책, 76~81면 참조.
36) 경구는 도구적 성관계를 맺었던 조선족 중년 여성(아지매)의 가방에서 수저를 꺼내
　품 안에 챙긴다. 창욱은 그녀 얼굴의 코피를 닦아준다.

    푸코는 생살여탈권으로 표명되는 주권권력의 권리가 '칼'로 상징[37]되었고 '피'를 통해 그러한 권력이 말해져 왔음[38]을 탐색하고 있다. 특히 그는 폭력으로 인해 죽음이 임박하게 되는 사회에서 피가 본질적 가치의 하나이며 법, 죽음, 위반, 주권 쪽을 기호적으로 상징하고 있음을 이야기한다.[39] 강선장의 '도끼'는 주지하다시피 고대 제왕의 병기로서 생살여탈권을 상징해 왔다는 점에서 의미적으로는 주권권력의 죽음의 권리인 '칼'과 등가된다. 동시에 시각적으로는 공포영화의 장르적인 잔혹과 두려움을 불러일으키는 클리세(cliché) 격의 살인 도구라고 할 수 있다.

    사체의 얼굴에 튀기는 검붉은 피, 물과 섞여 씻겨 흘러내려 가는 갑판 위의 피 그리고 검붉은 피가 묻은 푸주 칼의 클로즈업 인서트 컷 등은 호모 사케르의 신체를 대상으로 한 주권권력의 죽음의 권리와 그 실행을 상징한다. 호모 사케르의 신체는 전진호의 주권적 결정자인 강선장에 의해 인간적 특징이 거세된 '것(thing)'으로 명명되어 격하되고, 썰어서 바다에 내버릴 어육(魚肉)의 생물량(biomass)으로 취급된다. 무엇보다 조선족 밀항자 중년 여성의 몸이 절단되며 그녀의 얼굴로 피가 튀겨지는 클로즈업 쇼트는 주권권력을 행하는 강선장의 생명관리정치 기술의 잔혹성을 단적으로 상징한다. 이와 같은 시각적 기호의 미장센과 함께 '척, 척, 척' 신체를 절단하는 소리는 청각적 기호로 작용하며 피가 상징하는 주권권력의 죽음의 권리에 내포된 폭력성과 부정성을 강화한다.

    이제 바다와 배의 경계가 식별되지 않을 만큼 짙은 해무로 에워싸여

---

37) 미셸 푸코a, 앞의 책, 177면.

38) 위의 책, 190면.

39) 흘릴 수 있거나 빨리 뒤섞이고 부패하는 피의 성질에서 피의 기호적 역할과 상징성을 찾는다. 위의 책, 190~191면 참조.

진 갑판 위의 어선원들은 사지가 훼손된 사체의 조각들을 깊은 밤바다 한가운데로 '풍덩 풍덩' 내던진다. 조각난 사체를 내버리는 장면은 누군 가의 처분대로 '추방된(in bando)' 자이고 '내버려진(a bandono)' 자[40]라 는 호모 사케르의 비극적 존재 양식을 알레고리적으로 되비춘다. 벌거 벗은 생명(Homo Sacer)[41]의 지위를 규정하는 것 중 하나인 누구라도 처 벌받지 않고 저지를 수 있는 살해에 노출된 특수한 폭력[42]이 해무로 덮 인 밤바다 한가운데서 자행된다.

전진호 갑판 위에 널브러진 사체 뭉텅이는 주권적 결정자 강선장이 '것(thing)'으로 명명하며 썰어서 바다로 던지라는 명령에 따라 살아 있 는 생명 현상의 덩어리(biomass)에서 유사 무기물 상태로 한 번 더 격하 되어 쓰레기처럼 바다에 투기된다. 이러한 어선원 공동체 집단의 범죄 증거 인멸을 위한 신체를 훼손하여 투기하는 행위는 결코 바다로의 수 장 형식이 아닌 바다에 내다 버림으로써 존재의 흔적을 지우는 반인류 적 형식이라는 점에서 현대 바다에서 일어나는 비극적인 생명정치 현상 이라고 하겠다.

---

40) 조르조 아감벤b, 앞의 책, 79면 참조.
41) 아감벤은 고대 로마법에서 끌어낸 형상인 호모 사케르homo sacer를 통해 주권의 숨 겨진 토대를 통시적으로 탐색한다. 즉 로마 시대의 '희생 제물로 삼을 수 없는' 어떤 인간들로부터 시작하여 중세의 '늑대 인간', 홉스 시대의 '재판에 회부되지 않는' 어떤 유형의 범죄자들과 국제법 탄생 초기의 해적들과 같은 문제적 존재들 그리고 근대 생명정치 출현 이후 나치 수용소의 수감자들과 같은 극단의 예를 대표로 한 모든 국 민이 '벌거벗은 생명들'의 범례로 다뤄진다고 주장한다. 오늘날 국민, 시민권, 국내외 인권기구들의 숨겨진 의미도 생명정치의 맥락 속에서만 이해할 수 있음을 역설하고 있다. 위의 책, 25면, 224면, 244면 참조. ; 토마스 렘케, 앞의 책, 86면 참조.
42) 조르조 아감벤b, 위의 책 , 79~81면 참조.

2) 생명권력의 이원화와 타자의 윤리

영화 〈해무〉의 또 하나의 내러티브 축은 어선원 공동체 위계조직의 맨 하위에 위치하는 막내 선원 동식을 초점으로 한 생명권력의 이원화와 타자성의 사건이다. 죽음에 방점을 둔 폭압적 주권권력의 생명정치 서사 축과 대비되는 생명을 살리는 데 방점을 둔 생명권력(생명정치)의 이원화의 의미망이 생성되고 있는 내러티브 축이라고 할 수 있다. 푸코는 생명을 탈취하여 없애는 특권에서 절정을 이룬 주권권력의 메커니즘이 고전주의 시대(근대)부터 죽일 권리(죽음의 권력)가 아닌 '살게 하는' 혹은 '생명'을 관리하는 요구 쪽의 권력으로 대체되었음을 조심스레 역설한다.[43] 인간의 생명을 대상·목적으로 하는 통치기술의 메커니즘을 죽음과 생명에 대한 권력의 향배를 통해 역사 단절적 관점에서 통찰한 푸코의 생명정치적 사유는 영화 〈해무〉에서 위계적 관점으로 전유되어 형상화되고 있다. 또한 상반된 인물(character) 주체의 형상화와 행위의 대비를 통해 생명권력(생명정치)의 이원화의 맥락이 구성되고 있다.

이를테면 어선원 공동체의 상명하복 시스템 맨 상부에 위치한 중년의 강선장은 남근적이며 이기심의 폭력적 주체로 표상된다. 반대로 맨 하부에 위치한 막내 선원 청년 동식은 순수와 따뜻한 모성적 돌봄의 이타심의 윤리적 주체로 표상된다. 주인공 격인 두 남성 인물의 상반된 주체 표상 중 전자의 경우 죽일 권리에 방점을 둔 부정성의 반윤리적 주권권

---

43) 근대에 등장한 이러한 생명을 살리는 쪽에 방점을 둔 권력을 생명관리권력(Bio Management Power), 생명관리정치(Bio Management Politics) 또는 간략히 생명권력 (Bio Power), 생명정치(Bio Politics) 등의 용어로 범박하게 구사한다. 미셸 푸코a, 앞의 책, 177~179면 참조.

력의 양태를 통해 그려진다. 이와 대조적으로 후자의 경우는 생명을 살리는 데 방점을 둔 긍정성의 윤리적 생명권력의 모습으로 이원화되어 대립적으로 전개된다.

앞서 살펴보았듯 조선족 밀항자 무리의 생명을 대상으로 한 강선장이 행사하는 주권권력의 양태는 전체주의적 폭압성과 집단성을 띠고 있는 생명관리의 통치 테크놀로지이다. 반면 이와 교차 · 대립하는 동식을 초점으로 한 생명권력의 이원화는 자유주의적 실존[44] 방식인 개인의 의지와 선택, 자발적 이타성 그리고 개인의 인격에 바탕한다. 나아가 강선장이 행사하는 주권권력의 통치술에서 조선족 밀항자의 생명은 추상화된 한갓 생명 덩어리의 집단성의 생명이라면 동식이 행하는 생명권력에서는 하나의 인격을 가진 구체적인 개별성(개인성)의 생명이다. 무엇보다 이와 같은 생명권력(생명정치)의 이원화의 맥락은 막내 어선원인 한국 청년 동식과 조선족 연변 처녀 홍매 사이의 타자성의 사건을 중핵으로 구성되고 있다는 데 특징이 있다. 즉 얼굴과 얼굴을 마주한 나와 다른 타인(낯선 자)과의 인격적 관계이자 에로스와 여성적인 것(신비로운 것)을 통한 타자의 만남(체험)이라는 레비나스의 타자성의 사건[45]이 중핵으로 구성되며 생명정치적 사태와 변증된다고 하겠다.

타인과 얼굴을 맞대하는 가까움(근접성)과 나와 다름을 인정 · 수용하는 레비나스의 타자에 대한 사유는 자기 동일성이나 전체성의 논리로

---

44) 여기서 자유주의는 전체주의와 대비되는 정치적 자유주의 개념을 의미한다. 주지하다시피 전체주의가 개인의 자유와 활동을 개인이 속하는 국가(민족) 혹은 공동체라는 전체의 존속과 발달을 위해 억압하고 통제하는 체제(이데올로기)라면 자유주의는 전체(국가 · 민족)보다 개인의 자유를 존중하고 개인 스스로의 선택과 결정을 중요시하며 보장하는 정치체제(사상)이다.

45) 강영안, 『타인의 얼굴』, 문학과지성사, 2013, 110~114면 참조.

환원되어 다름·차이에 대한 차별과 배제 그리고 폭력을 낳았던 서구의 전체주의적 동일성에 바탕한 존재 중심의 철학적 사유에 대한 반성적 사고에서 출발한다. 다시 말해 레비나스 철학은 나의 존재 유지를 위한 나의 세계로 귀환하는 존재론적 사유와 반대로 나의 세계를 떠나 낯선 자에게로 가는 초월의 가능성을 숙고하는[46] 타자(타자성)에 관해 사유하는 철학으로 불린다. 영화 〈해무〉의 동식과 홍매 사이의 타자성의 사건을 중핵으로 하는 생명권력의 내러티브 축은 레비나스적 내러티브라고 명명해도 합당할 만큼 로맨스(romance) 요소와 접목된 젊은 남녀의 만남과 사랑의 형식으로 타자성의 사건이 형상화되고 있다.

먼저 동식과 홍매와의 만남은 깊은 바닷물 속에서 이뤄진다. 홍매는 환승 과정에서 도움을 주기 위해 뻗은 동식의 손을 맞잡지 못하고 악천후의 밤바다에 빠져버린다. 처음 본 낯선 자(홍매)를 구하기 위해 희생을 무릅쓰고 동식은 주저함 없이 바다로 몸을 던진다. 심해로 가라앉을 찰나의 홍매의 몸을 잡아 일으켜 끌어안고 유영하듯 바닷속에서 헤엄친다. 죽음의 문턱에 다다른 타자의 생명을 구하는 것에서 시작되는 동식과 홍매의 바닷속 만남은 바다(물)의 생명 탄생과 재생(창조)의 에로스적인 원형 심상을 상기시키며 슬로 모션(slow motion)을 통해 경이롭고 아름다운 시적 장면으로 묘사된다. 서로에게 낯선 자(타자)로서의 동식과 홍매의 만남의 순간은 경이로움의 에로스적인 순간이라고 할 수 있다.

---

46) 레비나스는 먹고 마시고 도구를 만드는 나의 존재 유지를 위한 나의 세계로 귀환하는 존재론적 사유와 대조되는 나의 바깥 혹은 나와 절대적으로 다른 자에게로 가고자 하는 형이상학적 사유로서의 타자성의 철학을 이야기 한다. 서동욱, 『차이와 타자』, 문학과지성사, 2013, 142~143면.

바다에 빠져 온몸이 물에 젖고 추운 상태의 홍매를 염려하는 동식은 몸을 따뜻하게 데울 수 있는 기관실로 데리고 가 손도 따주고 컵라면을 끓여와 대접한다. '컵라면'을 '빵가메'라고 말하는 홍매, '일없습네다(괜찮습니다)'라는 그녀의 차이(타자)의 언어는 동식의 언어와 마찰 없이 서로 살갑게 수용된다. 따뜻한 스팀이 나오고 배의 심장인 엔진이 있는 기관실은 동식이 생명의 위기에서 구한 홍매를 위해 마련한 배려의 자리이자 환대의 자리이기도 하다.

동식과 홍매는 곁에 나란히 앉아 컵라면을 먹으며 서로의 얼굴과 눈빛을 가까이서 마주하며 이름과 혈액형을 즐겁게 묻고 밀항선을 타게 된 사연을 묻고 듣는다. 조선족 밀항자 무리의 집단성이 아닌 일대일(개별성)의 인격적인 관계로 홍매(타자)와 대면한 동식은 나와 다른 타자가 처해 있는 처지(실존)를 자신의 마음을 열어 다정히 듣는 자가 된다. 타자와의 인격적인 관계 맺기는 홍매가 자신의 생명을 구해준 동식에게 건네는 '고맙습네다'의 말과 홍매를 배려하고 돌보는 따뜻한 마음씨를 가진 동식의 홍매에 대한 '환대의 윤리'로 형상화된다.

이와 같은 인격적인 관계로 홍매와 관계를 형성한 동식은 홍매의 요청에 따라 강선장에게 매질 당하는 조선족 남성을 자신의 몸으로 방어해 폭압적 주권권력을 행사하는 강선장의 폭력을 저지시킨다. "저러다 사람 죽겠습네다. 동식씨가 좀 말려주시오."라는 홍매의 간곡한 요청에 따라 동식은 다시 어창에 들어가지 않겠다는 홍매의 약속을 받아내며 강선장의 폭력을 막는다. 홍매의 얼굴에 나타난 간곡한 요청에 따른 폭력의 저지라는 점에서 강선장의 통치 테크놀로지에 대한 동식의 저항 행위는 아직 소극적 주체화의 단계에 머물러 있다.

한편 레비나스는 얼굴의 현현이 참된 인간성의 새로운 차원을 여는 계기임을 말하고 있다. 도움을 요청하고 애절한 것 같은 타자의 얼굴, 타자의 얼굴에 나타난 상처받을 가능성, 무저항에서 오는 힘 등을 일종의 신의 계시(명령)로 명명하며 타자의 근접성을 통한 얼굴의 의미화[47]를 이야기한다. 영화 〈해무〉는 밤 해무 시간에 어선원 공동체 집단에 의해 자행되는 조선족 밀항자 무리의 사체 절단과 바다로의 유기 현장을 숨어서 목격하는 홍매의 고통스런 얼굴을 카메라 트래킹과 클로즈업을 통해 흔들림 속에서 프레임화 한다. 동포의 사체 뭉텅이에 가해지는 폭력을 지켜보는 홍매의 두려움과 고통과 비참이 혼효된 얼굴, 소리 없이 목메어 처절하게 우는 홍매의 모습이 카메라의 객관적 시점과 홍매 초점의 주관적 시점이 교차된 채 현현된다.

밀항 뱃길에서 생명정치의 대상이 된 동포의 죽은 몸에 가해지는 잔악한 폭력의 고통은 홍매의 고통으로 투사되고 있다. 동시에 고통받는 홍매의 얼굴은 관객에게 투사된다. 그렇게 서로 다른 우리 인간존재는 타자와 타자로서 연결되어 있다. 두려움에 차 기관실에 숨게 된 홍매는 죽음에 직면한 타자로서 동식에게 묻는다. "나도 죽이겠습니까?"라고. 홍매의 동식을 향한 "나도 죽이겠습니까?"라는 윤리적 물음은 동식에게 '나를 살려주세요!'라는 윤리적 요청의 메아리로 반향한다.

무방비 상태의 죽음에 노출된 생명 위기의 홍매와 고통과 두려움에 찬 그녀의 얼굴을 마주한 동식은 강선장에 의해 행해지는 기관장 완호의 참혹한 죽음의 상황을 숨어서 지켜본다. 그리고 죽음의 본능(Thanatos)에 길항(반작용)하는 생의 본능 · 자기보존의 에로스(Eros)

---

47) 에마뉘엘 레비나스a, 김도형 · 문성원 옮김, 『타자성과 초월』, 그린비, 2020, 47~48면 참조.

의 관계를 통해 타자(홍매)를 체험한다. 동식이 아버지처럼 의지했던 완
호의 잔혹한 죽음 곁에서 구슬프게 묘사되는 이들의 에로스의 행위는
근원적인 것으로서의 타자성의 사건이 된다. 레비나스는 타자성을 여성
적인 것과 에로스를 통한 근원적 관계에서 찾으며 에로스를 통해 죽음
의 타자성을 극복하고자 한다.[48]

  홍매와의 에로스적 관계를 통한 타자성의 체험은 동식이 자신의 목숨
을 걸고 홍매의 생명을 보호하고 지켜내고자 하는 책임(사랑) 윤리와 새
로운 주체화로 나아가는 기저로 작용한다. 홍매를 성적 욕구 해소 대상
으로 소유 · 향유하려는 병적 주체인 창욱과 속물적 주체인 경구가 가하
는 성적 폭력의 위해의 순간에 동식은 홍매를 구하고 그녀를 소중한 어
린아이처럼 안고 어창 밖으로 나온다.

  또한 자신의 세계와 전진호라는 공동세계 내의 안위를 위협하고 어선
원 집단의 리비도적 집중을 흐트러지게 하는 외부의 낯선 타자(요물)로
서 홍매를 바라보며 배척 · 제거(축출)할 것을 지시하는 폭력적 주권권
력 주체인 강선장과 대립한다. 동식이 자기 스스로에게 다짐하고 가하
는 실천을 통해서 새롭게 변형된 주체성은 부정성의 주권권력과 대항
하는 긍정성의 생명권력으로 작동하며 홍매의 생명을 지켜내는 원동력
이 된다. 조선족 밀항자들 가운데 유일한 생존자이자 범죄 현장의 목격
자인 홍매는 집단공황과 무질서 상태로 점층되어 가는 어선원들의 몰
이에 의해 성적 충동(리비도)의 대상이 되고 뭇칼질의 잠재적 대상이

---

48) 레비나스는 '여성적인 것'의 의미를 빛을 벗어난 존재 방식 곧 스스로 자신을 감추는
  '수줍음'의 존재 방식이라고 이야기한다. 이에 대한 의미의 뉘앙스는 페미니즘의 관
  점보다는 존재 방식의 양상이나 존재의 자질로 이해하면 좋을 듯하다. 예컨대 레비
  나스는 약한 사람, 가난한 사람, '과부와 고아'를 타자의 전형으로 일컫는다. 에마뉘
  엘 레비나스b, 강영안 옮김, 『시간과 타자』, 문예출판사, 1996, 101~111면 참조.

되고 있다.

[그림5] 흥매를 바다에 버리려는 강선장

[그림6] 대항하는 막내선원 동식

동식은 도덕성을 상실한 전진호라는 공동체 집단의 지휘자[49]이자 이기심의 폭력적 주권권력에 대항하며 자신의 목숨을 희생해서라도 흥매(타자)에 대한 윤리적 책임성을 지려는 주체로 선다. 새로운 주체화를 통해 타자의 생명을 살리는 긍정의 생명권력으로 이원화되는 것이다. 이러한 생명권력의 이원화는 인간적 지평에 대한 존재론적 물음과 타자에 대한 책임(사랑) 윤리 실천의 의미지형을 생성한다.

로맨스 요소가 접목된 동식과 흥매 사이에서 발생하는 서로가 얼굴을 마주한 인격적 만남이자 여성적이며 에로스적인 것으로서의 타자성의 사건은, 정서적 체험 너머 특정한 시간의 기억으로 남을 궁극의 성격을 갖는다. 왜냐하면 생명을 대상으로 한 폭압적 주권권력의 통치술에 대항한 동식은 자신의 목숨을 걸고 흥매의 생명을 끝까지 지켜내는 실존 미학으로 나가고 있기 때문이다.

---

49) 범죄 증거 인멸행위 이후 죄의식에 휩싸인 기관장 완호는 정신분열이 되어간다. 죽은 밀항자들의 환청을 듣고 이들의 생사를 가족이 알 수 있도록 경찰에 알려주겠다고 한다. 호형호제(呼兄呼弟)하던 완호를 강선장은 살해하여 밤바다에 버림으로써 지휘자로서의 도덕성을 상실한다.

[그림7] 동식과 홍매 사이의 타자성의 사건

타자와의 에로스의 감동적인 측면이 형성된 후 동식은 자신의 목숨을 걸고 홍매를 뭍(집)으로 데려가겠다고 서원(맹세)을 한다. 그의 이러한 이타적인 타자의 책임 윤리의 실천은 홍매와의 윤리적 관계를 통해서 이뤄진다는 점에서 타자성의 사건은 결국 생명의 에토스 정치의 한 국면으로 수렴된다고 할 수 있다. 곧 법의 보호를 받지 못하는 유사 추방령의 난민적 존재이자 배제와 차별 속에서 타자화된 생명 존재에 대한 윤리적 차원의 물음을 던진다.

요컨대 나와 다른 타인과의 얼굴을 마주한 인격적 관계와 에로스를 통한 타인의 체험이라는 동식의 타자성의 사건은 위태롭고 연약한 타자의 생명을 살리는 긍정의 생명권력의 윤리적 실천이 된다. 따라서 동식과 홍매 사이의 타자성의 사건은 생명정치적 사태와 변증되면서 생명에 대한 '에토스 정치(ethopolitics)'[50]의 한 국면으로 나아간다고 하겠다.

---

50) '에토스 정치(ethopolitics)'는 니컬러스 로즈가 '생명정치'라는 용어를 개조한 개념이다. 생명과정이 정치적·도덕적 문제와 분리될 수 없게 되면서 구성된 개념이다. 즉 에토스 정치는 생명과정과 정치·도덕 문제가 통합되어 나타난 생명정치의 새로운 배치를 명명한 것이라고 하겠다. 본고에서는 생명에 대한 윤리에 무게 중심을 둔 생

3. 바다 시공의 재현양상

1) '어창'의 비/장소성

다민족 국가인 중국 사회에서 조선족은 변방의 과계적(跨界的) 소수민족[51]에 속한다. 민족적(ethnic) 소속은 조선족으로 공식적으로 분류·명명되며 국가적으로는 중국 국민으로 귀속된다. 어느 집단, 어느 정체성으로 온전히 귀속되지 않는 이중의 정체성으로 인해 조선족은 민족국가(nation)의 관점에서 분열적이며 경계인적 특성을 부여받아 왔다. 이와 같은 특성은 조선족 자치구라는 지역적 분리와 더불어 중국 사회의 중심 밖 주변부의 소수자 집단으로서 구별 짓게 한다.

심성보 감독은 인터뷰에서 "선원들이 밀항자들을 대하는 관점에서 보자면, 1997년 IMF 이후는 우리가 너희들보다 잘 산다는 환상이 무너지기 시작하던 때다. 1990년대는 이주 노동자라는 이유만으로 그들을 차별했다."[52]라고 밝히고 있다. 그의 견해는 영화 텍스트 안에서 조선족 밀항자 무리를 '이주 노동자'로 형상화하고 있음을 시사한다. 사실상 영화 〈해무〉에서 홍매를 제외한[53] 조선족 밀항자의 이동은 고국(homeland)이나

명의 윤리정치라는 개념으로 사용한다. 토마스 렘케, 앞의 책, 160~161면.

51) 김재기, 「중국 조선족의 과계민족(跨界民族)적 특성과 북한 및 통일관」, 『한국동북아논총』 38, 한국동북아학회, 2006, 185~188면 참조.

52) 주성철, 「해무 속에 욕망이 갇혀 있네」, 『씨네 21』, 2014.08.14.

53) 홍매는 오랫동안 소식이 끊긴 가족인 오빠를 만나기 위해 오빠가 거주(체류)하는 구로공단 근처의 주소를 지니고 밀항 배를 탄 조선족 처녀이다. 영화 후반부에서 동식은 밀항자 중 유일한 생존자인 홍매에게 "홍매야 집(home)'으로 가자"라고 말하는데 이때 '집(home)'이라는 기표는 일정한 기의에 고정되지 않고 미끄러지며 다양한 해석의 여지를 남겨두고 있다.

고향(hometown)으로의 귀환의 맥락이 아닌 경제적 목적[54]으로 재현된
다.

그런데 여기서 우리가 주목할 지점은 불법 노동 이주자의 바닷길에
열려있는 일종의 비/장소성의 문제이다. 현대 사회의 이동성 문화의 특
징을 이해하기 위한 비장소(non-places)는 전통적인 장소의 요건인 관
계성, 역사성, 정체성을 갖지 못하는 곳[55]을 의미한다. 즉 비장소성의 공
간은 이동을 위한 대기나 휴식 또는 환승을 위해 잠시 거쳐 지나가는 장
소이며 스쳐 지나가는 곳[56]을 함의한다.

영화 〈해무〉에서 어창은 조선족 밀항자들이 처한 선상(뱃길)에서의
실존 양상을 가장 알레고리적으로 드러내는 곳으로서 비장소성과 장소
성의 의미가 마주치는 곳이다. 우선 어창은 아침녁 지나가는 배 때문에
그리고 어업 지도선이 떴을 때 잠시 피신하는 대피실이나 임시 수용소

---

54) 이를테면 기관장 완호가 "소학교 선상님까지 이런 배를 탔소"라고 안타까워하자 "한
국 가서 허드렛일 하면 중국보다 열 배는 더 벌지 않소. (중략) 여기 있는 사람들 다
가족들 밥 벌어 먹일러 가는 것 아니겠소"라고 말하는 조선족 선생의 절실해 보이는
얼굴과 그의 가족사진을 교차적으로 장면화한다. 이러한 장면 구성은 중국 내 하위
주체인 조선족 밀항자들의 이동이 20세기 후반의 탈중심 · 다원성의 일자리를 위한
경제적 이주의 맥락으로 수렴되고 있음을 의미한다.
55) 인류학적 장소(anthropological places)와 대비되는 장소성을 특징짓기 위해 마크 오
제(Marc Augé)는 비장소(non-places)의 개념을 고안했다. 그의 비장소의 개념은 공
간적 이동성에 의해 형성된 공간 개념이다. 주로 산업혁명 이후 교통수단의 발전이
초래한 공간적 이동성과 슈퍼 모더니티로 규정되는 현대 사회의 미디어 모바일 문화
의 공간성을 이해하고 적용하는데 활용된다. 운송 네트워크, 대기 공간, 커뮤니케이
션 네트워크로 예시를 범주화해 볼 수 있다. 전형적인 예시로는 항공로, 철로, 도로,
공항, 철도역, 지하철, 항공기나 기차 등의 이동체 객실, 호텔 체인, 레저 파크, 대규모
소매 아웃렛, 그리고 유무선 네트워크의 복합체계 등으로 구체화 된다. 이재헌, 『모바
일 문화를 읽는 인문사회과학의 고전적 개념들』(ebook), 커뮤니케이션북스, 2013,
47~49면 참조.
56) 위의 책, 47면, 52면 참조.

와 같은 비장소의 공간이라고 할 수 있다. 밀항 도중 발각될 수 있는 위기 상황에서 법의 보호를 받지 못하는 추방령의 존재가 잠시 거쳐 지나가야 하는 선상의 비장소이다. 물고기를 잡아 보관하는 어육 창고는 밀항선으로 어선의 쓰임새가 전환되면서 위기 순간의 대피실(임시 수용소)이라는 인간소외의 비장소의 의미로 전치된다.

동시에 비장소의 공간으로 전치된 어창은 조선족 밀항자 무리의 살아있는 자연 생명을 유폐·은폐하는 장소이기도 하다. 깊숙이 가두기 또는 가리고 덮어 숨기는 장소로서의 어창은 육체가 구속(속박)되는 곳이라는 점에서 호모 사케르의 신체로서 경험되는 구금의 장소성을 띠게된다. 무엇보다 '조구잡이', '황금어장', '금기 어종' 등의 계열체의 낱말을통해 어종(魚種)으로 환유되고 은유된 조선족 밀항자 무리의 격하된 자연 생명은 어창 안에서 눈만 끔벅거리는 생물 덩어리(biomass)의 존재상태와 유비되는 상징적인 쇼트로 구성된다. 즉 밀항자들은 밀집도 높게 빽빽이 군집된 채 아무 말 없이 무저항 상태의 한갓된 자연 생명 덩어리로 어창 안에 들어차 있다.

아감벤은 예외상태에 기초한 절대적인 구속의 강제수용소를 숨겨진생명정치적 공간의 패러다임이 현시하는 것으로 파악한다.[57] 영화 〈해무〉에서 어창은 예외상태(비상사태)의 강제수용소의 변형 형태 혹은 그은유로서 밀항 선상의 은밀한 생명정치적 공간을 표상한다. 곧 어창은공해상의 바다 한가운데에서 표류 중인 전진호에서 일어나는 생명정치적 사태의 감춰진 정치적 장소이자 환경이라고 할 수 있다. 이는 광장 같은 장소성을 띤 배의 갑판이라는 공공연한 생명정치적 장소와 대비된

---

57) 조르조 아감벤b, 앞의 책, 241면.

다. 갑판이 생명정치 메커니즘이 공공연하게 작동되는 공간을 환유한다
면 어창은 은밀하게 숨겨지고 감춰진 채로 생명정치가 작동되는 곳으로
볼 수 있다. 은밀한 생명정치적 장소는 벌거벗은 생명(Homo Sacer)의
실존의 잉여가 현시되는 임의의 공간이기도 하다.

[그림8] 어창 속 유폐

[그림9] 어창 안을 내려다보는 어선원들

[그림10] 어창 속 죽음

[그림11] 몰사된 밀항자들

더불어 어창은 냉각기 고장에 의한 프레온 가스 유출이라는 안전 기
술의 문제로 조선족 밀항자 무리가 몰사된 곳이라는 점에서 '벌거벗은
생명'의 죽음의 묘지라는 알레고리적 장소성을 구성한다. 국가 행정권력
의 감시가 다가오는 갑판 위의 발각될 위험 상황에서 생명 안전의 위험
에 대처하기 위해 내려간 어창은 낡고 잦은 고장에도 수리할 수 없었던
내재적이면서도 사회 구조적 모순이 착종된 아이러니한 죽음의 장소(현
장)가 된다.

2) 공해상의 '해무'의 시간성

한편 영화 상영시간 중간부터 시작되는 바다에 낀 안개인 '해무(海霧)'의 존재는 영화 후반부 서술의 주요한 시간적 구성을 이룬다. 해무의 시간은 후반부 내내 지속되며 전진호가 침몰하는 순간에도 바다를 에워싸고 있다. 즉 후반부 플롯의 지속 시간은 해무가 에워싼 화면의 지속 시간과 거의 일치한다. 해무로 감싸인 바다 한가운데서 침몰해 가는 전진호로부터 동식과 홍매가 뛰어내리는 기투의 순간은 해무의 시간을 초월하려는 순간이기도 하다.

우선 해무는 텍스트의 철학적 · 상징적 의미화 작용을 이끌고 있으며 정동(affect)을 생성하는 요체로서 주목된다. 해무는 바다에서 일어나는 자연 현상이자 대자연의 구성요소이다. 자연적 존재로서의 해무는 인간의 자유의지나 힘으로 통제할 수 없다는 점에서 초월적 존재이다. 레비나스는 존재자 없는 존재를 통해 존재의 근원적 의미를 중성적이며 익명적인 것으로 드러내 보이고자 한다.[58] 예컨대 비가 내리고 날씨가 따뜻하듯이 존재한다는 사실 자체를 중성적이며 익명적인 사건[59]으로 사유한다. 어둠 속에서 사물의 형태가 감추어지는 밤, 어둠이 내용 자체인

---

58) 레비나스는 밤과 불면의 경험을 통해 존재자(현존재 · 인간존재) 없는 존재 체험 곧 주체 이전의 존재 체험을 이야기한다. 이는 그의 스승인 하이데거의 현존재(존재자, 인간존재)가 존재하는 한 존재는 존재한다는 존재론과 구별된다. 즉 하이데거의 존재론은 항상 존재자의 존재이며 존재자는 존재 없이 실존할 수 없다고 주장하는 반면 레비나스는 존재와 존재자를 분리하고 존재자나 주체 이전의 존재를 이야기한다. 강영안, 앞의 책, 88~91면 참조.

59) 레비나스는 존재한다는 사실 자체를 중성적이며 익명적인 사건으로 사유하기에 안과 밖, 내재성과 외재성, 주체와 사물, 이것과 저것의 구별이 존재하지 않는다고 역설한다. 위의 책, 91면.

어둠으로 가득 찬 공간 경험으로 표시되는 밤을 주체 이전의 익명적, 중립적 존재 경험[60]으로 비유하고 있다.

영화 〈해무〉에서 해무의 시간은 바다를 희뿌옇게 덮어 시야(視野)를 가리고 목표물을 볼 수 있는 시정(視程)을 모호하게 감싸버리는 고립과 차단의 존재 체험으로 나타난다. 눈 앞을 가리는 해무의 존재 그 자체 역시도 뿌옇고 어슴푸레함이 내용인 중성적인 사건이자 중립적인 존재 체험이라고 할 수 있다. 하지만 해무가 밀려오는 시간의 흐름에서 마주한 우발적 상황인 어창 속 밀항자들의 죽음과 해무로 점점 짙게 에워싸여 져 가면서 현현되는 어선원들의 두려움과 공황, 착란과 무질서한 상태로의 점층은 해무라는 존재 체험의 어둡고 무서운 측면을 드러낸다.

또한 바다와 하늘의 경계, 배와 바다의 경계를 지워버리고 육안으로 볼 수 있는 거리를 점점 사라지게 하며 육박해 오는 해무는, 피할 수 없는 자연의 위협성에 처한 실존이라는 점에서 한계상황과의 직면이기도 하다. 한계상황으로서의 해무의 시간은 막다른 상황(난관)을 상징한다. 동시에 해무로 감싸인 시간은 본능 · 충동 · 공황(불안)이 작용하고 잠재된 존재의 양상이 나타나는 근원적인 시간이라고 할 수 있다. 즉 인간의 어떤 시원적인 악과 야만성, 이기적 욕망과 죄, 폭력과 광기 그리고 죽음과 생존(생명) 투쟁 등의 존재 양상이 어선원 공동체 내에서 행위와 사건(상황)을 통해 출현하고 있다.

특히 상명하복의 어선원 공동체 집단에 은폐된 폭력과 광기(비이성 · 비정상)의 존재는 해무로 에워싸인 시간에 사체를 손괴 · 유기하는 범죄 증거(corpus delicti) 인멸 행위에서 과도하게 발현된다. 또한 이후 집단

---

60) 위의 책, 91면.

공황 상태와 무질서 상태로 점층된다. 해무의 시간에 출현한 공동체 집단의 폭력성과 광기의 양상은 범죄를 은폐하고자 하는 인간존재의 이기심에서 기인한다는 점에서 반윤리적인 존재의 지평을 드러낸다.

해무가 지속되는 시간에 출현한 반윤리적인 존재의 지평은 현존재(인간존재)의 존재 양상과 존재의 의미를 시간성의 양태로 음미 · 해석[61]한 하이데거의 시간성(근원적 시간)과 접속된다. 이러한 관점의 연장에서 해무가 지속되는 시간은 프롤로그에서 묘사된 어선원 공동체의 유대와 상호의존으로 이뤄진 일상의 존재 방식이 무너지고 평범한 어선원들 이면의 존재 양상이 출현하는 시간이 되고 있다. 곧 존재의 불안과 두려움이 발현되는 시간이자 생존을 위한 폭력과 착란의 존재 양상이 출현하는 근원적 시간이 된다.

따라서 어느 나라의 주권에도 속하지 않는 공해 선상이라는 예외상태의 해무의 시간은 반/윤리적인 존재론적 척도가 드러나는 시간이라고 할 수 있다. 동시에 자연 상태에 처한 인간존재의 죄악과 폭력과 광기가 출현하는 야만의 시간이라고 하겠다. 특히 공해상의 깊은 밤 해무 시간에 선장의 명령에 따라 실행되는 어선원 집단의 밀항 범죄 증거 인멸 행위는 상명하복의 위계적 공동체 존재에 잠재된 폭력의 양상이자 공범의 형식으로 잔악하게 발현된다. 강선장은 시범적으로 피를 튀기며 사체를 난도질한 후 기관장 완호와 갑판장 호영에게 처리를 명령한다. 갑판장 호영이 그의 지시에 따라 갑판 위로 살해 도구를 거칠게 내려놓으면 부딪히는 쇠붙이 소리와 함께 살을 썰고 뼈를 끊을 수 있는 푸주 칼들과 쇠

---

61) 하이데거는 시간적 존재로서의 현존재(dasein, 인간존재)를 이야기하며 시간성 혹은 근원적 시간에서 존재론적 함축을 탐색한다. 마르틴 하이데거, 전양범 옮김, 『존재와 시간』, 동서문화사, 2018, 29~31면.

칼들이 희미하게 장면화된다.

기관장 완호는 "정말 할 꺼여"라고 두려움에 차 선원들에게 반문하고 선원 경구는 "선장이 시키는데 뱃놈들이 해야지"라고 말하며 칼을 든다. 호영은 "그렇지 왜 못 하것냐. 옷까지 다 갈아 입어놓고"라며 쇠칼을 든다. 경구는 "다들 돌아가신 분들인데 아프다고 하겄어. 응, 괜찮잖어."라고 합리화하며 사체에 뭇칼질을 시작한다. 창욱 역시 "죽었응께, 좋은 뜻에서"라고 말하며 경구를 따라서 사체를 절단하며 피를 튀기기 시작한다. 뒤로 밀려나 있던 동식은 순간 보이지 않는 홍매의 존재를 충동적으로 찾는 창욱의 관심을 끌고자 사체 손괴를 시작한다.

막내 동식을 가담시키지 않으려는 완호로 인해 동식과 신경질적으로 대립했던 경구는 이를 보며 "깜찍하게 잘하믄서"라고 비꼰다. 경구의 '깜찍하게'라는 발화는 어선원들이 공범이 되어 '끔찍하게' 실행하는 공동체 집단의 잠재된 폭력이 발현되는 야만적 상황에 대한 반어이다. 동시에 경구의 반어는 광기(비이성 · 비정상)의 그림자를 드리운 말이라는 점에서 불온하다.

이처럼 어선원 공동체가 행하는 정도를 벗어난 폭력과 파괴적 힘은 죄악의 속성을 띠고 있다. 사람으로서 마땅히 지켜야 할 도리와 정도를 벗어난 잔인한 폭력의 형태는 인간의 양심과 관련된 끔찍한 범죄 형태이기 때문이다. 나아가 정상적인 상태를 벗어난 폭력과 광기의 출현은 어선원 집단의 공황과 착란의 무질서한 상태로 연쇄된다. 공해상의 해무로 에워싸인 고립된 시간의 지속 상황에서 촉발된 사체 손괴와 바다로의 유기 행위는 사회적 규율로부터 탈선이라는 점에서 어선원 공동체의 도덕적 균열과 붕괴, 이에 따른 공황과 아노미 상태로의 연쇄는 당연한 귀결이 된다.

한편 강선장의 반윤리적인 지시에 따라 어선원들이 공범으로 실행하는 신체의 파괴와 조각난 신체를 바다에 내다 버리는 범죄 행위는 불온성과 위반적 요소를 그대로 드러낸다. 특히 공포영화 장르에서 경계의 위반과 폭력의 지각장을 내적 충동에 따른 날것의 감각으로 형상화하듯 밤 해무로 에위싸인 상태에서 행해진 어선원들의 범죄 형태는 날것의 감각으로 형상화된다. 그 결과 어선원 공동체 집단의 잔혹한 반윤리적인 폭력은 경악과 끔찍함 그리고 불쾌와 거북함의 정동을 생성시킨다.

궁극적으로 처벌의 두려움과 집단의 안위만을 위한 이기적 목적에 따라 수행된 어선원 공동체의 사체 손괴 행위와 존재의 유기 행위는 잔악한 존재론적 폭력이라고 할 수 있다. 필연적으로 모든 폭력은 불온 요소이자 위반으로 간주[62]되듯이 밤 해무 시간의 지속 가운데 발현된 어선원 공동체 집단의 폭력 또한 불온하며 위반적이다. 우리와 같은 민족이면서 국민에서 배제됨으로써 타자화되고 법의 보호를 받지 못하는 추방령에 놓인 가난한 조선족 밀항자의 죽은 몸에 가해진 폭력이라는 점에서 더욱 불온하다.

결국 공해상의 해무의 존재가 지속되는 시간성은 인간의 죄악과 이기적 욕망에 얽힌 파멸과 죽음의 세계이자 혼돈(Chaos)의 힘을 상징하는 바다 괴물 레비아단(Leviathan)이 지배하는 바다 시간의 무의식적 원형 심상과 만난다. 더불어 해무가 지속되는 바다 시간에서 '전진호'라는 하나의 세계는 (신)자유주의 경제무역의 항로인 세계화된 바다를 가로지르는 커다란 컨테이너 화물선과 부딪히며 침몰하기 시작한다. 곧 '해무'

---

62) 슬라보예 지젝, 정일권 · 김희진 · 이현우 옮김, 『폭력이란 무엇인가』, 난장이, 2011, 108면.

의 존재 지속은 현대의 바다에서 우발적인 해상 교통사고를 야기하는
초월적인 물리현상으로 작용하며 전진호를 침몰시킨다.

[그림12] 해무의 시간   [그림13] 강선장과 어선원들

[그림14] 살육의 시간   [그림15] 홍매의 목격

[그림16] 범죄 증거물 – 푸주 칼   [그림17] 소각되는 신분증과 사진들

4. 영화 〈해무〉와 세월호의 기억

　지금까지 해양소재 영화 〈해무〉(2014)가 그리는 생명정치 현상과 생
명정치 사건이 일어나는 바다 시공의 재현양상을 내러티브와 의미지형
을 중심으로 분석하고 해석하였다. 앞서 기술하였듯 '생명'과 '정치'가 합
성된 '생명정치(biopolitics)'는 '살아 있는 생명'을 대상으로 한 통치술
(권력행사 방식)을 의미한다. 해양에서 실제 발생한 사고 · 사건을 모티

프로 영화의 서술을 구축하고 있는 〈해무〉는 밀항 선상에서 일어난 생명정치 사태에 대한 알레고리적[63] 형상화를 통해 존재론적 물음과 타자의 책임(사랑) 윤리에 대한 의미망을 구성해 나가고 있다.

본고는 2장 1절에서 폭압적이며 전체주의적인 주권권력(강선장)의 생살여탈권에 의한 통치술과 이를 통해 조선족 밀항자 무리가 인격이 박탈된 '벌거벗은 생명(Homo Sacer)'으로 산출되고 주권권력의 통치의 대상으로 종속 · 결합되는 생명정치의 메커니즘을 분석하였다. 이어 2장 2절에서는 이러한 통치술에 대항하는 막내 선원 동식을 초점으로 한 생명권력의 이원화와 타자성의 사건을 분석하고 그 의미에 대해 해석하였다. 죽음에 방점을 둔 폭압적 · 이기적 부정성의 주권권력의 생명정치 서사 축과 대비 · 상반되는 생명을 살리는 데 방점을 둔 생명권력(생명정치)의 이원화의 의미망이 어떠한 맥락에서 타자성의 사건과 교차하고 있는지 주목하였다.

막내 선원인 한국 청년 동식은 밀항자인 조선족 처녀 홍매와의 관계 맺기에서 가까이 얼굴을 마주한 인격적 관계와 에로스를 통한 타자의 체험이라는 타자성의 사건을 통해 위태롭고 연약한 타자의 생명을 살리는 이타적이며 긍정성의 생명권력을 수행하는 주체로 나아간다. 따라서 동식과 홍매 사이의 타자성의 사건은 생명정치적 사태와 교차 · 변

---

63) 알레고리는 쉽게 이해되는 표면적 이야기와 그 표면적 이야기가 비유하고 있는 정신적, 도덕적, 역사적 의미가 전개되는 이중적 구조의 표현 양식이다. 또한 알레고리는 작가의 이데올로기를 반영하는 텍스트의 구성 원리이기도 하다. 오늘날 알레고리는 해체주의 관점에서 해석의 결과인 동시에 해체적 읽기에 대한 방법으로 이해된다. 곧 해석의 차원으로 알레고리의 표현 방법에 주목한다. 이상섭, 『문학비평용어사전』, 민음사, 2001, 233면. ; 홍순애, 『한국 근대문학과 알레고리』, 제이앤씨, 2009, 2면, 33~34면 참조.

증되면서 생명에 대한 '에토스 정치(ethopolitics)'의 한 국면으로 수렴됨을 분석하였다. 곧 법의 보호를 받지 못하는 유사 난민적 벌거벗은 생명(Homo Sacer) 존재에 대한 윤리적·도덕적 차원의 물음이 생성되고 있는 의미망을 해석하였다.

본고 3장에서는 해양을 배경으로 한 영화 〈해무〉가 바다 시공을 재현하는 양상을 '어창'의 비/장소성과 공해상의 '해무'의 시간성을 통해 살펴보았다. 먼저 어창은 조선족 밀항자들이 처한 선상(뱃길)에서의 실존 양상을 가장 알레고리적으로 드러내는 곳으로서 비장소성과 장소성의 의미가 마주치는 곳으로 해석하였다. 첫째, 어창은 밀항 도중 발각될 수도 있는 위기 상황에서 잠시 피신하는 대피실과 같은 비장소의 공간이다. 둘째, 어창은 호모 사케르의 신체로서 경험되는 강제수용소와 같은 구금의 장소성을 구성하는 곳으로서 밀항 선상의 은밀한 생명정치적 공간을 표상하는 장소이다. 셋째, 어창은 생명 안전 기술의 문제(냉각기 고장)로 조선족 밀항자 무리가 몰사된 곳으로서 벌거벗은 생명의 죽음의 묘지라는 알레고리적 장소성을 구축하고 있음을 조명하였다.

마지막으로 영화의 제목이기도 한 공해상의 '해무'의 시간성에 대하여 해석하였다. 공해 선상이라는 예외상태에서 해무의 지속 시간은 한계상황이자 막다른 난관을 상징하며 현존재(인간존재)의 부정적인 면모가 나타나는 근원적인 시간으로 파악해 보았다. 반/윤리적인 존재론적 척도가 드러나는 시간으로서 인간존재의 죄악의 속성과 과도한 공격성인 폭력 그리고 비이성·비정상의 광기가 출현하는 야만의 시간이 되고 있음을 분석하였다.

한편 영화 〈해무〉는 2013년 10월 06일 촬영이 시작(crank in)되어 2014년 8월 14일 개봉되었다. 영화 후반 작업이 진행된 시간에 세월호 참사가 일어났다. 앞서 분석하였듯 영화 〈해무〉는 크게 전반부와 후반부로 내러티브가 나뉘진다. 전반부의 내러티브는 영화의 서술적, 미학적 힘이 흡인력 있게 구축되고 있다. 그런데 후반부의 내러티브는 점차 하강부로 들어가면서부터 서술의 과잉과 균열 속에서 미학적 에너지를 잃고 있으며 만듦새의 허술함을 일부 노정하며 서술적 집중력이 약해지고 있다.

불행히도 영화가 개봉된 시점에 한국 사회는 세월호 사건의 외상(trauma)에서 온전히 자유롭지 않은 상태였다. 세월호 참사의 외상은 우리 사회에 국가 공동체란 무엇이며 국가는 국민의 생명권을 어떻게 보호해야 하는가? 라는 국민의 생명을 토대로 한 국가의 통치성에 대한 근본적인 물음을 던지게 하였다. 국가 기능의 부재 상태에서 생명권이 박탈되었다는 충격과 무력감은 '벌거벗은 생명'으로 바다에서 주검이 되거나 사라진 이들에 대한 슬픈 기억의 상흔에 새겨져 있다. 영화 〈해무〉가 알레고리적으로 형상화한 주권과 생명의 관계로서의 생명정치의 의미망과 죽음·침몰의 바다 이미지는 세월호의 외상[64]을 건드린다.

본고는 정치적 위기라고 하는 것이 항상 존재의 위기와 맞닿아 있음을 역설한 아감벤의 문제의식과 푸코의 주권권력과 생명권력의 담론에 의지하여 논의를 전개하였다. 영화 〈해무〉가 배경으로 한 시대는 신자유주의의 공세 속에 자본주의의 부정성이 심화되어 가던 시기이다. 이

---

64) 시간의 거리가 형성된 지금은 영화 〈해무〉와 관련하여 세월호 사건이 직간접적으로 상기되거나 잘 연상되지 않을 수 있다. 하지만 박근혜 정부에서 개봉될 당시 영화 〈해무〉는 징후적으로 혹은 무의식적으로 세월호를 연상케 하기도 하였다. 개봉 당시 심영섭 역시 영화 '해무'가 세월호를 기억나게 한다는 단평을 남겼다. 심영섭,「오피니언, [무비클릭]해무…백경과 세월호를 기억나게 하는」,『매일경제』, 2014.08.19. https://www.mk.co.kr/economy/view/2014/1107104

시기의 한국 사회는 생명과 생존에 대한 위기감이 고조되고 삶의 불안
전 · 불안정의 감각 지수가 올라갔던 시대이다. 삶의 위기는 정치의 위
기이고 역으로 정치의 위기 역시 삶의 위기이다. 우리의 삶은 어느 때 어
느 곳에서든지 벌거벗은 생명이 될 수 있고 국가 기능의 부재 속에서 생
명권이 박탈될 수 있음을 2022년 10월 29일 발생한 이태원 압사 참사는
다시 한번 상기시켰다.

　동시대의 증상이기도 한 생명정치 현상은 여전히 현재진행형이다. 엔
트로피가 높아져 가는 현대 사회의 여러 방면에서 생명정치 현상은 인
간의 존재 방식과 존재의 의미에 대한 알레고리로서 작용한다. 또한 생
명정치는 어떤 장소에 국한되지 않고 편재해 있으며 불특정 다수에게
언제든지 우발적으로 일어날 수 있다는 점에서 비극적 현상이다. 오늘
날 바다에서 일어나는 생명정치를 그리고 있는 영화 〈해무〉가 구성하는
의미망은 우리가 살아가는 세계에 대한 인식의 측면에서 주목된다. 그
리고 타자화된 소수자와 그 너머 인간 보편의 생명에 대한 윤리적이며
실천적 담론을 생성하고 있다는 점에서 주목할 필요성이 있다.

　또한 영화 〈해무〉는 생명정치 현상을 알레고리적으로 형상화하여 시
대와 현실에 대한 유의미한 진단을 견지하고 있다는 점에서 봉준호의
몇 개의 영화 텍스트가 일정 부분 담지한 생명정치 문제의식과 교호하
고 있는 텍스트이다. 그러므로 봉준호 감독의 일련의 영화 텍스트들과
의 관계적 배치를 통한 연구 및 생명정치 의미망에 대한 연구로 확장 ·
심화해 나갈 수 있을 것이다.[65] 덧붙여 본 논의는 해양영화의 관점에서

---

65) 특히 영화 〈해무〉와 비슷한 시기에 만들어진 봉준호 감독의 〈설국열차〉(2013)는 열
　차 시스템을 만든 최상층부의 자본가와 하층부의 계급적 대항이라는 서사를 통해 생
　명권력을 알레고리적으로 형상화하고 있다는 점에서 확장된 연구로 나갈 수 있을 것

막내 선원 동식으로 표상되는 기존 오디세우스적 주체[66]가 아닌 자기 세계를 벗어나 타자에게로 초월하는 이타적 주체 곧 아브라함적 주체로서의 새로운 '선원' 인물 표상에 대한 타진도 가능할 것으로 기대된다.

– 서미진, 「영화 〈해무〉가 그리는 생명정치와 바다의 재현양상」, 『현대문학이론연구』 92, 현대문학이론학회, 2023.

이다. 부가적으로 심성보와 봉준호가 작업한 시나리오에 바탕한 영화 〈해무〉는 '바다 안개(가제)'라는 이름으로 미국 헐리우드에서 리메이크가 진행되고 있다.

[66] 조정희는 동식을 오디세우스적 영웅으로 바라보고 있다. 조정희, 「해양영화의 할리우드 표상과 오디세이적 담론에 대한 연구 –〈명량〉과 〈해무〉를 중심으로」, 『인문논총』 56, 경남대학교 인문과학연구소, 2021, 240면 참조.

5
암흑의 시간, 미디어를 횡단하는 페스카마호

이 주 영

1. 페스카마호의 기록들

1996년 6월 7일, 온두라스 국적 원양참치연승어선 페스카마15호(이하 페스카마호)는 한국인 선원 7명, 인도네시아 선원 10명 등 총 17명의 선원을 태우고, 부산항에서 남태평양으로 향하였다. 당월 15일 괌 부근 티니안 섬에서 중국인 선원 7명이 추가 승선하였고, 페스카마호 사건이 일어났던 당일인 8월 2일 00시 30분에는 맹장염을 앓고 있던 19세 실기사가 치료를 위해 동원212호에서 페스카마호로 편승하였다.[1] 8월 2일

---

* 본 글을 작성하는 과정에서 임선빈 작 · 연출님으로부터 희곡 「페스카마」 대본 및 연극 〈페스카마〉 영상 자료를 제공받았다. 본 지면을 빌어 깊은 감사의 마음을 전한다. 아울러 연극 〈페스카마〉 영상 및 사진 촬영은 김명현 감독님께서 해주셨다. 양질의 영상을 촬영해주신 김명현 감독님께서도 고마움을 전한다.
1) 실기사가 페스카마호로 이동한 것은 페스카마호가 사모아 어업기지, 즉 육지로 귀항 중이었기 때문이다. 「외국선원 과다 "예고된 참극"」, 『경향신문』, 1996.08.26. ; 「"살려달라"에 산채 수장/「선장반란」 현장 검증 범행과정 태연히 재연」, 『서울신문』, 1996.09.03.

페스카마호에는 항해 중 몸이 아프다는 이유로 다른 배로 옮겨 간 인도네시아 선원 1명을 제외한 총 24명의 선원이 타고 있었다.[2] 그리고 그날, 한국인 선원 7명과 인도네시아 선원 3명, 중국인 선원 1명이 중국인 선원들에 의해 살해되었다.

중국인 선원의 살해 방법은 잔인하였다. 첫 사망자인 선장의 경우, 길이가 약 40센티미터가 되는 참치처리용 칼로 복부, 후경부, 무릎 등을 총 4회 난자당한 후에 바다에 던져졌으며, 조기장의 경우에는 배에 매달려 애원하는 그의 손등을 칼로 내려찍어(애원하기 전 이미 칼로 몇 차례 난자당한 상태였음) 바다에 유기하였다. 중국인 선원 여섯 명은 선장의 살해를 시작으로 선장이 조타실에서 찾는다는 말로 다른 한국인 선원들을 조타실로 유인하여 새벽 3시부터 6시까지, 약 30분 간격으로 한국인 선원 여섯 명을 차례로 살해하여 바다에 투기하였다.

신문 저널은 페스카마호 사건의 첫 보도 시점에서부터 최종 판결까지, 본 사건에 대해 이분법적인 구도 속에서 하나의 방향으로만 해석하였다. 그리고 이 일방향적으로 해석된 본 사건은 약 10년을 주기로 하여, 2006년 탐사보도 프로그램인 〈그것이 알고 싶다〉[3], 2017년 희곡과 연극 〈페스카마-고기잡이배〉[4] 등으로 극화되어 대중들 앞에 다시 재조명되었다. 이 과정에서 페스카마호 사건은 신문 저널, TV탐사보도, 그리고 희

2) 사건 당일 몇 달 전부터 한국인 선장과 중국인 선원 간의 갈등이 잦았으며, "이 때문에 인도네시아 선원 1명은 몸이 아프다는 핑계를 대고 다른 배에 옮겨 타기도 했다." 「선상 대살육 7시간」, 『동아일보』, 1996.08.31.
3) 본 프로그램은 2006년 7월 22일 SBS에서 『그것이 알고 싶다』 390회 〈죽음의 배 페스카마15호〉이란 제목으로 방송되었다.
4) 본 작품의 희곡과 연극에 대한 정보는 다음과 같다. 희곡은 『2017 서울연극제 희곡집』에 수록되었으며, 연극은 임선빈 연출, 드림시어터 컴퍼니 제작, 〈페스카마-고기잡이배〉, 동양예술극장 3관, 2017년 5월 10일부터 21일까지 공연되었다.

곡과 연극 등 세 미디어를 경유하면서 다양한 해석 및 논의들과 마주하였다.

　본고에서는 페스카마호 사건이 저널, TV, 연극을 횡단하면서 변화하는 해석들에 주목하고자 한다. 이러한 작업은 해당 사건의 일방향적인 시각과 은폐 및 침묵의 목소리를 밝혀냄과 동시에 미디어의 역할 및 중요성을 되짚어 보는 계기를 마련한다. 아울러 한 사건을 둘러싼 미디어별 해석의 차이 및 시간에 따른 사건의 재연적 추이의 변화는 미디어 교육의 한 사례로 논의될 수 있다는 점에서 유의미하다고 할 수 있다. 이를 위해 본고는 2장에서 페스카마호 사건을 신문과 TV탐사보도 프로그램에서 보도하고 재연한 양상을 살피고, 3장에서 본 사건의 최종 도착지인 희곡과 연극에 나타난 본 사건에 대한 해석점을 분석하고자 한다. 끝으로 페스카마호 사건을 극화하는 과정에서 여전히 해결되지 못한 지점, 본 사건에서 잃어버린 목소리를 밝히는 것으로 분석을 마치고자 한다.

　사건을 활자화한 신문 보도, 이 기록들을 바탕으로 해당 사건을 극화하는 행위는 넓은 의미에서 각색이라고 할 수 있다. 그런 점에서 페스카마 선상 반란 사건을 신문과 탐사보도 프로그램에서의 재연을 통해 경험한 대중/수신자에게 해당 사건을 극화한 작품은 생산물로서의 각색을 넘어선 상호텍스트성의 의미를 지닌 과정으로서의 각색이라 할 수 있다.[5] 그런 점에서 페스카마호 선상 반란이라는 과거의 사건은 "각색을 통한 텍스트화 과정을 거치면서 당대의 시사현안을 숙고하는 수단으로 기능"[6]하며, 이러한 해석은 현재적 행위로서 당대의 문제와 맞닿아 있다.

5) 린다 허천, 손종흠·유춘동·김대범·이진형 옮김, 『각색 이론의 모든 것』, 앨피, 2017, 72~79면.
6) 줄리 샌더슨, 정문영·박희본 옮김, 『각색과 전유』, 도서출판 동인, 2019, 232면.

2. 상반된 두 시각 : 신문과 TV

페스카마호가 행방불명된 사실을 대중들이 처음으로 접하게 된 시점
은 1996년 8월 19일이었다. 대중들은 각 신문 매체를 통해 연일 이 상황
에 대해 파악할 수 있었다. 조업거부로 선원교체를 위해 회항하던 페스
카마호는 8월 13일에 사모아 어업기지에 입항할 예정이었으나, 6일이
지난 19일이 될 때까지 페스카마호로부터 어떤 연락도 오지 않았다. 행
방이 묘연해진 페스카마호의 상황만큼이나 페스카마호 선원에 대한 정
보도 처음에는 다소 혼란스럽게 전달되었다. 앞서 언급하였듯, 페스카마
호는 항해 중 선원들의 추가 승선과 편승이 잦은 선박이었다. 그런 까닭
에 페스카마호의 승선 인원 정보가 신문사마다 다르게 보도되었다.[7] 이
러한 어수선함은 약 일주일 뒤인 8월 26일, "8월 24일 오후 6시 30분께
동경 남쪽 5백 50킬로미터 도리시마 인근 해상에서 연료가 떨어져 표류
중"이던 페스카마호가 "일본어업조사지도선 미야코호에 의해 발견"되
면서 일단락 정리된다.[8] 그리고 이 정리는 안도가 아닌 충격으로 이어졌
다.

페스카마호에서 벌어진 중국인 선원들의 살해 행위가 밝혀지자 대다
수의 신문들은 본 사건을 중국인 선원들의 잔인성을 강조하며 "사상 최

---

7) 다음 기사들을 통해 승선 인원 정보에 대한 혼란을 확인할 수 있다. 「24명 탄 원양선
실종」, 『동아일보』, 1996.08.20. ; 「24명 승선 원양선 실종」, 『서울신문』, 1996.08.20. ;
「25명 탄 원양어선 16일째 실종」, 『경향신문』, 1996.08.20. ; 「25명 탄 원양어선 실종」,
『한국일보』, 1996.08.20. 또한 실종 보도 후 며칠이 지난 기사에서도 선원 국적을 "한국
인 8명, 중국교포 8명, 인도네시아인 6명"으로 보도하는 경우도 있다. 「선상반란 살인
근원 대책을」, 『매일신문』, 1996.08.26.
8) 「잠든 새 살해한 뒤 수장」, 『부산일보』, 1996.08.26.

악의 선상반란 사건"으로 보도한다.[9] 이들의 행동에는 늘 어떠한 해석이
뒤따랐다. 현장검증 시, 이들은 범행 장면을 재연하는 게 아니라, '태연
히' 재연하였다.[10] 신문 기사에서 중국인 선원들의 잔혹함이 극에 달하
는 가운데 본 사건의 계기라 할 수 있는 한국 선원들의 가혹 및 폭력행위
는 논의의 장에서 슬며시 사라지거나 후경화되어 보도된다.[11]

　　수적으로 우세한 외국인 선원들과의 마찰도 심해지면서 폭행당하는
　　사건이 자주 발생한다. 페스카마115호의 선상반란과 같은 끔찍한 경우는
　　아니더라도 외국선원들이 휘두른 흉기에 한국선원이 중상을 입거나 숨
　　지는 사건도 드물지 않게 일어난다. 물론 한국선원이 일이 더딘 외국선원
　　을 먼저 폭행하는 경우도 있다.[12]

9) 조선족 선원들에 대한 잔인함을 강조한 기사는 다음 기사들을 통해 확인할 수 있다.
「최악의 선상반란 11명 피살」, 「수적우세 외국선원 폭력빈발(최악의 선상반란 "충
격")」, 『국민일보』, 1996.08.26. ; 「중국교포들 선상 반란 한국선원 7명 살해」, 『경향신
문』, 1996.08.26. ; 「한 사람씩 깨워 불러내 살해」, 『경향신문』, 1996.08.27. ; 「생존선
원 · 선박 수장 계획/선상반란 조선족」, 『서울신문』, 1996.08.30. ; 「선상 대살육 7시
간」, 『동아일보』, 1996.08.31. ; 「조타실 유인 차례로 살해」, 『경향신문』, 1996.09.01. ;
「동사로 알려졌던 4명/몽둥이 때려 바다 던져」, 『한국일보』, 1996.09.02. ; 「참치잡이
흉기로 확인 살인」, 『동아일보』, 1996.09.03.
10) 「"살려달라" 외면 흉기난자 「선상살인」 현장검증 잔혹범행 태연히 재연」, 『경향신
문』, 1996.09.03. ; 「"살려달라"에 산채 수장/「선장반란」 현장 검증 범행과정 태연히
재연」, 『서울신문』, 1996.09.03.
11) 한국인 선원의 폭행 사실에 대해 보도한 기사도 있으나, 양적으로 매우 드물다. 한국
인 선원의 폭행 사실을 제목으로 보도한 것은 다음의 기사가 거의 유일하다. 「선상
폭력 직접적 범행 동기」, 『한겨레』, 1996.09.02.
12) 「과로-외로움…폭행사고 일쑤」, 『동아일보』, 1996년 9월 7일. 한편, 기사의 중간 제
목은 '잦은 폭행 불만'으로 적고 있으나, 기사 내용은 폭행이 아닌 가혹 행위로, 그리
고 결론은 중국인 선원의 살해행위로 마무리 짓는다. "잦은 폭행 불만: ㅅ수산 참치
독항선인 O호(3백 80t급)를 타고 6개월여 동안 인도양 공해상에서 조업하다 지난 7
월 16일 귀국한 권영식 씨(37, 대구 중구 남산동)는 한국인은 모두 13명에 불과한데

한국인 선원은 수적으로 우세한 외국인 선원들로부터 자주 폭행을 당하고, 한국인 선원이 "먼저 폭행하는 경우도" 있지만, 그 폭행에는 외국인 선원들의 작업 미숙이라는 이유가 분명히 따른다.

당시 신문 기사들은 중국인 선원들의 잔혹성을 부각시키는 가운데 빈번하게 일어나는 선상반란 사건의 계기 및 발생 이유를 종족성의 문제로 접근하려는 시도를 한다. 외국인 선원들은 기본적으로 잠재적 범죄자이다. 이들은 "값싼 시한폭탄"[13]으로서 특히 "중국 교포 선원들은 승선경력도 미천한데다 전과자도 많아 간부선원과의 충돌"[14]을 자주 일으키는 종족들이다. 객관적 자료를 제시하지 않은 채 기술된 이러한 기사 저편에는 "중국에서 교사나 농부 또는 점원으로 아무런 전과 없이 가족들 부양하면서 성실히 살아 왔"[15]던 페스카마 사건의 살인범들이 있다. 전과자일 확률이 높은 값싼 외국인 시한폭탄들이 선상을 폭력적 공간으로 만들어 가는 과정에서 한국인 선원들은 그들에 비해 수적으로 밀려 늘 폭행과 살해 위협에 노출되어 있는 존재들로 그려진다.

페스카마호 사건의 기사 지형에서 서론에 자세히 상술한 실기사의 안타까운 죽음은 중국인 선원들을 더욱 잔인한 시한폭탄으로 그려낸다. 실기사는 "의협심이 강하고 정이 많"은 한 집안의 "활력소"였다. 그는 아버지에게 "돈 벌어 꼭 무쏘를 선물"해드리고 싶은 막내이자 미래의 마도

외국인 선원이 이보다 많아 배에서 수차례 선상반란이 일어날 뻔했다."라고 밝혔다. 94년 11월 7일에는 남대서양에서 조업 중이던 ㄷ수산 소속의 원양참치어선에서 중국 교포선원 김모 씨가 선장 등 한국인 간부선원들의 가혹행위에 불만을 품고 한국인 서원 1명과 중국인 선원 3명을 살해하기도 했다. 「외국선원 과다 "예고된 참극"」, 『경향신문』, 1996.08.26.

13) 「값싼 외국선원 "시한폭탄"」, 『동아일보』, 1996.08.26.
14) 「외국선원 과다 "예고된 참극"」, 『경향신문』, 1996.08.26.
15) 「부산고등법원 판결문-97노36」, 1997.

로스였으며, "망망대해에서 고독감에 휩싸일 때마다" 부모님에게 편지
를 보내는 효자였다.[16] 그의 어머니 "박씨는 이혼으로 아들과 함께 살지
않기에 아들의 승선을 미리 말리지 못한 점과 그동안 아들에게 잘해주
지 못한 죄책감"[17]으로 괴로워한다. 한 가정의 행복을 산산조각 낸 중국
인 선원들은 "잔인무도의 극치"[18]를 보여준 사회의 악임에는 틀림없다.

페스카마호 사건에 대한 재판에서 조선족 선원들의 잔인함은 명백해
진다. 1심에서 "악마적 본능을 제어하"지 못한 중국인 선원 모두에게 법
정최고형인 사형이 내려졌고,[19] (부산지방법원 판결문96고합429, 1996)
항소심에서는 원심의 일부 판결을 파기하여 "그간 성실히 살아 왔고",
"잘못을 깊이 뉘우"친 중국인 선원 다섯 명을 사형에서 무기징역으로
감형하였다. 단 주모자로 지목된 중국인 선원 일인의 항소는 "원심의 양
형이 적정하다고 인정되"어 기각되었다.[20] 그리고 마지막 대법원 최종심
에서는 상고를 모두 기각하였다.[21]

한 가지 주목할 점은 본 사건에 대한 재판이 진행되는 과정에서 조선
족 선원들에 대한 신문 기사 지형이 변하기 시작했다는 점이다. 이 지형
변화는 한국이 아닌 중국에 의해 이루어진다.

---

16) 「"마도로스 꿈도 못 피우고…"」, 『동아일보』, 1996.08.27.
17) 「"세상에 어린 게 무슨 죄가 있다고…"」, 『부산일보』, 1996.09.02.
18) 「금요칼럼」, 『부산일보』, 1996.08.30.
19) 「부산지방법원 판결문-96고합429」, 1996.
20) 항소 이유는 총 네 가지로 첫째, 한국인 선원들의 가혹행위, 둘째, 선장 최선택의 사
체유기죄 부당, 셋째, 술에 의한 심신 미약 상태, 넷째, 반성과 참회 등이다. 「부산고등
법원 판결문-97노36」, 1997.
21) 상고 이유는 총 세 가지로 첫째, 채증법칙 위배, 둘째, 음주에 의한 심신장애, 셋째, 양
형의 부당함 등이다. 「대법원 판결문-97도1142」, 1997.

원양어선에서 돌아온 사람치고 한국인이 좋다는 사람은 극히 드물다. 너무 고되고 차별하고 인간취급을 하지 않고 고욕과 매에 못 견뎌 만기를 채우지 못하고 돌아온 사람도 많다. 심지어 불구가 돼 돌아오거나 바다에서 영영 고기밥이 된 사람도 있다.[22]

위 인용문에서 알 수 있듯, 페스카마호 사건 관련 기사에서 침묵하거나 후경화된 한국인 선원들의 비윤리적 태도가 중국 측에 의해 전면화되었다. 주모자로 지목된 2등 항해사의 살인 행위는 "선장에게 구타를 당하고 자존심과 인권이 짓밟힌 상황에서 돈벌이마저 어렵게 되자 마지막으로 발악한 것"[23]이다. 또한 살인범인 중국인 선원들은 "결코 조직이 있는 테러집단이 아니"라, "원양에서의 고됨과 한국인들의 멸시와 학대를 잘 알면서도 각오를 하고 나간 사람들이다."[24] 이에 한국인 선원들의 폭력 행위의 고발과 중국인 선원들을 향한 동정의 기사가 몇 건 실렸다.[25] 그 기간은 1997년 4월 18일, 항소심 판결이 있기 바로 직전까지로, 그 이후로는 페스카마호 사건은 대중들의 시선으로부터 희미해졌다.

페스카마호 사건이 발생한 후 10년이 흘렀다. 2006년에 기억하는 페스카마호 사건은 "굉장히 잔혹한 사건으로만 알려졌지, 그 이면에 있었던 선상에서 일어났던 폭행, 사람들이 느꼈던 좌절감이나 절망감"은 "제

---

22) 김남현, 「독자수필 '페스카마호 참극'과 조선족의 한」, 『동아일보』, 1996.11.30. 기사에 의하면, 김남현은 소설가이자 중국작가협회 길림성분회원이다.

23) 「"조선족 차별이 선상 참극의 씨앗"」, 『경향신문』, 1996.11.30.

24) 김남현, 앞의 글.

25) 중국선원들에 대한 동정 및 구명 운동 기사를 통해 확인할 수 있다. 「페스카마호 사건 주범 전재천 씨에게 독자성금」, 『경향신문』, 1996.12.03. ; 「페스카마 선상살인 6명, 중국교포사회 구명 운동」, 『부산일보』, 1997.01.23. ; 「페스카마호 선상살인사건 중국동포 구명운동 "죄인이긴 하나 이들도 피해자"」, 『한겨레』, 1997.04.16.

대로 표현됐던 적이 없었던"[26] 사건이었다. SBS의 탐사보도 프로그램인
〈그것이 알고 싶다〉는 〈페스카마15호, 나는 두목이 아니었다〉(이하 〈그
것이 알고 싶다〉)라는 제목으로 10년 전 있었던 페스카마호 사건을 재
구성한다.

　10년 전과 비교해 페스카마호 사건을 바라보는 시각이 확연히 달라졌
다. 1996년 당시 페스카마호 사건은 잔학무도한 중국인 선원들이 선상
에서 자행한 대살인극이었다. 허나, 〈그것이 알고 싶다〉는 주모자로 지
목된 2등 항해사의 억울한 누명과, 10년 전 페스카마호 사건이 신문 저
널로부터 사라지려는 끝자락에 잠시 공론화되었던 한국인 선원의 폭력
성 문제에 주목한다. 한 시간 남짓한 방송시간 안에 두 개의 주요 안건을
담다 보니 진행 구성이 다소 어수선한 감이 없지 않으나, 전하고자 하는
바는 분명하다.

　2등 항해사의 인터뷰에 따르면, 주모자로 지목되어 사형선고를 받은
자신은 선원이 아닌 항해사라는 직급 덕분에 다른 중국인 선원들에 비
해 한국 선원들로부터 비교적 나쁘지 않은 대접을 받았고, 하여 한국인
선원들을 살해할 이유가 없었다는 것이다. 그럼에도 살해에 가담했던
이유는 중국인 선원들의 협박으로 인해 목숨의 위협을 느꼈기 때문이라
고 말한다. 〈그것이 알고 싶다〉는 2등 항해사의 주장을 뒷받침하는 근거
로 첫째, 현장검증 시에 자신이 한 행동이 아니라고 주장하는 2등 항해
사의 영상 제시, 둘째로 2등 항해사가 주모자라는 증거는 없으며, 오히려
중국인 선원들이 그에게 죄를 덮어씌운 것이라고 사건 당시 중국인 선원

---

26) 〈그것이 알고 싶다〉에서 부산외국인노동자인권을위한모임 대표인 정귀순의 인터뷰
　　발언이다.

들을 무료로 변론해주었던 조봉 변호사의 인터뷰,[27] 마지막으로 2등 항해사와 중국인 선원 사이에 주고받았던 편지 내용[28] 등을 제시한다.

　2등 항해사의 억울한 누명이 〈그것이 알고 싶다〉의 시작 부분과 끝 부분에 배치되었고, 그 사이에 한국인 선원의 가혹행위 및 폭력 문제, 그리고 중국인 선원의 실해 과정이 재연의 방식을 통해 집중적으로 논의된다.

[사진1] 〈그것이 알고 싶다〉의 한 장면들

　〈그것이 알고 싶다〉에는 총 서른 개의 재연 장면이 삽입되었는데, 첫 재연을 위의 왼쪽 사진인 한국인 선원이 중국인 선원을 폭행하는 장면으로 시작한다. 한국인 선원의 폭행 장면은 이후로도 꾸준히 등장한다. 위의 오른쪽 사진에서 보듯 멀미하는 중국인 선원을 구타하고 심지어 낚싯줄로 묶어 배에 매달아 놓는 장면, 특별한 이유 없이 구타당하는 장면, 비오는 날 외국인 선원들이 몽둥이를 든 한국인 선원 앞에서 위협을 느끼며 일하는 장면, 밥을 주지 않아 배식 받은 음식을 허겁지겁 먹는 장면 등이 삽입된다. 이처럼 재연의 수적 비중에서도 〈그것이 알고 싶다〉

---

27) 「「선상살인범」 조선족이 무료 변론」, 『경향신문』, 1997.01.24. 이 기사의 조선족 변호사가 조봉이다.

28) 편지 내용은 다음과 같다. "수사관이 우리에게 주모자를 말하면 우리를 중국으로 돌려보낸다고 말해 사기 위해 형님을 사지로 밀어 넣은 같아."

는 중국인 선원의 살해 모의 및 살해 과정보다, 한국인 선원들의 폭행 및
가혹행위와 선상반란죄 고발 · 조업손실금 청구와 같은 거짓 협박, 즉
한국인 선원들의 중국인 선원에 대한 잔인한 폭력 행위 재연을 더 많이
그리고 있다.

2006년도의 페스카마호 사건은 1996년 당시와 상반된 모습으로 그
려졌다. 〈그것이 알고 싶다〉의 페스카마호 사건에 대한 시각은 그때 당
시 중국인 선원과 조선족 사회에서 말하고 싶었으나 어떤 이유에서인지
발언의 장이 사라져 언급할 수 없었던 호소이자 분노, 억울함이었다. 〈그
것이 알고 싶다〉는 중국인들의 호소를 재연하여 페스카마호 사건에서
늘 면발치에 물러서 있거나 은폐해 있었던 한국인 선원의 잔인함을 끄
집어냈다. 그리고 다시 페스카마호는 십년을 이동하여 탐사보도에서처
럼 짧은 재연 방식이 아닌 2시간이 넘는 긴 호흡으로 연극 무대에 정박
한다.

3. 양 진영의 입장 : 희곡과 연극

2017년 페스카마호 사건은 〈페스카마-고기잡이배〉(임선빈 작 · 연
출, 이하 〈페스카마〉)[29]로 다시 한 번 대중 앞에 섰다. 1996년의 페스카마
호 사건은 중국인 선원의 잔인성을, 2006년 페스카마호 사건은 한국인
선원의 폭력성을 부각하였다. 이 둘은 신문 기사와 탐사보도 프로그램이

---

29) 〈페스카마-고기잡이배〉는 2017년 제38회 서울연극제에서 희곡상과 대상을 수상하
   였다.

라는 점에서 사건을 전달하는 데 있어 사실 확인에 엄격하였다. 반면 「페스카마」는 이 엄격으로부터 자유로운 대신 다른 엄격함을 선택한다.

> 이 작품은 1996년 일어난 '페스카마15호 선상 반란 사건'을 픽션화한 것임을 밝혀 둔다. **극 중 인물들은 실명을 사용하지 않았고**, 실제 사건보다 선원의 수를 줄였으며 희곡의 극성을 살리기 위해 드라마 구조를 극대화하였다. 또한 실제 사건에 연루되어 현재 실형을 받고 있는 **가해자와 실제 피해자에 대해 어떤 정치적인 해석도 하지 않으려 했음**을 밝혀 두는 바이다.[30] (인용자 강조)

〈페스카마〉는 실제 사건인 페스카마호 사건을 극화했음을 밝히고, 이 과정에서 가해자와 피해자에 대한 어떤 정치적 해석도 하지 않으려 했음을 이어 강조한다. 여기서 창작자와 실제 인물 · 사건 사이의 일정한 거리 유지, 사건을 대하는 창작자의 엄격한 태도와 시각은 오히려 페스카마호 사건을 극화함에 있어 기왕의 미디어들이 보여준 한 쪽으로 향한 시각에서 벗어나 페스카마호 사건을 양쪽 입장에서 객관적으로 사유하고자 하는 창작진의 의지를 파악할 수 있다. 그리고 이 사유가 지향하는 지점은 양 진영의 행동을 이해하고 공감하는 데에 있는 것이 아니라, 두 진영의 갈등을 야기시키고 종국에는 살인이라는 비극적 참상을 만들게 한 현 사회의 구조적 문제를 공격하는 데 있다. 아래의 표는 본고의 이해를 돕기 위해 희곡 〈페스카마〉의 주요 내용 및 사항을 정리한 것이다.

---

30) 임선빈, 「페스카마-고기잡이배」, 서울연극협회 엮음, 『2017 서울연극제 희곡집』, 지식을만드는지식, 2017, 269면.(이하 〈페스카마〉와 면수만 기재함)

〈표 1〉 희곡 「페스카마-고기잡이배」 장 분석

장제목	주요 사건 및 내용	시공간
1막 1장 남태평양	• 페스카마호는 남태평양 사모아에서 남쪽으로 약 200킬로미터 지점에서 항해 중. • 작업 미숙, 멀미, 언어 등 어업 작업에 힘들어 하는 조선족 선원들에 대한 한국인 선원들의 폭력과 불만. • 멀미하는 조선족 선원 김일진과 그 토사물을 김일진의 얼굴에 짓이기는 한국인 선원 갑판장.	18시 이후, 선미 하갑판 · 조타실 · 살롱 · 하급선원 침실
2장 물꽃	• 선원들의 일상. 기관장과 2기사는 직장 동료가 아닌 부자지간처럼 보임. • 친구 사이인 항해사와 기관사가 바다 위 물꽃[31]을 보고 대화.	낮, 선수 좌현현대 · 조타실 · 선미 하갑판 · 코파 · 조타실 지붕 · 선미 상하갑판 · 하급선원 침실
3장 양승	• 양승[32] 작업 중. • 빅아이, 옐로우핀, 알바코어, 스킵잭 등 다수의 어종을 대량 거둬 올림.	낮, 선미 하갑판 · 조타실 앞 상갑판 · 기관실
4장 야간 양승	• 낮부터의 양승 작업으로 지쳐 있는 조선족 선원들과 욕설과 폭력으로 작업을 명령하는 한국인 선원 혜또. • 거대한 A급 블루핀(참다랑어) 포획 실패로 한국인 선장은 조선족 선원 백남규의 뺨을 침. 하극상하는 백남규과 이에 동조하는 조선족 선원들.	밤, 하갑판 · 상갑판

---

31) 물꽃이란 "참치 떼가 원을 돌며 파장을 일으키며 물보라와 거품을 만들어 내는 것." 〈페스카마〉, 282면.

32) 양승이란 물속에 투하된 낚시나 줄을 어선 위로 끌어 올리는 작업을 뜻한다. 「수산업법 시행령」, 2021.

5장 피항	• 조선족 선원들의 하극상에 대한 징계위원회 개최 결정. • 낙뢰.	밤, 기관실 · 선장실 · 조타실 · 하급선원 침실 · 국장실 · 살롱
6장 징계 위원회	• 징계위원회 회의 개최. • 한국인 선원의 폭력 문제, 백남규의 과거 승선 내 폭력 이력 언급. • 강제 하선 시, 작업 인력 부족 및 조선족 선원들의 에이전트에 맡긴 보증금 문제 등 언급. • 처벌 수위에 대한 논의(용서 또는 강제 하선)	아침, 살롱
7장 강제 하선	• 조선족 선원 전원 강제 하선시키기로 결정. • 2항사는 조선족 선원들에게 징계위원회 결정 사항 전달. 저항하는 조선족 선원에게 2항사는 강제 하선 후 당할 불이익에 대해 전달. • 선장은 용서를 빌러온 조선족 선원들에게 강제 하선 이후에 해경 신고 및 조업 손실금에 대한 손해배상 청구를 할 것이라고 전달. • 그랜마 2호에서 실기사가 맹장염에 걸려 페스카마호에 편승해야 한다고 무전 연락.	아침, 조타실 · 선원 침실 · 기관사 침실 · 살롱
2막 8장 사모 항으로	• 선장은 그간 조선족 선원에 대해 인격적으로 대해준 기관사를 향해 비난함. • 선원 침실에서 조선족 선원들은 현 사태에 대해 모의 중.	밤, 부식 창고 · 하갑판 · 살롱 · 기관실 · 선원 침실 · 조타실
9장 바다로 간 사람들	• 조선인 선원들은 한국인 선원들을 선상 외부로 불러 차례로 살해함. • 선장, 국장, 갑판장, 기관장, 혜또 순으로 살인을 당하고, 살해 후에 이들 시신은 바다로 던져짐. • 손발 묶인 기관사와 항해사.	밤, 조타실 · 선수 좌현 갑판 · 선장실 · 조타실 · 국장실 · 우현현대 · 좌현 현대 · 어구 창고

10장 바다는 그냥 바다다	• 손 묶인 인도네시아 선원들과 실기사. • 2항사는 살인을 하지 않은 동료이자 조선족 선원인 김귀남에게 실기사를 살해할 것을 명령함. • 중국으로 무사히 돌아가기 위해 항해사과 기관사는 살려둠. 이 둘은 해경 신고와 조업 손실금은 조선족 선원들을 겁주기 위한 거짓말이었다고 밝힘.	아침, 조타실 · 선미 하갑판
11장 새로운 선장	• 페스카마호의 새로운 선장이 된 2항사. • 중국까지 가기에는 연료유 부족. • 그랜마 2호로부터 무전. 실기사 상태를 물음.	낮, 선원 침실 · 선원 식당 · 조타실
12장 이틀 후	• 사흘 넘게 단식하고 있는 기관사와 항해사. • 2항사는 조선족 선원들에게 중국에 입항한다고 해도 평생 도망자로 살아야 한다고 전함. • 2항사는 유족 보상금 지급을 기대하나, 기관사는 페스카마호의 목적지가 중국이 아니기에 그건 불가능하다고 함.	낮으로 추정, 선수 갑판 · 조타실
13장 다시 다음 날	• 2항사는 한국인의 조선족에 대한 차별과 모욕, 그리고 멸시 등의 문제를 비판. • 기관사는 조선족 선원들의 무지와 선원 교육시키지 않고 선원 송출을 시킨 조선족 사회 집단을 비판하며 자본주의 시장에서 능력에 따라 대우가 달라지는 것은 필연이라고 말함. 아울러 차별과 폭력이 살인을 정당화시킬 수 없다고 말함.	밤, 조타실 · 식당
14장 네이비 블루	• 김귀남과 인도네시아 선원들은 떨고 있음. • 김귀남에게 기관사를 살인하라고 명령. 저항하다 칼로 자신의 배를 찌르고 죽음. • 인도네이시아 선원 순다에게도 기관사를 죽이라고 명령. 순다는 칼을 바다에 던진 뒤, 바다로 투신 자살.	낮, 조타실 · 하갑판 ·

| 15장
에필로그 | • 출항 전. 출항 전 분주한 페스카마호의 상황.
• 조선족 선원들은 에이전트에서 임금 협상 실패한 뒤, 계약서를 작성.
• 2항사와 기관장의 사이좋은 모습.
• 출항 전 평화로운 페스카마호 | 낮과 밤,
선수 갑판 위 · 에이전트 사무실 ·
기 관 실 · 조 타실 · 식당 · 선미 하갑판 |

　본 희곡은 총 2막 15장으로 구성되어 있는데, 극의 전개는 본고 모두에 기술한 페스카마호 사건의 발달과 과정에 집중한다. 특히 1막에서는 사건 후반부 신문 저널에서 잠시 언급되었고 〈그것이 알고 싶다〉에서 본격화되었던 한국인 선원들의 차별적 상황에 집중해서 극이 전개되고 있다. 본 희곡이 2막으로 구성되어 있지만, 에필로그를 제외한 극 전개를 사건에 주목하여 세분화하면 크게 네 부분으로 나눠지는데, 첫째 한국인 선원의 폭력과 조선족 선원들의 1차 반란인 하극상(4장 '야간 양승'까지), 둘째 징계위원회의 처벌 및 이에 따른 조선족 선원들의 2차 반란인 살인 행위(9장 '바다로 간 사람들'까지), 셋째 조선족 선원들과 한국인 선원들(항해사와 기관사) 사이의 첨예한 갈등 및 입장차(13장 '다시 다음날'까지), 마지막으로 살인에 가담하지 않은 자들의 처리 문제(14장 '네이비블루'까지)로 나눌 수 있다. 즉 본 작품은 '차별과 폭력 → 살해 행위 → 각 진영의 갈등 및 주장' 등으로 전개되고 있다.

　본 작품은 1차 반란인 하극상이 벌어지기 전까지 조선족 선원들에 대한 한국인 선원들의 차별 및 폭력 행위를 적극적으로 극화한다. 외국인 노동자들의 작업 미숙은 가르침 내지 경고와 주의가 아닌 한국인 선원의 구타로 자행되며, 이러한 상황은 참다랑어를 놓친 사건과 이에 따른 선장의 구타로 인해 하극상이라는 조선족 선원들의 폭발로 이어진다.

여기서 주목할 점은 조선족 선원들의 폭발의 근저에는 한국인 선원들의 신체적 폭력뿐 아니라 언어를 통한 정신적 폭력까지 자리하고 있다는 점이다.

> 갑판장   **짱깨 새끼!** 죽고 싶나! 정신 똑바로 차리라! (김귀남을 발로 차서 민다.) 마! **김일진이 이 개새끼야!** 출항한 지 며칠쩬데 아직도 멀미질이고? 앙? 우쩨, 말도 지대로 안 통하는 **저 똥꼬 새끼들만도 못하냐!**
>
> (중략)
>
> 갑판장   (재빠르게 일어나 정신을 못 차리는 김일진이 바다에 빠지지 못하게 배 안쪽으로 잡아당겨 패대기친다.) 이런 쌍놈의 새끼가! (**김일지의 따귀를 때린다.**) 일도 제대로 못하는 새끼 공짜 밥 먹여 줬드마 다 쏟아! 도로 처먹으라, **이 짱깨 공산당 새끼야! (김일진이 토해 놓은 토사물을 얼굴에 범벅으로 칠한다.**)[33] (인용자 강조)

작업이 미숙한 조선족 선원들에게만이 아닌 승선에 익숙하지 못해 멀미를 하는 조선족 선원에게까지, 심지어 그 구토물을 해당 선원의 얼굴에 짓이기는 행태로까지 본 작품은 한국인 선원들의 폭력적 작태를 극화한다. 그리고 이 과정에서 외국인 노동자들은 저마다의 이름이 있음에도 불구하고 '짱깨, 공산당 새끼(조선족 선원), 똥꼬(인도네시아 선원), 개새끼' 등 모멸적인 방식으로 호명된다.

한국인 선원들의 조선족 선원들에 향한 인간 이하의 취급은 1차 반란

---

33) 〈페스카마〉, 274~276면.

인 하극상으로, 그리고 이에 따른 징계는 2차 반란인 조선족 선원들의 한국인 선원에 대한 살해 행위의 도화선이 된다. 조선족 선원들이 선장을 폭행함으로써 징계위원회가 열렸고, 그 결과 조선족 선원들은 강제 하선의 위기에 놓이게 된다. 강제 하선은 조선족 선원들의 생계를 위협하는 처사이다. 그 이유는 첫째로 더 이상 한국 배를 타지 못하고, 둘째로 한국 배를 타기 위해 에이전트에 맡겨둔 보증금을 돌려받지 못하며, 셋째로 이들은 선장 폭행에 대한 법적 절차를 받아야 하며, 끝으로 어업 손실에 대한 손해배상 청구를 받을 수 있다. 조선족 선원들은 자신들 앞에 놓인 위기상황을 선상반란, 즉 살인으로 해결한다.

조선족 선원들은 선장, 국장, 갑판장, 기관장 등을 차례로 살해한다. 모든 살인이 끝난 후, 조선족 선원들은 이 살인 행위에 대한 결과를 고민해야 한다. 더 이상 한국으로 돌아갈 수 없으며, 에이전트에 맡긴 보증금 또한 받을 수 없는 상황이다. 운신과 자본 모두 그들에게 유리한 상황이 아니다. 이에 조선족 선원들은 새로운 선장이 된 2항사를 중심으로 중국행을 택한다. 중국 앞바다에서 페스카마호를 침몰시킨 후 자신들은 죽음으로 처리하고 이로 인한 유족 보상금을 가족들이 받게 할 계획이다.

항해사와 기관사는 이들의 중국행을 위해 살려둬야 하는 인물이다. 이때 이 모든 살인을 계획한 조선족 2등 항해사와 외국인 노동자들에게 온정적 태도를 보인 기관사의 갈등이 그려진다. 이 갈등 과정에서 페스카마호 사건을 다룬 기왕의 미디어들에서 포착하지 않았던 또 다른 문제가 등장한다.

2항사   (전략) **우리는 중국 사람도 한국 사람도 아니었다.** 지금 우리에게 조국이 어디 있고, 한민족이 어디 있냐. 너희 한국 사

람들에게 거지처럼 빌붙어서 일신을 위해 궁핍한 생활을 벗
어나 보려고 발악해 대는 조선족만 있을 뿐이었다. **우리는**
우리가 한 민족 한 조국 사람이라고 생각했던 너희들에게
모욕과 멸시를 받을 것이라고 생각도 못해 봤다. 너희들이
내 마음을 어찌 알겠냐.

(중략)

기관사   너희들은 중국 사회에서 사는 사람들이다. 잠시 다른 사회로
돈을 벌기 위해 일을 하러 온 것이었다. **너희들에게 제대로**
된 선원 교육을 시키지 않고 선원 송출을 시킨 너희 사회 집
단의 중개인들이 지금 이 비극을 만든 장본이다.[34] (인용자
강조)

　다소 "설명적"이고 그런 점에서 갈등의 "긴장감을 떨어"[35]트리는 장
면이지만, 그간 이 사건을 다룸에 있어 드러나지 않은 현실 사회의 문제
점을 드러냈다. 우선 중국인도, 한국인도 아닌, "경계의 인간"으로서의
조선족의 처지를, 그리고 한국 사람들도 기피하는 산업 현장에서[36] 한국
사회의 필요에 의해 "배제적 통합의 대상"[37]으로서의 조선족의 현실을
드러낸다. 또한 폭력을 가한 한국인 선원과 살인을 저지른 조선족 선원
뿐 아니라, 차별적 상황을 야기하고 이를 방관한 현 사회의 구조적 문제

---

34) 〈페스카마〉, 332~333면.
35) 차근호, 「(좌담회) 서울연극제와 창작극」, 『한국희곡』 66, 한국극작가협회, 2017, 57
면.
36) 이러한 한국의 현실은 본 작품에서도 언급하고 있다.　기관장　(전략) 어데 사람이
나빠서 그랬겠습니까, 워낙에 여기 험한 데 아닙니까. 요새 노무선원으로 우리나라
젊은것들이 어데 배탈라고 합니까?(〈페스카마〉, 277면.)
37) 염운옥, 『낙인찍힌 몸』, 돌베개, 2019, 359면.

까지 〈페스카마〉는 폭로한다.

페스카마호의 비극은 선원들이 승선하기 전부터 예상된 결과라 할 수 있다. 외국인 노동자들을 향한 차별과 배제의 선험적 시선뿐 아니라 이를 방기한 사회 구조 및 시스템과 연류된 자들은 이 비극의 공범자라 할 수 있다. 〈페스카마〉는 이 사실을 폭로함으로써 페스카마호 사건에 대한 또 다른 사유지점을 관객들과 공유한다.

연극 〈페스카마〉는 희곡의 주제와 내용을 존중하면서 무대적 측면에서 작품의 메시지를 명확하게 드러냄과 동시에 관극의 측면에서도 집중력 있는 무대를 확보한다. 특히 본 연극이 작가와 연출이 동일한 작·연출작이라는 점은 희곡과 연극의 극 전개 및 메시지 측면에서 큰 변동 사항을 발생시키지 않는 이유이기도 하다. 단, 공간적으로는 희곡이 무대로 옮겨졌을 때 수정이 필요해 보인다. 앞서의 표에서 살펴봤듯이, 희곡에 나타난 공간은 매우 많은 편이다.

희곡 앞에 작가가 독자들의 이해를 돕기 위해 페스카마호의 도면을 실었는데, 도면에 등장하는 공간, 즉 희곡 작품의 배경이 되는 공간이 총 서른 네 곳이나 된다. 영화라면 이 모든 공간을 처리할 수 있으나, 공간적 한계가 명확한 연극에서는 이 모든 공간을 무대에서 보여줄 수가 없다. 이에 연극 〈페스카마〉는 조타실과 하갑판, 그리고 선원 침실만을 무대화한다. 조타실의 경우는 때에 따라 공간적 연출 변화를 최소화하여 연극적 약속에 의해 살롱 등으로 처리된다. 아래의 사진은 연극 〈페스카마〉의 무대이다.

[사진2] 연극 〈페스카마〉 무대(좌) 및 구타 장면(우)

〈페스카마〉의 무대는 위의 왼쪽 사진에서 보듯 수직적인 형태의 왼쪽 무대와 수평적인 형태인 오른쪽 무대로 나뉜다. 오른쪽 무대는 선미 하 갑판으로 주로 중국인과 인도네시아인 선원들이 노동하는 공간이며, 왼 쪽 무대는 조타실로 주로 한국인 선원들이 활동하는 공간이다. 이 이분 법적 구도의 무대는 여기서 다시 한 번 수직적으로 분할되어 두 진영의 권력 관계를 한층 더 강화시킨다.[38] 상층부의 선교는 한국인 선원들이 활동하는 공간이며, 하층부의 선원실 내지 침실은 외국인 선원들이 생 활하는 공간이다. 심지어 하층부의 공간은 한 번 더 분할되어 지하 공간 으로까지 들어간다. 이렇듯 〈페스카마〉는 무대를 끊임없이 분할하여 두 진영의 권력 관계를 분명히 하고 이 "등급화된" 인물 관계를 "시각화될 수 있도록 공간"[39]화함으로써 이에 따른 차별의 가능성을 관객들에게 무대를 통해 예상케 한다.

파놉티콘을 연상케 하는 감시 체계의 수직적 구도 속에서 조선족 선 원 및 인도네시아 선원들은 상층부의 한국인 선원들에 의해 일거수일투

---

38) 백두산, 「다문 입 〈페스카마-고기잡이배〉, 〈말 잘 듣는 사람들〉」, 『한국희곡』 66, 한 국극작가협회, 2017, 412면.
39) 조만수, 「(좌담회) 서울연극제와 창작극」, 『한국희곡』 66, 한국극작가협회, 2017, 57면.

족 감시를 받으며 노동한다. 단, 이 수직적 무대에서 한국인 선원들에게 포착되지 않은 공간이 있다. 그곳은 문 닫힌 지하 침실공간이다. 연극에서는 조선족 선원들의 살인행위가 무대에서 즉각적으로 실행되지만, 이들의 살인에 앞서 한국인 선원의 감시로부터 유리된 지하 공간을 통해 조선족 선원들이 선상 반란을 모의했음을 관객들은 충분히 유추해볼 수 있다.

연극 〈페스카마〉는 희곡의 여러 공간을 조타실과 하갑판, 그리고 선원 침실로 조정하고 이를 수직적 구도의 무대를 연출한다. 희곡의 전개가 '차별과 폭력(갈등의 원인) → 반란과 살인(갈등의 결과) → 양 진영의 입장(갈등의 해결)'으로 전개되고 있다는 점을 봤을 때, 연극 〈페스카마〉는 무대를 수직적 구도로 연출함으로써 차별과 각 진영의 상황 및 입장을 가시화하고, 무대 면적상 가장 많은 면적을 차지하고 있는 하갑판에서 많은 동선과 인물들의 움직임을 요구하는 갈등의 결과를 진행하고 있다. 아울러 이 개방된 무대에서 좀처럼 처리하기 힘든 조선족 선원들의 불만과 살해 계획에 대한 모의를 비가시화된 공간(선원 침실)으로 처리함으로써, 즉 이를 관객들이 상상할 수 있게 함으로써 갈등의 씨앗이 얼마만큼 깊숙하게 자리하고 있는지를 표현하고 있다. 즉 연극 〈페스카마〉의 무대는 작품의 전개 및 메시지를 언어가 아닌 무대라는 비언어적 표현을 통해서도 적극적으로 이야기하고 있다.

4. 페스카마호의 다음 정박지

본고에서는 1996년 발생했던 페스카마호 선상 반란 사건을 기록하고 극화한 저널, 탐사보도, 연극을 분석하였다. 사건 발생 당시, 본 사건은 '극악무도한 살인자=조선족 선원'에 주목하여 보도되었다. 이후 십년이 흐른 2006년 〈그것이 알고 싶다〉라는 탐사보도 프로그램을 통해 차별과 폭력을 당한 조선족 선원들의 목소리를 들을 수 있었다. 이어 또 다시 십년여가 흐른 시점인 2017년, 서울연극제 대상작인 〈페스카마〉는 앞서의 상황과 함께 차별을 야기하고 방치한 현 사회 구조 및 시스템까지 문제의 시각을 확장하였다.

여전히 조선족, 이주노동자에 대한 혐오와 차별은 존재한다. 인터넷에 조금만 검색해 봐도 이러한 기사를 쉬이 찾을 수 있으며, 최근(2022년) 가양역에서 일어난 20대 남성 납치 사건 기사의 댓글만 봐도 조선족에 대한 혐오들로 가득하다. 코리안 드림을 품고 한국행을 택한 이주노동자들의 현실은 '배제적 통합의 대상'으로서, 혐오와 배제, 그리고 "노예"[40]적 삶으로부터 싸우고 있다.

〈페스카마〉에서 기관사는 자본주의 시장에서의 인간관계는 인간의 사용 가치에 의해 불평등한 관계로 형성되고, 이에 차별은 당연한 것이라고 역설한다. 하지만 그의 논리는 2등 항해사의 "니가 말한 자본주의 사회 시민들은 자본을 위해서라면 사람을 개처럼 때리고 모욕하는 일도 당연한 차별이라고 가르치니?"[41]라는 인간에 대한 기본적인 존중, 그 질문 앞에 그는 답을 찾지 못하고 머뭇거린다. 〈페스카마〉는 한국인 선원

---

40) 버마 이주민 인권활동가인 소모뚜의 〈노예〉라는 시에서 이주노동자의 현실을 파악할 수 있다. "(전략) 다른 곳으로 이동은 했으나 성공하진 못했고,/되려 노예만 됐습니다./겁이 많으면 실패하고,/용감하면 왕이 된다는 속담이 있어서/나는 어머니와 동생들을 위해 용감하려 했습니다./하지만, 저는 노예만 됐습니다.(이하 생략). 소모뚜, 「함께 사는 달콤한 세상」, 『웹진 민연』 25, 2013, 25면.

41) 〈페스카마〉, 333면.

의 '폭력적 행위'와 중국인 선원의 '살해 행위'는 어떠한 이유로도 정당화될 수 없음을 분명히 한다. 그 이유는 인간은 어느 누구에게라도, 어떤 상황에서라도 존중받아야 할 존재이기 때문에 그러하다. 하여 인간에 대한 존중이 거세된 양 진영의 입장과 논리는 어느 누구도 설득하지 못한 채 계급 논리와 차별로 분할되어 인간이 사는 육지에 당도하지 못한 채 남태평양에 표류 중인 것이다.

〈페스카마〉는 페스카마호 선상반란이라는 특정 사건을 통해, 인간의 존엄성과 인간에 대한 존중을 이야기한다. 그리고 작품의 이러한 태도는 무대에서 자신의 부피를 키워나간다. 페스카마호 사건에 대해 모두가 주목하고 그 원인과 문제 극복을 함께 고민하고 있을 때, 어느 누군가는 이 고통 속에서 침묵해야 했다. 인도네시아 선원들이 그들이다. 앞서 〈페스카마〉는 페스카마호 사건을 극화하는 데 있어 실존 인물의 실명을 사용하지 않겠다고 말하였다. 허나, 이는 사실이 아니다. 1996년도 당시 한국인 희생자의 아픔과 중국인 선원의 잔인함에 밀려 인도네시아 선원들의 고통에는 그 누구도 주목하지 않았다. 심지어 피해자임에도 값싼 시한폭탄, 전과자로 분류하여 차별받는 위치에 서야 했다. 2006년도 상황도 별반 다르지 않았다. 2017년에 와서야 그들은 〈페스카마〉에서 자신의 이름으로 짧은 시간이나마 당시의 고통을 말할 수 있었다. 그런 점에서 페스카마호의 다음 정박지에서는 이들의 목소리가 들리기를 희망한다.

- 이주영, 「실화의 재연 양상 연구 – 〈페스카마–고기잡이배〉를 중심으로」, 『한국어문교육』 41, 고려대학교 한국어문교육연구소, 2022.

2부

치유와 낭만의 공간으로서 바다

6

함세덕의 독서체험과 바다 소재 희곡

이상우

1. 함세덕과 바다 체험 : 항도 인천과 함세덕

극작가 함세덕(咸世德)에게 '바다'라는 환경이 작품세계에 끼친 영향은 거의 절대적이라고 해도 과언이 아닐 것이다. 그는 출생, 성장의 시기에 바다를 접한 환경에서 자랐다. 항도 인천에서 태어나서 유년기를 목포에서 보냈고, 소년기와 청소년기를 인천에서 보냈으며 성인이 된 이후에야 서울로 이주하였다. 그의 유년기, 소년기, 청소년기에 있어서 바다는 주요한 체험 공간이자 놀이 공간으로 작용하였으며, 그러한 이유에서 그의 희곡에서 바다는 매우 중요한 소재로 활용되었다. 처녀희곡 〈산허구리〉(1936)를 비롯해서 대표적인 초기 희곡으로 꼽히는 〈해연〉(1940), 〈무의도 기행〉(1941)이 어촌이나 섬을 배경으로 삼은 작품이다. 이뿐만 아니라 중기 희곡으로 분류되는 〈흑경정〉(1941), 〈추장 이사베라〉(1942), 〈황해〉(1943), 〈발리섬 기행(バーリ島紀行)〉(1945) 등도 모두 어촌이나 해양을 소재로 한 작품들이다. 이렇듯 그의 초, 중기

희곡의 대표작들이 바다를 소재로 삼은 작품이라는 점은 명약관화한 사
실인데, 이러한 원인의 하나가 함세덕의 출생, 성장 배경이 인천과 목포
라는 항도(港都)인 점은 부인하기 어렵다. 어린 시절을 항구도시에서 보
냈기에 자연스럽게 바닷가와 섬마을은 그에게 있어 유년기, 청소년기의
문화적 체험 공간이 될 수밖에 없었을 것이다.

　함세덕은 1915년 5월 23일 경기도 인천부(仁川府) 화평동 455번지에
서 부친 함근욱(咸根彧)과 모친 송근신 사이에서 2남 3녀 중 장남으로
태어났다. 집안에서 불리어진 실제 이름은 함성달(咸聖達)이었다. 공식
적으로는 실제(實弟) 함성덕(咸聖德)을 포함해 2남 3녀라고 했으나 실
질적으로는 부친이 나주 군청에 주사로 근무할 때 강판심(姜判心)에게
얻은 아들 함금성(咸錦聖)[1]이 함세덕의 이복형으로 한 집에서 함께 살
았으므로 3남 3녀였다고 하는 것이 정확할 것이다. 함세덕은 태어난 지
불과 5개월 만인 1915년 10월에 가족과 함께 부친의 근무지인 목포부
(木浦府) 북교동 91번지로 이주하였다. 1924년 다시 인천으로 이주할
때까지 그는 9년간 목포에서 유년 시절을 보냈다. 그의 목포 유년 시절
에 관한 특별한 기록이 남아있지 않을 뿐 아니라 그의 작품에도 목포가
배경으로 전혀 등장하지 않는 것을 보면 태어난 직후부터 9세까지 살았
던 항도 목포는 그에게 특별한 기억으로 존재하지 않은 것으로 보인다.
그에게 목포는 너무 어린 시절의 경험이었기에 어렴풋한 기억의 공간으
로 남았을 것이다.

　함세덕은 1924년 4월 가족을 따라 고향 인천으로 돌아와 목포공립보

---

1) 함금성은 서울 중동학교를 졸업하고 조선의사검정시험에 합격하여 의사로 활동하였
　다. (「이념의 벽 앞에 잊힌 문인 함세덕·최학송」, 『신동아』, 2008.6. 참조)

통학교(인천 창영초등학교의 전신)에 2학년으로 전학하였다. 이때 함세덕과 그의 가족이 살았던 주소는 '인천부 금곡리(金谷里) 14번지'였다. 이때부터 1934년 인천상업학교를 마치고 경성의 일한서방 직원으로 취직할 때까지 약 10년 동안 그는 인천에서 소년기와 청소년기를 보냈다. 이 무렵 부친 함근욱은 인천에서 객주업(客主業)에 종사하였고, 생활 형편은 비교적 여유 있는 편에 속했다. 함세덕의 집안은 본래 인천에서 객주업에 종사해왔다. 함세덕의 조부 함선지(咸善志)는 이미 1890년대에 인천의 조선인 물산객주조합인 인천신상협회(仁川紳商協會)에서 임원으로 참여했을 만큼 인천 주요 객주의 일원이었다. 부친 함근욱이 나주, 목포에서의 관료 생활을 그만두고 객주업을 시작했다는 것은 가업을 계승한 것으로 해석할 수 있다.[2]

1929년에 함세덕은 인천상업학교(인천고의 전신)에 입학하였다. 당시 일본인이 다니던 인천시립상업학교(일명, 南商)와 조선인이 다니던 인천도립상업학교(일명, 北商)가 있었는데, 함세덕은 명문학교로 인정받던 '북상'에 입학하였고, 그가 5학년일 때 두 학교가 통합하여 인천상업학교가 되었다.[3] 상업학교 재학 시절에 그는 특히 연극과 문학에 큰 관심을 보였다. 당시 인천부 경정 238번지에 있는 애관(愛館) 극장을 자주 출입하며 연극과 영화 관람을 즐기는 것이 그에게 커다란 취미였다. 1924년에 일본인에 의해 건립된 애관극장은 700석 규모의 객석을 갖추고 주로 연극과 악극 등을 공연하거나 조선영화를 상영하였고, 조선인 관객이 많이 애용하던 극장이었다. 1921년에 인천부 신정 18번지에 객

2) 이희환, 앞의 글, 2010. 387~389면.
3) 오애리, 「새 자료로 본 함세덕」, 『한국극예술연구』 1, 한국극예술학회, 1991. 190면.

석 800석 규모로 건립된 표관(瓢館)극장이 주로 일본 연예물을 공연하고, 일본인 관객들이 자주 애용하였던 것과 매우 대조적이었다.[4] 이런 이유에서인지 상업학교 동창 이규문의 증언에 따르면 함세덕은 4학년 때(1932년) 졸업생 환송을 위한 연극 공연에서 대본 창작과 연출을 맡았다고 한다. 연극의 내용은 가난과 추위에 지친 조선 백성들이 간도로 떠나간다는 이야기였고, 제목이 〈아리랑 고개〉였다는 것으로 보아 함세덕의 창작이라기보다 박승희 작 〈아리랑 고개〉를 함세덕이 연출한 것으로 보인다.[5]

[그림1] 인천상업학교 시절 함세덕과 그의 친구들
(왼쪽부터 함세덕, 이규문, 김창진, 강영흠)

그는 상업학교 시절에 '4인조(四人組)'로 불릴 만큼 절친했던 강영흠,

4) 박노홍, 「한국극장사」, 『박노홍전집4』(김의경 · 유인경 편), 연극과 인간, 2008, 270~271면.
5) 오애리, 앞의 글, 192면.

이규문, 김창건 등과 함께 월미도, 용유도, 무의도, 팔미도 등 인천 부근
의 섬으로 어울려 다니며 캠핑을 즐겼고, 금강산 여행을 함께 하기도 했
다. 팔미도에서 종종 망둥이 낚시를 하러 가기도 했다.[6] 청소년기에 인
천 주변 섬과 어촌을 누비고 다녔던 경험은 특히 희곡 〈산허구리〉, 〈무의
도 기행〉, 〈해연〉의 창작에 중요한 모티브 역할을 하게 되었다.

2. 함세덕의 독서체험과 일한서방(日韓書房)

함세덕은 1934년 인천상업학교를 졸업하고, 경성 혼마치(本町)에 소
재한 일본인 서점 '일한서방(日韓書房)'에 점원으로 취업하였다. 인천상
업학교 졸업생들이 대체로 은행을 비롯한 금융업계에 취업하는 것이 일
반적 경향이었는데, 함세덕은 상업학교 출신으로는 다소 이례적으로 서
점에 취업하였다. 이는 상업학교 재학 시절에 문학과 연극에 심취했던
그의 성향이 작용했으리라고 보인다. 안정성과 장래성이 보장되는 금융
회사나 기업에 취직하는 것을 마다하고 서점에 취직한 것은 그의 문학
과 연극에 대한 열정과 무관하지 않을 것이다. 그는 실제로 서점 점원 시
기에 틈나는 대로 일본어로 씌어진 일본문학 및 외국문학 작품을 읽었
다. 타니자키 준이치로, 헨릭 입센, 존 밀링턴 싱의 작품을 탐독하였다고
하는데, 특히 해양문학과 희곡작품에 큰 관심을 보였음을 알 수 있다. 그
의 독서 성향은 다음과 같은 그의 희곡 대사를 통해 엿볼 수 있다.

---

6) 위의 글, 같은 곳.

진숙 (놀라며) 누나라니요? 형제가 없으시다드니?

세진 있었는데 죽었어요.

진숙 어쩌다가?

세진 아버지 사랑 덕택이라구 안 그래요?

진숙 아버지 사랑요?

세진 지금 살았으면 스물 하나니까 진숙이 누나보다 두 살 우이지요. 자기 육신은 이뻐두 이뻐 뵈지 않는다지만, 정말이지 그 누난 보면 볼수록 이뻤어요. (추억을 더듬는 듯) 밤과 바다를 사랑했구, **해양문학**을 사랑했구, 늘 촛불 켜구 방안에 혼자 있길 좋아했어요. 나두 누나한테서 첨으루 〈바다의 부인〉이란 비극을 읽게 됐구, 싱그라는 고독한 애란의 시인의 **바다와 어부와 섬에 관한 이야길** 읽어보게두 됐어요.

진숙 그런 따님을 왜 아버님께서…?

세진 말리는 연애를 했거든요. 아버진 대학 동창의 아들루 학위논문을 낸 엄이라는 자한테 시집을 보낼려구 하였지만, **바다를 좋아하는 누나는 상선학교를 나온 홍콩환 기관수를 사랑했어요.** 아버지 같은 인간은 자긴 남편 있는 입원환자한테 손을 내미는 무괴도덕 탈선을 하면서도 딸에겐 봉건적 인습을 강요하는 법이거든요. 도저히 그 기관수하구 결혼 못하게 될 줄 알자 눈이 다리까지 퍽퍽 뺏는 어느날 밤 작약도(芍藥島)란 조그만 섬 검정 바위에 올라 몸을 던지구 말았어요.[7] (인용자 강조)

〈해연〉은 인천 앞바다 팔미도를 배경으로 섬에서 우연히 만난 이부동

---

7) 노제운 편, 〈해연〉, 『함세덕문학전집 (2)』, 지식산업사, 1996, 44~45면.

복(異父同腹) 남매 진숙과 세진의 '이루어질 수 없는 사랑 이야기'를 그
린 낭만적 희곡이다.[8] 그런데 세진의 대사를 들어보면 이 작품에는 또
다른 '비극적 사랑 이야기'가 존재하고 있음을 알 수 있다. 그것은 무대
에는 직접 등장하지 않지만 "바다를 좋아하는" 세진의 누나가 상선학교
(商船學校) 출신의 홍콩환(香港丸) 기관수를 사랑했으나 아버지의 반대
로 결혼이 좌절되자 스스로 목숨을 끊은 과거의 사건을 의미한다. 그러
니까 〈해연〉에는 극의 표면에 드러나는 진숙과 세진의 비극적 사랑 이
야기와 극의 이면에 존재하는 과거사로서 세진 누나와 기관수의 비극적
사랑 이야기라는 두 개의 비극적 사랑 이야기가 중층적으로 겹쳐있다.
비극적 사랑 이야기를 중층화 함으로써 서사의 비극성을 강화시키고,
그러한 비극성의 원인이 된 어른(부모)의 폭력성을 강조하고자 한 것으
로 보인다. 소년(소녀) 주인공의 낭만적 의지가 어른의 폭력성에 의해
좌절됨으로 인해 발생하는 '순진무구(innocence)한 존재로서 아동의 희
생'이라는 비극성의 창출이 함세덕 희곡의 서정적 미학을 이루고 있는
데, 〈해연〉도 그러한 점에서 예외가 아니다.[9] 이면적 서사의 주인공인 죽
은 누나는 세진에게 커다란 정신적 영향을 끼친 것으로 보이는데, 그녀
는 바다를 사랑해서 해양문학을 좋아했고, 그 영향으로 세진은 헨릭 입
센의 〈바다의 부인〉, 존 밀링턴 싱의 〈바다로 가는 기사들〉과 같은 바다
를 소재로 한 희곡들을 읽게 되었다는 것이다. 바다를 좋아해서 의사 아
들과의 정혼을 거부하고 선원을 사랑하게 되었다는 세진 누나의 서사는

8) 〈해연〉은 1940년 1~2월에 발표된 『조선일보』 신춘문예 당선작 초판본과 1947년 6월
에 출간된 희곡집 『동승』(박문출판사) 수록 개작본이라는 두 개의 판본이 있다. 여기
서 인용한 텍스트는 1947년 개작본이다.
9) 이상우, 「함세덕과 아이들 : 가족로망스, 혹은 청년의 탄생」, 『한국극예술연구』 29, 한
국극예술학회, 2009, 98~100면.

헨릭 입센의 희곡 〈바다의 부인〉의 여주인공 엘리다가 미국인 선원을 사랑한 서사와 매우 흡사하다. 흥미롭게도 진숙과 세진의 비극적 사랑 이야기에도 〈바다의 부인〉에 나타난 모티프가 나타난다. 〈바다의 부인〉에서 섬의 등대지기 딸이었던 엘리다가 의사 반겔과 결혼한 것처럼 〈해연〉에서 팔미도 등대지기의 딸 진숙은 인천의 의사 아들인 세진과 사랑에 빠지게 되는 것으로 설정되어 있다.[10]

이밖에 함세덕의 희곡 〈산허구리〉에는 존 밀링턴 싱의 희곡 〈바다로 가는 기사들〉로부터 받은 영향이 크게 나타난다.[11] 〈산허구리〉에서 큰 아들과 사위를 바다에서 잃은 어머니는 바다에 고기잡이하러 나간 둘째 아들이 태풍을 만나 소식이 두절되자 불안과 공포에 휩싸인다. 마침내 둘째 아들은 시신이 되어서 돌아오고 어머니는 광기와 체념의 상태에 빠지게 된다. 마찬가지로 〈바다로 가는 기사들〉에서 바다에서 남편과 여섯 아들들을 잃은 모리야는 바다로 나간 막내아들 바틀리가 태풍을 만나서 돌아오지 못하자 불안과 초조함으로 떨게 되는데, 결국 마지막 남은 아들 바틀리마저 시신이 되어 돌아오자 모리야는 체념하며 운명을 받아들인다. 이뿐 아니다. 함세덕의 희곡 〈무의도 기행〉도 네덜란드 극작가 헤르만 하이에르만스의 해양극 〈어선 천우환〉으로부터 상당한 영향을 받고 씌어졌다.[12] 〈무의도 기행〉에서 두 형을 바다에서 잃은 소년 천명은 어선의 부자리가 썩었다는 소식을 듣고 승선을 거부하지만

---

10) 이상우, 「입센주의와 여성, 그리고 한국근대극」, 『현대문학의 연구』 25, 한국문학연구학회, 2005, 154면.
11) 장혜전, 「함세덕 희곡에 나타난 외국작품의 영향」, 『함세덕』, 연극과 인간, 2010, 84~92면.
12) 김모란, 「〈무의도 기행〉의 상호텍스트성 재고」, 『한국극예술연구』 61, 한국극예술학회, 2018, 110면.

부모와 외삼촌 공주학의 강압에 못 이겨 어선을 탔다가 악천후로 어선이 난파당해 죽게 된다. 한편, 〈어선 천우환〉에서 아버지와 두 형을 바다에서 잃은 바렌트는 어선 천우환의 늑재가 썩었다는 것을 알고 승선을 거부하지만 보스와 어머니의 강요로 배를 타고 바다로 나갔다가 악천후로 천우환이 파선되어 시신으로 돌아오게 된다. 두 작품이 인물 구성, 소재, 줄거리에서 매우 흡사하다는 점을 알 수 있다.

이렇듯 함세덕의 희곡에는 서구 해양문학 및 바다 소재 희곡의 영향이 매우 의미심장하게 나타난다. 그의 희곡 〈산허구리〉, 〈해연〉, 〈무의도 기행〉의 창작에는 서양의 바다 소재 희곡인 존 밀링턴 싱의 〈바다로 가는 기사들〉, 헨릭 입센의 〈바다의 부인〉, 그리고 헤르만 하이에르만스의 〈어선 천우환〉의 독서 체험이 큰 영향을 끼치고 있음을 부인하기 어렵다. 서양 희곡작품에 대한 독서 체험이 그의 희곡 창작에 밑거름이 되었다는 사실은 증언 자료를 통해 확인되고 있다. 원로연극인 이원경, 이해랑의 증언이 그것이다. 이원경은 인천상업학교 졸업 후에 함세덕이 경성 본정통(本町通)의 일한서방에 취직해서 일본어로 번역된 서양 희곡과 연극 관련 서적을 두루 섭렵하였다고 증언하였다.[13] 또 함세덕과 친분이 가까웠던 이해랑은 함세덕이 일한서방 점원 시절에 책 속에 파묻혀 지내면서 얻은 엄청난 독서량이 그의 희곡창작에 밑거름이 되었다고 회고하였다.

> 함세덕군은 그때 본정통(지금의 충무로)의 일한서방(日韓書房) 점원으로 있었다. 서점에서 일하면서 하여간 세계의 희곡을 두루 정독했다.

---

13) 유민영, 『한국현대회곡사』, 홍성사, 1982, 302면.

일본 작가의 현대극은 말할 것도 없고 그들의 고전극인 가부키(歌舞伎)까지 탐독했던 것이다.

나는 방학 때 서울에 와서 만나곤 했는데 함군의 집은 동숭동 옛 서울대 뒤에 있었다. 그 친구가 종로라든가 중심가에 나왔다 가려면 와룡동 우리 집을 지나게 돼 있어서 으레 만났다. 만나선 밤을 새우면서 연극 애기를 하고 술 먹으며 여러 날 한 방에서 같이 자기도 했다.

그렇게 나하고 열성적으로 연극을 통해 사귄 친구였는데 애기를 주고받으면서 나는 자신이 부끄럽게 생각된 적이 종종 있었다. 그 중 하나, 이 친구가 일본의 가부키를 애기하면서 岡本이란 작가의 〈수선사〉란 작품을 들었다.[14] 당시 그것은 파리에서도 공연된 일이 있었는데 나는 알지 못했던 것이다.

그밖에도 내가 못 읽은 愛蘭(아일랜드)극 여러 편도 함군은 정독을 해서는 화제로 삼는 것이었다. 내간에는 그때 세계적 공유의 문화유산이 될 만한 희곡들을 우선 읽었던 터였다. 한데 **이 친구는 왜놈들의 고전, 현대극은 말할 것도 없고 입센이며 오닐에 애란극까지 읽고 얘길 하는 것이다. 속으로 부끄럽기 짝이 없었다.** 나는 부모 돈 들여 일본에 소위 연극공부 하러 유학까지 간 놈인데, 아 이건 돈도 안 쓰고 서점에 다니는 친구 아닌가. (중략) 하여간 **그렇게 정성을 다해서 서점에서 책을 읽은 것이 우리가 돈 주고 일본유학 하며 대학에서 배운 것보다 더 많은 걸 공부하고 있었다는 데 놀라움을 금치 못했다.**[15] (인용자 강조)

1930년대 중반에 함세덕과 교분을 쌓으며 교류했던 이해랑은 당시 일

---

14) 오카모토 기도(岡本綺堂, 1872~1939)는 일본의 소설가, 극작가로 대표 희곡으로 〈슈센지 모노가타리(修善寺物語)〉(1918)가 있다. 여기서 〈수선사〉는 〈수선사 이야기(修善寺物語)〉의 오기, 혹은 약칭인 것으로 보인다.

15) 이해랑, 『허랑의 진실』, 새문사, 1991, 283~284면.

본에서 연극을 가르치던 유일한 대학인 니혼대학(日本大學) 예술과에
시 전문적인 연극 교육을 받았음에도 불구하고 일한서방 점원 함세덕
이 서점에서 독서체험을 통해 얻은 서양과 일본의 고전, 현대 희곡에 대
한 방대한 지식에 압도당해서 놀라움과 부끄러움의 감정을 갖게 되었다
고 술회하였다. 이러한 진술에 비추어 볼 때 함세덕의 외국문학 및 희곡
에 대한 독서 체험은 대부분 일한서방 점원 시절에 이루어졌으며, 그 독
서 체험의 수준은 일본의 고등교육기관에서 문학, 연극예술 분야의 전
공 교육을 받은 사람을 능가할 정도였던 것으로 보인다.

  그렇다면 함세덕은 어떠한 책들을 통해 일본 대학 출신의 이해랑을
압도할 만한 서양 희곡에 대한 지식을 얻었을까. 일한서방 점원 시기에
함세덕이 읽었을 것으로 추정되는 일본어 번역의 서양 희곡들은 대체
로 1920년대에 일본에서 간행된 세계문학전집, 또는 세계희곡전집 류
였을 것으로 보인다. 특히 1927년부터 1930년까지 세계희곡전집간행
회(世界戱曲全集刊行會)가 전40권 분량으로 간행한 『세계희곡전집(世
界戱曲全集)』(東京:近代社, 1927~1930)은 연극에 관심이 컸던 함세덕
이 탐독했을 가능성이 매우 큰 것으로 보인다. 전집 제9권 『애란극집(愛
蘭劇集)』(1928)에 존 밀링턴 싱(John Millington Synge)의 〈Riders To the
Sea(바다로 가는 기사들)〉가 마쓰무라 미네코(松村みね子)에 의해 〈海
に行く騎者〉라는 제목으로 번역, 수록되어 있고, 제28권 『입센집(イプ
セン集)』(1928)에 헨릭 입센(Henrik Ibsen)의 〈Die Frau Vom Meere(바
다의 부인)〉가 쿠스야마 마사오(楠山正雄)에 의해 〈海の夫人〉이라는
제목으로 번역, 수록되었고, 제36권 『벨기에 · 네덜란드 근대극집(白耳
義 · 和蘭 近代劇集)』(1928)에는 하이에르만스(Herman Heijermans)의
〈Op Hoop van Zegen(천우환)〉이 구보 사카에(久保榮)에 의해 〈天佑

丸)이라는 제목으로 번역, 수록되어 있기 때문이다.

이외에 함세덕이 서양 근대희곡에 대한 지식을 얻기 위해 읽었을 가능성이 높은 전집, 선집으로 1923~24년에 근대극대계간행회(近代劇大系刊行會)가 간행한 『근대극대계(近代劇大系)』(전16권), 1927~30년에 제일서방(第一書房)이 간행한 『근대극전집(近代劇全集)』(전43권), 그리고 1927~30년에 신조사(新潮社)가 제1차 전38권 분량으로 발행한 『세계문학전집(世界文學全集)』 등이 있다. 1920년대에 일본에서 세계문학전집류의 출간이 출판계의 커다란 조류가 되었고, 이러한 흐름을 타고 방대한 분량의 세계희곡전집 출간도 성행하였음을 알 수 있다. 이러한 방대한 문학전집, 희곡전집 출판의 유행은 1920~30년대에 내지(內地) 일본은 물론이고, 일본어가 통용된 식민지 조선, 대만에서도 지식 청년층을 중심으로 세계문학전집, 세계희곡전집의 독서열로 이어졌던 것으로 보인다.

1930년대 중반에 함세덕이 근무했던 일한서방은 당시 조선에서 최대 규모를 자랑하는 서점이었기에 당연히 일본어로 번역 출간된 세계문학전집 및 희곡전집을 보유하고 있었을 것이다. 일한서방은 제국 일본의 외지(外地)서점으로 한일합병 이전인 1906년에 조선 경성에 설립되었다. 1905년 을사보호조약 체결로 인한 일본의 통감부 설치 이후 조선 내에 재조(在朝) 일본인이 급증하자 일본들의 취미, 오락 인프라 수요 또한 폭증하게 되었고, 그러한 독서 취미문화 수요를 충족시키기 위해 대형서점 일한서방이 설립된 것이다.[16] 일한서방의 창립자는 모리야마

---

16) 신승모, 「조선의 일본인 경영 서점에 관한 시론: 일한서방의 사례를 중심으로」, 『일어일문학연구』 79, 한국일어일문학회, 2011, 324면.

요시오(森山美夫)로 일본의 양대 출판사로 불리는 도분칸(同文館) 창업
자 모리야마 아키라노죠(森山章之丞)의 동생이었다. 일한서방의 위치
는 재조 일본인의 거주 지역이었던 경성부(京城府) 혼마치(本町) 2정목
(二町目)(현재, 서울시 중구 충무로 2가)에 있었다.

[그림2] 설립 직후의 일한서방 외관(1908년)

당시 일한서방은 편집부, 출판부, 도서잡지부, 문방구부, 악기부, 기계
운동구부, 교육품부의 편제를 갖추고 있었다. 일한서방이 1908년부터
1941년까지 일본어 잡지『朝鮮』과 그 후신인『朝鮮及滿洲』를 발행하고
단행본 출판도 했으므로 편집부와 출판부를 설치했으리라고 보인다. 서
점의 편제로 볼 때 서적, 잡지류의 판매 이외에 문구, 악기, 운동기구, 교
육 기자재의 판매까지 폭넓게 취급하며 사업 영역을 확장했음을 알 수
있다. 혼마치 2정목에 위치한 일한서방은 혼마치 1정목에 자리 잡은 오
사카야고(大阪屋号) 서점과 서로 규모의 경쟁을 벌이며 경성의 양대 서

점으로 평가받았다.[17]

　일한서방은 문인, 지식인, 학생, 청년들에게 인기 있는 명소로 자리 잡은 것으로 보인다. 이광수의 장편소설 『무정』의 주인공인 경성학교 영어교사 "형식은 책을 사는 버릇이 있어 매삭 월급을 타는 날에는 반드시 **일한서방에 가거나 동경 마루젠 같은 책사**에 사오원을 없이 하여 자기의 책장에 금자 박히는 것이 붙는 것을 유일의 재미로 여겼었다. 남들이 기생집에 가는 동안에, 술을 먹고 바둑을 두는 동안에, 그는 새로 사온 책을 읽기로 유일한 벗을 삼았다."[18](인용자 강조)라고 서술되어 있는 것을 보면 당시 지식 청년들이 일한서방이나 동경 마루젠과 같은 대형서점에서 책을 사서 읽고 서가에 책을 모으는 것이 하나의 유행 취미가 되었다는 것을 알 수 있다. 인용한 소설의 구절을 보면, 특히 일한서방은 독서 취미를 가진 지식 청년들에게 '지식의 성소(聖所)' 같은 역할을 했던 것으로 보인다. 『무정』의 주인공 이형식과 같이 책을 사는 데 4, 5원씩 되는 큰돈을 투자하는 것을 아까워하지 않고 독서를 '유일의 재미'로 즐기는 학생, 청년들이 적지 않았던 것으로 보인다.

　상업학교 출신으로 미래 전망이 좋은 금융기관 취직을 마다하고 굳이 일한서방에 점원으로 취직한 것을 보면, 함세덕도 이형식 못지않게 책을 애호하는 독서 취미의 소유자였을 것으로 보인다. 그의 희곡 〈산허구리〉, 〈해연〉, 〈무의도 기행〉 창작에 존 밀링턴 싱의 〈바다로 가는 기사들〉, 헨릭 입센의 〈바다의 부인〉, 그리고 헤르만 하이에르만스의 〈어선 천우환〉 등 서양 희곡의 독서 체험이 큰 영향을 끼친 사실, 그리고 상업

---

17) 히비 요시타카, 「한반도에서의 일본어 서점의 전개」, 『동아시아의 일본어 잡지 유통과 식민지문학』, 역락, 2014, 63면.
18) 이광수, 「무정」, 『이광수 전집(1)』, 삼중당, 1971, 51면.

학교 졸업 후 함세덕이 일한서방에 취직해서 일본어로 번역된 서양 희
곡과 연극 관련 서적을 두루 섭렵하였다고 말한 이해랑의 증언을 미루
어 볼 때 일한서방 점원 시절 세계문학전집류를 통해 서양문학, 서양희
곡 독서에 함세덕이 심취했던 것으로 보인다. 이해랑의 증언으로 추정
컨대 해양희곡 〈바다로 가는 기사들〉과 〈바다의 부인〉, 〈천우환〉 등이
수록된 전 40권 분량의 『세계희곡전집(世界戱曲全集)』(世界戱曲全集刊
行會, 1927~1930)은 함세덕이 탐독했을 가능성이 매우 높은데, 당시 조
선의 양대 서점의 하나였다는 점을 참작하면 이는 일한서방 소장 도서
였을 가능성이 매우 크다. 당시 일한서방은 대형 서점답게 출판도서 시
장에서 수요가 큰 중등 교과서, 문부성 교과서, 총독부 교과서 등 국정
교과서 판매에 독자적 기반을 쌓고 경영해왔다.[19] 그밖에 법률서, 경제
서, 역사서, 지리서, 지도, 수학, 생물학, 식물학, 심리학, 교육서, 국문 및
국사, 수양서, 실업서, 한문서, 영문서, 독어사전, 조선어, 가정서, 부인 독
서물, 아동 및 부인잡지, 일본문학전집, 세계문학전접 등 폭넓은 분야의
서적과 잡지를 판매하였다. 오사카야고(大阪屋号)와 더불어 경성의 양
대 서점 중 하나로서 일한서방은 다종의 일본문학전집과 세계문학전집
을 소장, 판매하였고, 이러한 전집들이 함세덕의 독서 취미의 대상이 되
었을 것이다.

근대 사회에서 서점은 단순히 책을 판매, 소비하는 장소 이상의 의미
를 갖는다. 서점은 책을 만나는 공간이면서 동시에 사람을 만나는 공간
이기도 하다. 즉, 서점은 만남, 유통, 집장(集藏)의 공간으로서 의미를 갖
는다. 일본인 우치야마 간조(內山完造)가 경영하였지만 상하이의 중국

---

19) 히비 요시타카, 앞의 글, 63면.

인 문인, 정치인 등이 자주 드나들며 중국 지식인들의 회합, 교류의 장소
가 되었던 상하이 우치야마(內山) 서점의 경우가 그랬던 것처럼[20], 경성
의 일한서방에도 일본어를 습득한 식민지 조선의 문인, 지식인들이 자
주 왕래하고 교류하는 만남의 장소가 되었다. 일본인이 경영하고, 일본
어 서적, 잡지들을 판매하는 서점이었지만 일한서방을 드나드는 조선인
문인, 지식인들에게 조선인 점원 함세덕이 응대하는 경우가 많았을 것이
다. 이런 이유에서일까. 함세덕은 일한서방의 단골손님이었던 수필가이
자 번역가 김소운(金素雲)을 통해 극작가 유치진을 만나게 되었고, 이를
계기로 극작가의 길을 걷게 되었다. 함세덕이 한때 김소운이 경영한 아
동잡지 『목마』의 편집부원이 된 것도 일한서방이 맺어준 인연이었다.

3. 함세덕 희곡과 생존 현장으로서의 바다

　함세덕은 1936년 9월 『조선문학』에 희곡 〈산허구리〉를 발표함으로써
극작가로 입문하게 된다. 이후 1939년 동아일보 주최 제2회 연극콩쿨대
회에 극연좌(극예술연구회의 후신)의 참가작 〈도넘(동승)〉을 창작하였
고, 1940년 1월에 『조선일보』 신춘문예에 응모한 희곡 〈해연〉이 당선되
었고, 1941년 4월에는 함세덕 초기 희곡의 결정판이라고 할 수 있는 〈무
의도 기행〉을 『인문평론』에 발표하였다. 흥미로운 점은 그의 대표적인
희곡 중에 〈동승〉을 제외하고 나머지 작품들은 대개 바다를 소재로 한
작품이라는 점이다. 이를 다시 구분해보면 〈산허구리〉, 〈무의도 기행〉은

20) 위의 글, 50면.

바다를 생존을 위한 투쟁의 현장으로 살아가는 궁핍한 어민들의 이야기를 다룬 사실주의 작품이고, 〈해연〉은 서해 등대섬을 배경으로 빚어진 이부동복(異父同腹) 남매의 이루어질 수 없는 사랑 이야기를 다룬 낭만주의 작품이라는 점에서 차이점이 있다. 즉, 전자에서 그려진 바다가 '생존 현장'이라고 한다면, 후자에서 재현된 바다는 '낭만적 공간'이라고 볼 수 있을 것이다.

〈산허구리〉(1막, 1936)의 극중 장소는 '서해안 어느 한촌(寒村)'으로 설정되어 있고, 주요 인물들은 바다를 생활 터전으로 삼아 힘겹게 살아가는 가난한 어민들이다. 특히 늙고 가난한 어부 '노어부'와 그의 처, 분가한 딸 분어미, 둘째 아들 복조, 둘째 딸 복실, 막내아들 석이 등 한 가난한 어민 가족의 이야기를 초점화하여 식민지 조선 어민의 보편적 궁핍 현실의 단면을 제시하고 있다. 노어부의 가족은 서해에서 고기잡이를 나갔다가 풍랑을 만나 돌아오지 않는 둘째 아들 복조를 애타게 기다리고 있지만 결국 복조는 시신이 되어 돌아온다. 큰아들과 사위도 모두 바다에서 잃었기에 복조의 귀환에 대한 기대는 간절했고, 복조의 죽음이 안겨준 슬픔과 고통은 가혹한 것이었다.

노어부   (한참 바라보고 있더니 눈물을 닦으며 서러운 소리로 똑똑히) 몇 해 전에는 배도 서너 척 있었고, 그물도 동리에 뛰어나게 가졌더랬지. 배 팔고 그물 팔고 나머지는 뭐냐? 내 살덩이밖에 없었어. 그것도 다-못해서 다리 한쪽 뺏겼지. 고기잡이 3년에 자식 다-잡아먹는다는 것은. 윤첨지…[21]

---

21) 노제운 편, 〈산허구리〉, 『함세덕문학전집(1)』, 지식산업사, 1996, 57면.

석이　　(복실의 가슴에 안겨) 누나야. 어머니는 한 세상 참말 헛사셨
　　　　다. 왜 우리는 밤낮 울고불고 살아야 한다든?

복실　　(머리를 쓰다듬으며) 굴뚝에 연기 한 번 무럭무럭 피어오른
　　　　적도 없었지.[22)]

　어민 노어부는 고기잡이 생활에 배와 그물 등 자신의 재산을 잃었고,
상어에 물어 뜯겨 다리 하나를 잃었고, 두 아들과 사위의 목숨을 잃었다.
10대의 어린 소년, 소녀인 석이와 복실이는 학교도 다니지 못하고 해변
에서 조개를 잡으며 생계를 돕고 있지만 도저한 가난의 굴레로부터 헤
어날 길은 보이지 않는다. 가족들의 간절한 기다림에도 불구하고 복조
가 끝내 시신이 되어 돌아오자 어머니는 실성하고, 남편 없이 유복자를
키우며 도둑조개를 잡다가 수난을 당한 누나 분어미는 생존을 위해 항
구도시로 떠나고, 복실이와 석이는 자신들이 처한 불행과 비극의 원인
이 무엇인지 알아보겠다고 다짐한다. 노어부의 가족에게 바다는 고난과
고통에도 불구하고 불가피한 생계수단이고, 직면하고 있는 처참한 현실
이자 두려움과 회피의 대상인 것이다.
　〈산허구리〉는 아일랜드 극작가 존 밀링턴 싱의 희곡 〈바다로 가는 기
사들(Riders to the sea)〉(1904)로부터 큰 영향을 받은 작품으로 평가된
다. 〈바다로 가는 기사들〉은 마쓰무라 미네코(松村みね子)가 〈海に行く
騎者〉라는 제목으로 번역하여 『세계희곡전집』(東京:近代社) 제9권 『애
란극집(愛蘭劇集)』(1928)에 수록되었다. 〈산허구리〉와 〈바다로 가는 기
사들〉은 생활의 터전이 바다이고, 그 터전에서 가족들을 잃었고, 바다에

---

22) 위의 책, 59면.

나가 소식이 끊긴 아들을 기다리지만 결국 주검이 되어 돌아온다는 설정이 흡사하다. 뿐만 아니라 간절한 기다림에도 불구하고 아들이 시신이 되어 돌아왔을 때 나타난 어머니의 반응도 유사하다.

노라	**사람들이 들것을 들고 와요. 물이 뚝뚝 떨어지는 들것을 집 앞 돌바위 위에 내래놓고 있어요.**
캐슬린	(방금 들어온 여인들에게 속삭이는 소리로) 바틀리 오빠인가요?
여인	그래. 주님의 은총이 있기를.
	(두 여인이 들어와서 테이블을 중앙에 편다. 남자들이 바틀리의 시체를 들것에 담아 들어와 테이블에 놓는다.)
캐슬린	(여인들에게) 어떻게 하다가 이렇게 됐나요?
여인	그 잿빛 망아지가 요동을 하는 통에 오빠가 채여서 물에 빠졌다오. 나중에 시체만 파도에 밀려 갯벌에 닿았다네.
	(모리야, 테이블 머리에 가서 무릎을 꿇는다. **여인들 조용히 흐느끼며 몸을 좌우로 흔든다. 캐슬린과 노라는 반대편으로 가서 문가에 무릎을 꿇고 앉는다.)**
모리야	(머리를 들고 주변의 사람들이 보이지 않는 듯이) 이제 모두 떠나갔어. 바다는 더 이상 나를 괴롭힐 수 없게 됐어. 이제는 아무리 바람이 세차게 불고 파도가 요란히 친다 해도 밤을 지새며 기도드릴 필요도 없어졌어. 이제는 제성절 밤에 성수를 뜨러 갈 필요

도 없고 풍랑이 높아서 부인네들이 통곡해도 나하
곤 상관이 없어졌어. (노라에게) 노라, 찬장에 가서
성수를 가져와라. (노라, 성수를 가져다준다.)[23] (인
용자 강조)

**(이때 동리 사람들, 들것에 복조 송장을 태워 들어
온다. 물이 뚝뚝 떨어진다. 복실·분어미, 의아하
여 잠시 보고 있드니 달려들어 목 놓고 운다. 동리
사람들, 소래를 낮춰 힐끽힐끽 운다.)** (間)

처　　　　　(부엌에서 나오며) 웨들 우니?

분어미와 복실　어머니 복조에요.

동리 사람3　　쇠뿌리로 배 내다가 보니 범바위 틈에 꼈습니다.

처　　　　　물에서 죽은 놈이 복조뿐인가? 어떻게 복조라고 장
　　　　　　담해. (아무 관계없는 듯이 부엌으로 들어간다.)

　　　　　　(중략)

처　　　　　내가 맑은 물 떠놓고 수신께 빌었거던. 이것은 우리
　　　　　　복조 아니야. 내 정성을 봐서라도 이렇게 전신을 파
　　　　　　먹히게 안 했을 거야. 지금쯤은 너구리섬 동녘에 있
　　　　　　는 시퍼런 깊은 물속에. 참 거기는 미역냄새가 향기
　　　　　　롭지. 그리고 백옥 같은 모래가 깔렸지. 거기서 팔
　　　　　　다리 쭉-뻗고 눈감았을거야. 나는 지금 눈에 완연
　　　　　　히 보이는걸. 복조 배 우이로 무지개 빛 같은 고기가
　　　　　　숙-지나갔어. (눈앞에 보이는 환영을 물리치는 듯

23) 존 밀링턴 싱, 〈바다로 가는 기사들〉, 『현대의 명작 단막회곡선』(정진수 편역), 예니,
　　1985, 65~66면.

이 손으로 앞을 가리며) 눈감은 얼굴이 너무도 쓸쓸
하군. 이렇-게 (시늉을 하며) 원망스러운 얼굴이야.
불만스러운 얼굴이야. 다문 잎이 너무도 쓸쓸해.[24]
(인용자 강조)

　죽은 아들 바틀리와 복조를 실은 들것에 물이 뚝뚝 떨어지는 정황, 주
검을 대한 가족과 동네 여인들이 흐느끼고 슬퍼하는 상황은 두 작품이
매우 유사하다. 그러나 아들의 주검을 맞은 어머니의 반응과 태도는 다
소 차이가 있다. 바다에서 여섯 아들을 모두 잃은 어머니 모리야는 "바다
는 더 이상 나를 괴롭힐 수 없게 됐어. 이제는 아무리 바람이 세차게 불
고 파도가 요란히 친다 해도 밤을 지새며 기도드릴 필요도 없어졌어."라
며 오히려 마음의 평화를 얻고 체념과 달관의 태도를 보인다. 반면에 바
다에서 두 아들과 사위를 잃은 복조 어머니는 "내가 맑은 물 떠놓고 수신
께 빌었거던. 이것은 우리 복조 아니야."라며 끝까지 아들의 죽음을 인정
하지 않고 실성한 모습을 보인다. 〈바다로 가는 기사들〉의 모리야가 자
연과의 불가항력적인 싸움에서 운명을 받아들이며 내면적 평화를 얻는
여성의 모습을 보여준 것이라고 한다면, 〈산허구리〉의 복조 어머니는 생
존 투쟁의 장인 자연(바다)과의 싸움에서 패배를 인정하지 않고 끈질기
게 생존하려는 완강한 여성의 모습을 보여준 것이라고 할 수 있다.
　〈무의도 기행〉(2막, 1941)의 극중 장소는 인천 앞바다에 있는 무의도
(일명, 떼무리)의 퇴락한 어부 낙경의 집이다. 낙경의 가족으로는 그의
처 공씨와 막내아들 천명이 있으며, 어부인 첫째, 둘째 아들은 모두 바다

---

24) 노제운 편, 앞의 책, 56~58면.

에 고기잡이 나갔다가 풍랑을 만나 사망했다. 이 때문에 공씨는 마지막 남은 아들은 어부로 만들지 않으려 하고, 천명도 바다를 두려워하고 어떻게든 육지에서 일하고자 한다. 떼무리의 소학교에서 항상 1등을 놓치지 않던 수재소년이었음에도 육지로 나가 트럭운전수가 되기를 소망하지만 결국 무의도로 다시 끌려와 외삼촌 공주학과 부모에 의해 고기잡이배를 탈 것을 강요당한다.

> 천명　　**큰 성도 작은 성도 벌에서 죽었어요.** 큰 성은 조기사리 나갔다가, 덕적서 황서방이 배 등거리만 찾아왔고, 작은 성은 새우사리 나갔다가 댐마다리 밑에 대가릴 처박고 늘어진 걸, 누나하고 어머니가 끌어내 왔었어요.
>
> 주학의 처　　**그때 노대에 죽은 사람이, 어디 네 성들뿐이었든?** 떼무리서만 엎어진 낙배가 스무 척이 넘었고, 연평선 깨진 중선이 쉰 척이 넘지 않았냐?[25] (인용자 강조)

　바다에 대한 공포로 배 타기를 거부하는 17세 선병질 소년을 강압적으로 몰아붙여 고기잡이배에 태우려는 어른들의 폭력성이 드러나는 장면이다. 천명이 배 타기를 거부하는 것은 두 형을 죽게 만든 바다(자연)에 대한 원천적 공포심도 있지만 자기가 타고 나갈 배의 밑(부자리)이 헐어서 물이 샌다는 사실을 구주부의 폭로로 알게 되었기 때문이다. 궁지에 몰린 천명은 부엌에서 칼을 들고 나와 어른들에게 저항해보지만 결국 강압에 못 이겨 배를 타게 된다. 배를 타고 나간 천명은 자신의 두 형들처럼 풍랑을 만나 파선해서 죽고 만다. 천명이 탄 배의 결함이 난파

25) 노제운 편, 〈무의도 기행〉, 『함세덕문학전집(1)』, 지식산업사, 1996, 391면.

의 원인이 되었던 것이다. 그렇다고 천명의 죽음에 대한 책임이 어른들에게만 있다고 보기도 어려운 것이 그들에게 바다는 죽음의 장소이고, 공포의 대상이기도 하지만 생계를 위한 삶의 절박한 터전이기도 한 것이다.

함세덕의 어촌극 〈무의도 기행〉에는 네덜란드 극작가 헤르만 헤이에르만스의 희곡 〈천우환(Op Hoop van Zegen)〉(1900)이 상당한 영향을 끼친 것으로 평가된다. 〈무의도 기행〉의 중심 서사의 원형이 하이에르만스의 〈천우환〉에서 비롯되었으리라고 보는 것이 매우 타당해 보인다.[26] 구보 사카에(久保榮)가 번역하여 『세계희곡전집』 제36권 『벨기에 · 네덜란드 근대극집(白耳義 · 和蘭近代劇集)』(1928)에 수록된 〈천우환(天佑丸)〉 텍스트를 함세덕이 일한서방에서 독서를 통해 접했을 가능성은 상당히 크다고 본다. 일본에서 희곡 〈천우환〉은 신쓰키지(新築地)극단의 연극 〈범선 천우환(帆船天佑丸)〉(1934.4)과 신쿄(新協)극단의 연극 〈천우환(天佑丸)〉(1936.5)으로 각각 상연되었는데, 일본 극단의 상연 소식이 함세덕이 〈천우환〉에 관심을 갖게 하는 요인이 되었을 가능성도 배제하기 어렵다. 신쓰키지극단의 〈범선 천우환〉(4막)은 '신쓰키극단 주년 기념공연'으로 구보 사카에의 번역본을 하타 모토오(八田元夫)가 연출하여 1934년 4월 10일부터 22일까지 쓰키지소극장에서 공연되었다. 주인공 바렌트 역은 신쓰키지극단의 간판배우 마루야마 사다오(丸山定夫)가 맡았다.[27] 신쿄극단의 〈천우환〉은 번역자인 구보 사카에가 직접 연출을 맡아서 1936년 5월 16일부터 26일까지 쓰키지소극장에서 공

---

26) 김모란, 앞의 글, 136면.
27) 倉林誠一郞, 『新劇年代記』(戰中編), 東京:白水社, 1972. 22~24頁.

연되었다. 한국인 안영일(安英一)이 무대감독을 맡았고, 바렌트 역은 우노 쥬키치(宇野重吉)가 연기하였다.[28] 1930년대 중반에 일본의 유력 극단인 신쓰키지극단과 신쿄극단이 〈천우환〉을 두 차례나 상연했다는 것은 〈천우환〉의 작품성과 인기가 주목할 만한 것이었음을 말해준다. 희곡 〈천우환〉은 1900년에 네덜란드에서 처음 희곡으로 발표되어 꾸준하게 연극으로 공연된 작품이며, 1918년, 1924년, 1934년, 1986년에 각각 영화화되고, 최근(2019년)에도 뮤지컬로 제작, 공연되었을 만큼 네덜란드의 '국민 해양극'으로 꼽히는 작품이다.[29]

표제에 '해양극(海洋劇)'을 표방하고 있는 4막극 〈천우환〉은 2막극인 〈무의도 기행〉에 비해 작품의 규모가 훨씬 크다. 바렌트의 가족은 12년 전 아버지와 두 형을 바다에서 잃었는데, 보스는 바렌트를 천우환에 태우려고 하고 바렌트는 배를 타지 않으려고 저항한다.(1막) 강압에 못이긴 바렌트는 승선하기로 서명하는데 목수 지몬이 천우환의 늑재가 썩은 것을 폭로하자 겁에 질린 바렌트는 도망을 치지만 결국 끌려가 배를 타게 된다.(2막) 천우환이 출항한 뒤 악천후로 바렌트의 가족은 불안과 공포에 휩싸이는데(3막), 마침내 출항한 지 두 달 후에 바렌트는 시신이 되어 돌아오고 가족들은 오열한다.(4막) 2막극 〈무의도 기행〉의 서사는 4막극 〈천우환〉의 제1, 2막의 서사골격과 매우 유사하며, 〈천우환〉의 제3, 4막에 해당하는 부분은 〈무의도 기행〉에서 '낭독' 부분으로 축약 처리되었다고 볼 수 있다. 이렇게 볼 때, 〈무의도 기행〉은 일본의 구보 사카에의 번역본을 통해 네덜란드의 해양극 〈천우환〉으로부터 자신의 의사에 반

---

28) 倉林誠一郎, 上揭書, 165~166頁.
29) https://www.musicalweb.nl/musicals/op-hoop-van-zegen 참조.

하여 배를 타고 바다에 나가 죽게 되는 소년(청년)의 비극적 서사를 효과적으로 원용한 작품이라고 볼 수 있다.

4. 함세덕 희곡과 낭만적 공간으로서의 바다

함세덕의 희곡 〈해연(海燕)〉(1막2장, 1940)[30]은 "사면일대, 암초에 둘러싸인 서해안의 어느 섬"을 배경으로 삼고 있다. 〈해연〉의 등장인물로 등대지기와 그의 딸 진숙, 안의사와 그 부인, 그 아들 세진, 그리고 윤첨지 등이 있다. 그런데, 희곡을 잘 읽어보면 윤첨지가 진숙에게 "팔미도 등대지기한테 과년한 딸이 있다는 소문은 근방 섬에서 모르는 사람이 없어."라는 대사를 하는 대목이 나온다. 이를 통해 〈해연〉의 극중 장소는 '인천 팔미도'라는 사실을 알 수 있다. 서로 사랑의 감정을 품고 있는 이부동복(異父同腹) 남매 진숙과 세진 대(對) 이들의 사랑을 가로막는 등대지기(진숙의 아버지)와 안의사 부부(세진의 부모)로 인물 구도가 크게 양분되고, 진숙과 세진의 이루어질 수 없는 사랑으로 인해 빚어진 비련의 서사가 인천 팔미도를 배경으로 펼쳐진다는 점에 이 작품의 특징이 있다. 그렇게 볼 때, 〈해연〉은 팔미도라는 섬을 배경으로 전개되는 낭만적 비극에 해당하며, 이때 팔미도라는 등대섬은 두 남녀의 이루어질 수 없는 비련의 이야기가 펼쳐지는 낭만적 공간의 역할을 하게 되는 셈이다. 그러한 점에서 볼 때, 〈산허구리〉와 〈무의도 기행〉에 나타난 바다

---

30) 여기서 텍스트로 삼은 〈해연〉의 판본은 『조선일보』 신춘문예 당선작 초판본 (1940.1.30.~2.9)이다.

가 생존과 생활을 위한 투쟁의 공간이었다고 한다면 〈해연〉의 바다는 사랑과 이별이야기가 펼쳐지는 장소로서 낭만적 공간의 역할을 한다고 말할 수 있다.

함세덕 희곡의 주인공이 대개 소년, 혹은 청년인 경우가 대부분인 것처럼, 〈해연〉의 주인공도 10대 소년, 소녀인 세진과 진숙이라 할 수 있다. 팔미도 등대지기의 딸 진숙은 폐병으로 섬에 요양 삼아 온 소년 세진과 가까워지고 서로 사랑의 감정을 갖게 된다. 세진의 스케치북과 일기장을 통해 두 사람의 관계를 알게 된 안의사가 등대섬을 방문해서 진숙의 아버지(등대지기)를 만남으로써 두 사람의 관계가 알려지게 된다. 그러나 아버지들의 반대에도 불구하고 두 사람에게 저항의 의지를 일깨워 주는 두 개의 서사가 존재하고 있었으니 하나는 문학과 예술을 좋아하고 그림공부를 하는 청년을 사랑했으나 아버지의 반대로 자살한 세진 누나의 서사이고, 다른 하나는 애인이 있는 자기 딸을 청루에 팔아먹고 딸의 애인으로부터 두고두고 비난받고 후회하는 윤첨지의 서사가 있다. 즉, 부모의 극력반대에 의해 불행해진 세진 누나와 윤첨지 딸의 서사는 진숙과 세진이 부모의 반대의지에 자신들의 운명을 맡기는 것이 얼마나 어리석은 선택인가를 반증해주는 사례가 되는 것이다.

그러나 세진, 진숙의 이러한 저항 의지는 결국 안의사 부인이 나타나 두 사람이 이부동복 남매라는 사실이 명확해짐에 따라 물거품이 되고 만다.

세진   (따라 올라가려는 진숙을 붙들고) 누나.

진숙   (조용히 뿌리치며) 그대루 가세요. 도저히 우린 같이 될 수 없는 숙명이 있나 보군요.

세진	누나가 가라면 가지만 우린 어젯밤 그 머리카락이 썩지 않는 한 언제까지든지 끊어질 수 없어요.
진숙	만나구 얘기하구 해야만 맛이겠어요. 서루 떨어져서 속으루 사랑하는데야 누가 말리겠어요.
	(세진, 부를 따라 좌안으로 나간다. 부인, 잊어버린 거나 있는 듯 당황히 다시 나오더니 진숙의 손을 꼭 쥐고 떨리는 목소리로)
부인	잘 있어요.
진숙	(솔직하게 애정을 받으며) 네, 안녕히 가세요.
	(중략)
등대지기	(신음하는 듯 나직이) **지금 왔든 이가 사실은 너를 난 어머니란다.**
진숙	어머니요?
등대지기	갈 때 네 손을 붙들구 부르르 떨지 않든? **그러니 세진이는 네 친동생이다.**
진숙	(부의 가슴을 두드리며) 아버, 아버지, 아버지.[31] (인용자 강조)

전직 교장이었던 등대지기는 학교 건축 기부금 5000천원을 복막염에 걸린 아내의 수술비로 급히 썼다가 갚지 못하고 공금횡령죄로 감옥에 가게 되었고, 그 사이에 아내는 어린 진숙을 버리고 병원 의사(안의사)와 재혼해서 세진을 낳게 되었다는 사실이 모두 밝혀지게 된 것이다. 두 사람의 친모가 등장함으로써 진숙과 세진이 "도저히 같이 될 수 없는 숙

---

31) 노제운 편, 〈해연〉,『함세덕문학전집(1)』, 지식산업사, 1996, 141~142면.

명"이라는 사실이 자명해지게 된 것이다. 진숙과 세진의 숙명적 비련의 서사가 등대섬 팔미도를 배경으로 펼쳐진다는 점에서 〈해연〉은 등대섬 이라는 장소를 배경으로 한 낭만적 비극이라는 특징이 잘 드러나는 작품이다.

흥미로운 점은 〈해연〉이 입센의 이른바 '노라 3부작'이라고 할 수 있는 〈인형의 집〉, 〈유령〉, 〈바다의 부인〉, 세 편의 희곡을 골고루 차용한 작품이라는 점이다.[32] 작품의 전반적인 배경이나 인물 구성은 〈바다의 부인〉에 근간을 두고 있고, 집을 나간 아내의 모티프는 〈인형의 집〉을 차용하였고, 젊은 남녀의 이루어질 수 없는 사랑의 모티프는 〈유령〉에 영향을 받았다고 할 수 있다. 등대지기(전직 교장)의 부인이 공금횡령죄로 감옥에 간 이후 남편을 떠나 다른 남자의 아내가 된 서사는 〈인형의 집〉에 나타난 노라의 가출 서사와 유사하고, 등대지기 딸 진숙과 안의사의 아들 세진이 이부동복 남매여서 사랑을 이룰 수 없는 서사는 〈유령〉에서 이복남매인 오스왈드와 하녀 레지네의 이루어질 수 없는 사랑의 서사와 흡사한 점이 있다. 그러나 이러한 점은 〈해연〉이 〈바다의 부인〉에서 영향 받은 부분에 비하면 부수적이라 할 수 있다. 〈바다의 부인〉에서 등대지기 딸 엘리다는 의사 반겔 박사와 결혼하지만 바다의 신비한 마력에 끌려 바다를 동경하며 살아가는 인물이다. 그녀는 남편 반겔 이외에 반겔의 친딸 블레타와 힐다와 함께 살고 있으며, 그들의 주변에는 블레타에게 청혼한 교장 안홀름, 젊은 조각가 링스트란트, 화가 발레스테드 등이 있다. 그녀에게 어느 날 바다와 같은 매력을 지닌 옛 약혼자(미국인 선원)가 찾아오자 마음이 흔들리게 된다. 남편과 옛 약혼자 사이에

---

32) 이상우b, 앞의 글, 153면.

서 번민하던 엘리다는 마침내 남편 뱐겔 박사가 그녀에게 자유의지를 주겠다고 선언하자 마음을 돌려 남편 곁에 남기로 결심한다.

〈바다의 부인〉과 〈해연〉의 극중 서사는 다소 차이가 있지만, 인물 구성에서는 유사점이 많다. 〈해연〉의 등대지기와 그 딸 진숙은 〈바다의 부인〉의 등대지기와 그 딸 엘리다의 관계와 유사하다. 〈해연〉의 안의사와 그 부인의 관계와 마찬가지로 〈바다의 부인〉에서 엘리다는 생계를 위해 의사인 뱐겔 박사와 결혼했다는 점이 유사하다. 〈해연〉의 등대지기가 뱐겔의 딸에게 청혼하는 인물과 마찬가지로 교장이라는 직업을 가졌다는 점, 〈해연〉의 세진이 발레스테드처럼 화가지망생이고, 링스트란트처럼 병약한 청년이라는 점도 유사한 점이다. 이러한 점을 볼 때, 함세덕의 〈해연〉[33]의 창작에 입센의 〈바다의 부인〉, 더 나아가 〈인형의 집〉, 〈유령〉의 독서체험이 끼친 영향을 부인하기는 어렵다.

번안 작품이고 대본이 남아있지 않은 작품이지만 낭만적 공간으로 바다가 재현된 함세덕 희곡으로 〈흑경정(黑鯨亭)〉(5막, 1941)이 있다. 〈흑경정〉은 프랑스 극작가 마르셀 파뇰의 희곡 〈마리우스〉(1929)를 함세덕이 번안, 각색하여 극단 현대극장 제2회 공연(만주사변 10주년 기념공연)으로 1941년 9월 21일부터 23일까지 경성 부민관에서 상연된 작품이다. 〈흑경정〉은 원작 〈마리우스〉의 배경인 프랑스 남부 항구도시 마르세이유를 인천으로 바꾸고 "항구에 사는 한 청년이 바다를 그리워하고 태양이 빛나고 종려수 우거진 남방(南方)을 그리워하여 이 사랑과 가정도 다 버리고 떠나가는 웅장한 기개를 그린"[34] 작품이라고 알려져 있다.

---

33) 〈해연〉은 1940년 11월22일 극단 고협에 의해 이서향 연출로 동양극장에서 공연되었다.
34) 함대훈, 「국민연극의 방법론」, 『춘추』, 1941.12. (양승국 편, 『한국근대연극영화비평

항구의 기적 소리가 구슬프게 들려오는 오는 부두에서 청춘 남녀의 사
랑 이야기가 펼쳐지고, 종국에는 바다와 남방을 그리워하는 청년이 연
인과 가정을 모두 버리고 바다를 향해 떠나간다는 결말을 보여준다. 이
러한 낭만적 요소 때문에 〈흑경정〉은 국민연극을 지향하는 극단 현대극
장의 제2회 공연작이었음에도 불구하고 국민연극적 요소가 부족하다는
지적과 비난을 받기까지 했다.[35] 그러나 남방(남양)에 대한 동경이라는
작품의 주제는 대동아공영권 건설과 남양(南洋) 진출이 시대적 과제였
던 당시 제국 일본의 태평양전쟁 상황에서 매우 유용한 주제일 수 있었
다. 따라서 굳이 전쟁목적극적인 요소를 담지 않고 남양에 대한 동경을
표명하는 주제의식만으로도 충분히 국책에 호응하는 국민연극이 될 수
있었다고 할 수 있다.[36]

　〈흑경정〉의 원작인 파뇰의 〈마리우스〉는 이미 일본에서 1939년 2월
에 〈창해정(蒼海亭)〉〈4막〉이라는 제목으로 상연된 바 있다. 극단 분가쿠
자(文學座)의 제5회 시연 작품으로 프랑스 문학번역가이자 연출가 이와
타 토요오(岩田豊雄) 연출로 1939년 2월 24일부터 27일까지 히코우칸
(飛行館) 극장에서 상연되었다. '순전한 번역극도 아니고, 또 번안극도
아닌 애매한 연극'이었다고 하는데, 그럼에도 불구하고 등장인물의 이
름이 마리우스, 세잘, 파니스 등 프랑스식으로 되어 있는 것으로 보아 번
안극보다는 번역극에 가까운 작품으로 보인다.[37] 흥미로운 점은 극단 현
대극장이 파뇰의 〈마리우스〉를 번안, 각색한 연극 〈흑경정〉의 제목을 본

　　자료집』(12), 태동, 1991, 405면.
35) 위의 글, 같은 곳.
36) 이상우, 「현대극장 시절의 함세덕과 〈황해〉」, 『근대극의 풍경』, 연극과 인간, 2004,
　　194~195면.
37) 倉林誠一郎, 上揭書, 301頁.

래 〈창해정〉이라고 정해서 인천 애관(1941.8.29.~30)과 영등포 연예관 (1941.9.1.~2)에서 먼저 상연하였다는 점이다. 1941년 9월(21~23일) 경성 부민관 공연 때부터 작품 제목을 〈흑경정〉이라고 변경하게 된 것이다. 이는 〈흑경정〉이 처음부터 파뇰의 원작 〈마리우스〉를 조선적 환경에 맞게 번안, 각색한 작품이었던 것이 아니었을 가능성을 말해준다. 즉, 애초에 〈마리우스〉를 소극적 수준으로 각색한 분가쿠자의 연극 〈창해정〉을 모방했다가 나중에 더 높은 수준의 번안, 각색을 취했을 가능성이 있다. 인천과 영등포 공연에서 일본 연극 〈창해정〉을 모방하여 상연하다가 번역극에 가까운 작품에 대해 관객의 반응이 좋지 않자 경성 부민관 공연에서부터 작품 배경을 인천으로 바꾸고, 인물들을 한국인으로 설정한 번안극으로 상연했을 가능성이 크다고 보인다. 외국 작품을 생경한 번역극 형태로 공연하기보다 식민지 조선 관객의 수준에 맞춰 '조선적으로 소화'하는 번안극 형태의 공연방식을 택한 것으로 판단된다.

5. 함세덕의 '바다'와 남은 과제

이제까지 우리는 함세덕의 바다체험과 독서체험이 희곡 창작과 어떠한 연관을 갖고 있으며, 희곡 작품에 바다 모티프의 양상이 어떻게 나타나는지에 대해 희곡 〈산허구리〉, 〈무의도 기행〉, 〈해연〉 등의 분석을 통해 살펴보았다. 함세덕 희곡에 바다 모티프가 유난히 많이 나타나는 것은 첫째, 항도 목포와 인천에서 유년기, 소년기, 청소년기를 보냈던 함세덕의 출생, 성장과정의 환경이 큰 영향을 끼친 것이라고 할 수 있다. 특히 청소년기(인천상업학교 시기)에 가까운 친구들과 어울려 월미도, 용유도, 무의도, 팔미도 등 인천 지역의 섬을 다니며 캠핑, 낚시 등을 즐겼던 문화적 체험이 커다란 영향을 끼쳤으리라 생각된다. 둘째, 인천상업학교 졸업 후 경성의 일본인 서점 일한서방에 점원으로 일하면서 일본어로 번역된 세계문학전집, 세계희곡전집에 수록된 서양 희곡작품을 탐독했던 체험이 그의 바다 소재 희곡 창작에 큰 영향을 미친 것으로 보인다. 특히 존 밀링턴 싱, 헨릭 입센, 헤르만 하이에르만스 등의 바다 소재 희곡, 해양극으로부터 받은 영향이 매우 컸다는 사실을 작품들의 비교 분석을 통해 살펴보았다. 함세덕의 바다 소재 희곡 〈산허구리〉, 〈무의도 기행〉, 〈해연〉 등의 분석을 통해 그의 희곡에 나타난 바다는 크게 생존 투쟁의 공간과 낭만적 공간의 양태로 대별되고 있음을 알 수 있었다.

　그러나 본고에서 미처 다루지 못한 바다 소재 희곡으로 〈추장 이사베라〉(1막)(『국민문학』, 1942.3), 〈황해〉(4막)(1943.11. 극단 현대극장 공연), 〈발리섬 기행(バ―リ島紀行)〉(『국민문학』, 1945.5)과 같은 작품이 남아 있다. 물론 이 중에 〈황해〉는 〈무의도 기행〉의 개작이고, 〈발리섬 기행〉은 〈추장 이사베라〉의 개작이므로 본고에서 전혀 다루지 못한 바다 소재 작품은 태평양 전쟁기 인도네시아 발리섬 원주민 이야기를 다룬 〈추장 이사베라〉뿐이라고 볼 수도 있을 것이다. 그러나 작품 수가 중요한 것 아니라 이 세 편의 희곡이 갖고 있는 전쟁기 친일 목적극으로서 '해양극(海洋劇)', '남양극(南洋劇)'의 창출이라는 점일 것이다. 정리하자면, 〈무의도 기행〉을 개작한 〈황해〉는 인천 무의도의 빈한한 어촌 마을로 제한되어 있는 원작의 공간을 '황해 연평 바다의 용유환 선상'으로까지 확장하고 어선 용유환 세트를 무대에 직접 등장시켜 해상 사고의 위기와 극복 장면을 재현하는 서사를 제시하는 '해양극'의 양상을 보여

주었다.[38] 또 〈추장 이사베라〉와 개작본 〈발리섬 기행〉은 사실상 해전(海戰)의 성격을 띠고 있는 태평양 전쟁기에 발리섬이라는 남양(南洋) 지역을 배경으로 반서구적 대동아연대의 서사를 제시한 '남양극'이라는 점에서 의미심장한 것이라고 할 수 있다. 따라서 세 작품은 이 자리에서 논의하기보다 태평양 전쟁기 함세덕의 '해양극'과 '남양극'이라는 관점에서 별도의 논의가 필요하다고 생각된다.

– 이상우, 「함세덕의 독서체험과 바다 소재 희곡에 대한 일고찰」, 『해양문화재』 16, 국립해양문화재연구소, 2022.

---

38) 이상우a, 앞의 글, 196~200면.

7

뮤지컬에서 그려진 현실 도피와 성장통의 공간

: <여신님이 보고 계셔>, <전설의 리틀 농구단>, <무인도 탈출기>

정 명 문

1. 뮤지컬과 바다 소재 작품의 흐름

우리 지형은 바다에 둘러싸여 있지만, 바다와 인접 공간을 대상으로 한 작품들은 손에 꼽을 정도이다. 바다가 배경이 된 작품들은 초기에는 어촌의 궁핍 혹은 현실의 폭압을 보여주다가 차차 섬과 바다를 상징적으로 그려내는 방식으로 변경되었다.[1] 희곡은 단일 무대로 장면, 행동을 표현하기도 하고 대화로 공간을 함축하는 장르적 특성을 지닌다. 또한 작품에서 드러난 공간은 세계의 일부분이기에, 관객에게는 보이지 않으나 등장인물의 행동에 의해 암시되는 함축적 공간도 존재한다.[2] 이러한 특성을 감안하더라도, 공연 과정에서 바다를 무대에서 구현하기는 쉽지 않았고, 대부분 대화로 처리되곤 하였다.

---

1) 바다 소재 희곡 연구와 연구사는 김남석, 「한국 희곡 연구에 나타난 해양 관련 담론 연구」, 『인문사회과학연구』 12-2, 부경대학교 인문사회과학연구소, 2011 참조.
2) 시모어 채트먼, 한용환 옮김, 『이야기와 담론』, 푸른사상, 2003, 123면.

　한국 뮤지컬에서 '바다'는 연극과 다른 경향을 보인다. 뮤지컬의 시작 단계에서 창작된 〈살짜기 옵서예〉(1966)와 〈바다여 말하라〉(1971)에서 바다는 이국적인 풍경 혹은 활약상을 큰 스케일로 드러내고자 하였다. 〈바다여 말하라〉의 경우 청해진을 건설하고 변방의 해적을 평정하는 등 주요한 배경이 바다와 직접적인 관계가 있어서 배가 뜨고 지는 후면 무대 세트로 주목을 끌기도 하였다.[3] 그러나 이후 바다를 배경으로 다룬 대형 창작 작품은 찾아보기 어렵다.

　'바다'를 소재로 한 작품들은 2010년 이후 소극장 뮤지컬에서 꾸준히 창작되고 있다. 소극장 뮤지컬은 중소 규모의 무대와 객석(200~500석)을 보유한 극장에서 공연되기에 무대 전환이 잘 이루어지지 않고 한 배우가 다양한 배역을 맡는 등 연극적인 특성을 많이 가지고 있다. 바다를 다룬 작품들의 시공간을 살펴보면, 외국(〈모비딕〉, 〈해적〉)[4], 일제 강점기(〈사의찬미〉, 〈스모크〉)[5], 6·25 전쟁(〈여신님이 보고 계셔〉)[6], 현대(〈무인도 탈출기〉, 〈전설의 리틀 농구단〉)[7] 등 다양하다. 이 시공간들은

---

3) 조택원, 「격조 있고 여운 남긴 무대」, 『중앙일보』, 1971.09.29. 〈바다여 말하라〉에 대한 상세한 논의는 유인경, 「1970년대 역사뮤지컬 연구」, 『민족문학사연구』 24, 민족문학사학회, 2004. 참조.

4) 허먼 멜빌 원작, 조용신 작, 정예경 곡, 이소영, 조용신 연출, 〈모비딕〉, 모비딕프로덕션 제작, 2011.7.19.~8.20. 두산아트센터.
　이희준 작, 박정아 곡, 김운기 연출, 〈해적〉, MJStarfish 제작, 2019, 2021 공연.

5) 성종완 작, 김은영 곡, 〈사의찬미〉, 네오프로덕션 제작. 김우진과 윤심덕의 1926년 8월 4일 현해탄 투신 사건 모티브, 2013, 2014년 〈글루미데이〉, 2015, 2017, 2019년 〈사의 찬미〉로 제목 변경.
　추정화 작, 연출, 허수현 곡, 〈스모크〉, 더블케이필름앤씨어터 제작, 2016, 2017, 2018, 2020. 이상의 「오감도」 제15호에서 모티브 따옴.

6) 한정석 작, 이선영 곡, 박소영 연출, 〈여신님이 보고 계셔〉, 연우무대 제작, 2013, 2014, 2015, 2017, 2019 공연.

7) 박해림 작, 황예슬 곡, 장우성 연출, 〈전설의 리틀 농구단〉, 안산예당, 아이엠컬쳐 제작,

2000년대 이후 한국 뮤지컬이 다루는 대부분의 시공간을 포함하고 있
다. 이들 작품에서 바다는 직간접적으로 재난, 미지의 세계, 휴식 등의 의
미를 담은 배경으로 기능한다. 이렇게 현재 뮤지컬에서 바다는 다양한
시공간에서 배경으로 활용되었다. 개별 작품이 한국 뮤지컬 내에서 어
떤 의미를 가지고 있는지는 리뷰 등을 통해 일부 확인이 된다.[8] 하지만
뮤지컬에서 구현한 '바다'가 어떤 의미를 가지고 있는지, 뮤지컬 넘버는
작품에 어떤 기여를 하는지 분석한 논의는 아직 없다. 현재 창작 뮤지컬
의 다양한 지형도를 확인하는 차원에서 이에 대한 연구는 분명 필요하
다.

이 글은 뮤지컬에서 바다가 인물과 서사에 어떤 이미지를 부여하고,
주제 전달에 기여하였는지를 확인해보고자 한다. 이를 위해 바다 공간
이 뮤지컬 넘버와 무대에 직접 드러난 작품들을 선별하였다. 해당 작품
은 〈여신님이 보고 계셔〉, 〈전설의 리틀 농구단〉, 〈무인도 탈출기〉이다.
위 작품들을 통해 바다, 해변, 섬이란 공간과 당대의 고민과 마주치는 접
점을 살펴보도록 하겠다.

2016, 2017, 2018, 2019, 2020 공연.

윤상원 작 연출, 박인영 임준형 곡, 〈무인도탈출기〉, 섬으로 간 나비 제작, 2020, 2021
공연. 2016년 연극으로 제작되었다가 뮤지컬로 변경함.

8) 신사빈, 이우창, 「뮤지컬 여신님이 보고 계셔의 서사 구조와 뮤지컬 넘버의 극적 기
능」, 『한국콘텐츠학회논문지』 14-3, 한국콘텐츠학회, 2014.

안세영, 「무대 위의 스포츠, 그 땀방울이 품은 진정성」, 『더 뮤지컬』 141, 클립서비스,
2015.

정명문, 「농구 한 판, 생존 신호가 되다」, 『TTIS 오늘의 서울연극』 119, 연극기록실,
〈http://www.ttis.kr/2020/09/base119/〉, 2020.

최승연, 「통속과 순수 사이」, 『연극평론』 74, 한국연극평론가협회, 2014.

2. 차단과 이상적 공동체의 경험 : 〈여신님이 보고 계셔〉

2000년대 이후 전쟁 소재를 활용한 공연은 전쟁 자체보다는 그 속에 갇힌 개인의 이야기에 주목하고 있다. 전쟁을 특정 시대의 아픔만이 아닌 보편적인 고민으로 확대한 것이라 할 수 있다. 이를 위해 전쟁터가 아닌 공간을 호출하기도 한다. 첨예한 대립이 예상되는 공동경비구역에서 남한군과 북한군이 형-아우의 감정으로 통했다는 〈공동경비구역 JSA〉, 포로수용소에서 이념을 뛰어넘는 댄스의 열정을 그려낸 〈로기수〉와 같은 작품들[9]이 그러하다.

〈여신님이 보고 계셔〉는 위 경우처럼 한국 전쟁 때 남북한 군인들이 무인도에 갇혔다는 상상에서 출발한다. 1952년 국군 대위 한영범은 신석구와 함께 북한군 4명(이창섭, 조동현, 변주화, 류순호)을 거제도 포로수용소로 이송하란 명령을 받는다. 북한군은 출항 후 기상 악화를 틈타 유리한 위치를 선점하지만 이송선이 파손되면서 무인도에 갇히게 된다. 이들 중 배를 수리할 수 있는 순호는 전쟁 중 형을 잃은 후유증으로 정상이 아닌 상태이다. 순호는 영범이 지어낸 '여신님' 이야기에만 반응을 한다. 이를 알게 된 군인들은 이송선을 고치기 위해 섬에 여신님이 존재하는 것처럼 연기하기로 한다. 이들은 수리가 진행되는 100일 동안 여신님을 위한 공동규칙(위생, 식사량 배분, 욕설금지)을 만들고 실행하면서 친밀해진다. 배가 다 고쳐지자, 군인들은 서로를 각자의 공간으로 이동

---

9) 박상연 원작, 이희준 작, 맹성연 곡, 최성신 연출, 〈공동경비구역 JSA〉, Cens 제작, 2013, 2014, 2015 공연.
  김신후 원작, 장우성 작, 신은경 곡, 김태형 연출, 〈로기수〉, 아이엠컬처, 2015, 2016 공연.

시키려는 생각을 하게 된다. 하지만 국군 정찰선의 총격을 겪으며 군인들은 합심하게 된다. 이후 이송선은 북으로 떠나고, 섬에 남기로 한 이들은 백기를 들고 투항한다.

공식포스터(연우무대 제공)

무대 전경(연우무대 제공)

작품의 주 무대는 무인도 해변이다. 무대 왼쪽은 조난된 뱃머리가 보이고 오른쪽은 섬 안쪽으로 통하는 언덕, 후면으로는 하늘 혹은 바다가 보인다. 무대는 극의 진행 과정 중 움직이지 않지만, 군인들의 동선, 조명, 달 등으로 시간의 변화가 표현된다. 뮤지컬에서 바다를 직접 드러낸 넘버는 오프닝 넘버인 '누구를 위해'와 '돌아갈 곳이 있어', 피날레에 등장하는 '누구를 위해 리프라이즈(reprise)' 세 곡이다. 오프닝 넘버는 막이 오르면서 불리는 곡으로 시대 배경, 전체 분위기, 등장인물과 작품의 컨셉을 소개한다.[10]

> 모두 누구를 위해, 우리는 지금 /떠나가는가, 멀어 지는가
>   무엇을 위해, 우리는 지금 /떠나가는가, 멀어 지는가

---

10) 스티븐 시트론, 정재왈 · 정명주 옮김, 『뮤지컬』, 미메시스, 2007, 174면.

창섭   **기회의 바다**, 탈출의 무대 /나의 자리로 돌아가야 돼

동현   준비한 대로, 계획한 대로 /움직이면 돼, 실패는 없어

주화   **처음 본 바다**, 설레는 기분 /언제 또다시 볼 수 있을까

석구   거세진 바람, 다가올 폭풍 /피해야만 돼, 서둘러야 돼

영범   배 타기 싫어, 진짜로 싫어 /나랑 안 맞아, 완전 짜증나.

　　　불안한 예감, 찝찝한 기분 /얼른 끝내고 집에 갈 거야

모두   **혼란의 바다**, 미지의 무대 /우린 어디로 흘러가는가

　　　막막한 시대, 아득한 희망 /우린 어디로 흘러가는가

　　　누구를 위해, 우리는 지금 /무엇을 위해, 서로 또 다시 가야하는

　　　가　　　　　　　　　　　　　　(1. 누구를 위해, 인용자 강조)

'누구를 위해'는 같이 배를 타고 움직이지만, 각자의 상황과 생각이 다르다는 것을 인물별 가사와 멜로디 속도, 분위기 변화를 통해 제시한다. 바다는 포로로 끌려가던 이에게 '기회와 탈출'의 선택지이거나, 처음 보는 풍광으로 인해 설레는 공간이었고, 임무 수행자에게는 예감이 좋지 않은 현실이었다. 배 탈취를 계획한 창섭, 동현(북한군)은 낮은 톤으로 차분하게, 바다를 처음 본 주화는 부드럽게 노래하며, 이들을 이송하는 석구와 영범(남한군)의 불안한 감정은 오르락내리락하는 음계를 통해 관객들에게 노출된다. 이후 이들의 복합적인 감정(혼란, 막막함, 아득함)은 후렴에서 돌림 노래처럼 긴박하게 구성되어 드러난다. 이렇게 오프닝 넘버는 이들에게 '바다'는 누구를 위해, 무엇을 위해 전쟁을 했는지를 돌아보게 하는 배경이자 이념으로 분리되었던 현실을 자각하게 하는 환경임을 관객들에게 주지시킨다.

이송선의 훼손으로 군인들의 계획은 틀어지고, 이들은 사회와 제도

가 없는 무인도에 갇힌다. 북한군은 명령과 통제로 배 수리를 이행하고
자 하나 조종수 순호는 응하지 않는다. 생존을 위해 남한군인 영범은 여
신님 놀이를 제안하고, 순호가 그에 응하면서 배 수리가 차츰 이루어진
다. 남북 군인들은 순호를 움직이기 위해 여신님 놀이에 동참하고, 함께
살기 위한 동화 같은 질서를 만들게 된다. 이들은 여신님 놀이를 하면서,
자신의 삶에서 소중했던 이들을 떠올린다. 영범에게는 비타민 같은 딸
(지희), 석구에게는 짝사랑하는 여인(과부누나), 주화에게는 같은 꿈을
꾸는 여동생(기생), 창섭에게는 항상 내 편인 어머니가 있었다. 결국 이
들에게 여신님은 가족 즉 힘을 내야 하는 근원이었다. 누구에게나 상처
와 아픔이 있음이 공유되자, 이들의 행동은 변화하게 된다. 즉 각자를 이
해하는 경험은 적대감을 덜고 참여자를 수평적 관계로 조종하면서 이상
적인 공동체를 만드는데 기여하게 된다.

영범	**하나뿐인 배**
창섭	서로 다른 길
영범, 창섭	시간을 타고 흘러
모두	**바다에 모인 우리 /강으로 흩어지듯 각자의 길로 가야만 해** / 돌아갈 곳이 있어 / 깨어 있을 때도, 잠든 후에도 언제나 부르고, 바라고, 기다리는 곳/ 돌아갈 곳이 있어
주화	지키지 못한 약속, 함께 이룰 수 있는 곳
석구	못다한 많은 말들, 맘껏 말할 수 있는 곳
모두	돌아갈 곳이 있어 /돌아갈 곳이 있어

(18. 돌아갈 곳이 있어, 인용자 강조)

'돌아갈 곳이 있어'는 뮤지컬 넘버 역할 상 11시 정각의 노래이다. 이 곡은 극을 절정으로 몰고 가면서 주제를 드러내거나, 엄청난 상황과 마주칠 때 나타나기에 극적인 효과를 준다.[11] 이송선이 수리되자 군인들은 자신의 위치로 돌아가고자 한다. 배는 하나지만, 서로 다른 길을 가야만 한다. 무인도에서는 이념을 미뤄두고 함께 지냈지만, 현실은 여전히 두 개의 이념으로 나눠져 있다. 현실에서 이들은 공존할 수 없다. 그러기에 모두 북 아니면 거제도로 가는 방식을 선택한다. 군인들은 각자가 돌아갈 곳이 다름을 알면서도 자신의 선택이 옳다고 믿고 이를 절실하게 화음을 맞춰 노래로 표현한다.

이 판단 이후 무인도는 첫 번째 포격을 받게 된다. 그로 인해 남북 군인들은 함께 있던 시간이 결코 유리하지 않은 현실을 깨닫게 된다. 바다는 여러 갈래의 강물이 모여서 된 공동체이지만, 가두어놓을 수도 없다. 군인들은 무인도에서 바람직한 공동체를 경험했지만 현실 자체를 바꿀 수는 없었다. 그래도 이들의 시행착오는 이념보다 중요한 것은 사람이고, 선택을 강요해서 안 됨을 터득하게 하였기에 가치 있는 경험인 셈이다.

모두   누구를 위해, 우리는 지금 /절망 위에 올라 숨을 쉬는가
        무엇을 위해, 우리는 지금 /절규 뒤에 숨어 살아 가는가
모두   **혼란의 바다,** 미지의 무대 / 우린 어디로 흘러 가는가
        막막한 시대, 아득한 희망 / 우린 어디로 가야 하는가
모두   눈을 감고 떠올려봐 (누구를 위해 우리는 지금)

---

11) 위의 책, 205면.

> **지금 저 바다 한 가운데**(무엇을 위해 서로 또다시)
>
> 여신　기억해요, 그대는 또 다른 나였음을
>
> 모두　누구를 위해, 무엇을 위해 / 누.구.를.위.해. 무.엇.을.위.해
>
> (21. 누구를 위해 리프라이즈, 인용자 강조)

〈여신님이 보고 계셔〉에는 리프라이즈 넘버가 세 번 등장한다. 뮤지컬에서는 관객들의 바람에 따라 두 세곡의 리프라이즈가 준비된다. 이 리프라이즈는 음악과 가사가 같을 수는 있어도 극적인 상황은 같을 수 없다. 왜냐하면 관객 기억을 되새겨서 첫 지점에서 흘러왔음을 느끼게 해줘야 하기 때문이다.[12] 오프닝 넘버 '누구를 위해'에서는 배가 난파되기 직전의 혼란한 상황과 전쟁에서 벗어나고픈 각자의 마음이 바다에 투영되었다. 피날레 넘버인 '누구를 위해 리프라이즈'는 남한 정찰선의 무인도 착륙을 저지하기 위해 힘을 합치는 상황에서 불려진다. 이들이 처한 상황은 처음이나 끝이나 생존이 위급하다는 점에서 유사하다. 오프닝 넘버는 누구를 위해, 무엇을 위해 살아가는가란 질문에 각자 다른 생각을 보여주었다면, 피날레 넘버는 같은 질문이지만 처음과 달리 함께 대답한다. 군인들이 섬에서 함께 살면서 이념보다 우위에 있는 인간성과 생존의 의미에 대해 깨달았기 때문이다. 이렇게 피날레이자 리프라이즈 넘버는 군인들이 변화되었음을 확연하게 나타내며 관객들에게는 이들의 선택에 대해 이해할 수 있도록 돕는다. 그로 인해 '바다'는 누구를 위해, 무엇을 위해 전쟁을 했는지를 돌아보게 하는 배경이자 이념으로 분리되었던 현실을 자각하게 하는 환경임을 주지시키게 된다.

---

12) 위의 책, 277~278면 참조.

〈여신님이 보고 계셔〉는 이념이 다른 이들이 예상치 못한 조난으로 무인도에 표류하면서 벌어지는 이야기이다. 이 뮤지컬에서 바다와 주변공간은 인물들의 정보를 제공하고, 그들이 변화할 수 있는 기회를 제공했다. 바다는 비정한 현실과 차단하는 역할을 담당하고, 무인도는 군인들에게 기존 질서를 전복할 수 있는 기회를 마련해준다. 그로 인해 군인들은 이념보다 인간적인 가치를 높이는 이상적인 공동체를 경험할 수 있었다.

이 작품의 결말은 해석하기에 따라 다르다. 하지만 관객들에게 남아 있는 군인들의 생존과 떠난 이의 안부는 중요하지 않다. 관객들은 문제가 있었던 군인들이 극 속에서 진심을 드러내고, 타인의 입장을 이해한 뒤 잘못된 선택도 하지만, 적절히 협력하여 상황을 변화시키는 모습을 지켜본다. 즉 이 작품에서 중요한 것은 시작에 비해 인간적으로 성장한 군인들의 모습이다. 이 결말은 전쟁을 직접 경험하지 않은 대다수의 젊은 관객들을 고려한 것이기도 하다. 이를 위해 오프닝, 피날레, 리프라이즈 넘버들은 바다의 의미를 드러내고, 극적 상황을 노출하며, 인물들의 성장을 단계별로 제시한다. 이 작품은 지금의 관객들에게 이상적 공동체에 대한 간접 경험을 제공한다는 점에서 만족도를 높일 수 있었다.

3. 도피와 동반자적 교감 : 〈전설의 리틀 농구단〉

엘리스 캐시 모어는 오늘날 대중들이 스포츠에 열광하는 이유로 삶의 일상성 즉 예측 가능한 일상에서 벗어나고자 하는 관심 때문이라고

지적하였다.[13] 실패자들의 역경 극복 스토리가 갖는 힘은 크다. 선수들
이 보잘 것 없고 무시당하고 상처가 많은 존재일수록 더욱 감동적이다.[14]
이렇게 스포츠 소재 대중물은 드라마틱한 스토리와 역동적인 면으로 관
심을 받았지만, 뮤지컬 분야에서는 경기와 무대 양쪽을 적절히 적용하
는 방법 등에 대해 어려움을 겪어 브로드웨이나 한국에서 극히 적은 수
로 제작되었다.[15]

〈전설의 리틀 농구단〉은 소극장 무대 임에도 드리블, 패스, 맨투맨 방
어, 덩크슛, 준비 운동 등 실제 농구 장면들을 역동적으로 구현한다. 이
를 위해 프리 프로덕션은 공을 사용할 때의 움직임과 공을 쓰지 않을 때,
순간적 폼이 쇼(Show)로서 일정 레벨이 되도록 배우 트레이닝을 진행
하였다.[16] 이 작품은 다양한 무대에서 창작자와 배우들의 고민이 검증되
었다. 즉 상업화 이전에 음악, 안무, 트레이너 등 분야별 전문가들의 협
업이 있었다. 이는 공공에서 만들어 시장으로 움직인 시스템(인핸스먼
스 enhancement deals) 덕택이었다.[17] 이 작품은 기존 스포츠 소재물에
서 등장하는 주인공 유형과 서사가 다소 다름에도 관객들의 높은 반응

13) 엘리스 캐시모어, 정준영 옮김, 『스포츠, 그 열광의 사회학』, 한울, 2001.
14) 박상민·정수현, 「스포츠 경기의 영화화에 따른 담화전략 연구」, 『대중서사연구』 23,
　　대중서사학회, 2010, 175면.
15) 2015년까지 스포츠 뮤지컬은 국내 외 통틀어 앤드류 로이드 웨버의 〈뷰티풀 게
　　임〉(2007)이나 김건덕 투수의 생애를 토대로 한 〈너에게 빛의 속도로 간다〉(2015,
　　2018) 외에는 제작된 바가 없다. 〈뷰티풀 게임〉에서는 사회 구성원의 갈등을 그리는
　　데 축구가 활용되었고, 〈너에게 빛의 속도로 간다〉는 투수와 타자의 대결로 장면화
　　되었다. 각 작품 속 게임장면은 공을 사용하는 안무로 처리한다. 즉 공을 직접 던지거
　　나 주고받지 않는다.
16) 장우성 연출 서면 인터뷰, 2020.8.14.
17) 이 작품의 인핸스먼스 과정과 성과에 대해서는 정명문, 「농구 한 판, 생존 신호가 되
　　다」, 『TTIS 오늘의 서울연극』 119, 연극기록실, 2020., http://www.ttis.kr/2020/09/
　　base119/ 참조.

과 지지를 얻었다. 이 작품에서 바다와 뮤지컬 넘버가 어떤 기능을 하는 지 확인해보자.

공식포스터(아이엠컬쳐 제공)

'바다로 가자' 공연장면(아이엠컬쳐 제공)

〈전설의 리틀 농구단〉의 주 컬러는 파란색이다. 포스터에서 확인되 듯 파란색은 하늘과 바다, 농구부원의 운동복 색감이기도 하다. 무대 정 면은 철조망과 벤치를, 바닥은 농구 코트의 선을, 양 사이드에는 농구 골 대, 왼쪽 편에 사물함이 배치되었다. 이렇게 무대는 실내 코트 같은 분위 기로 인해 비어있다는 느낌이 들며, 작품 속 시공간 변화는 무대 전환 없 이 등장인물의 의상, 소품, 조명, 음악을 활용한다. 배우 6명은 1인 3역을 하는데, 농구단, 귀신, 일진 등을 운동복(파랑), 교복(회색), 일상복(검정 색)처럼 단순하지만 확실하게 구분한다.

〈전설의 리틀 농구단〉 속 등장인물들은 특별하지 않다. 어릴 때 암기 로 주목받았지만 지금은 아무도 못 알아보는 상태, pc방에서 게임하는 게 낙인 상록구청 농구부원, 농구부 코치지만 성과 없는 인생을 살고 있 는 32살 종우가 그렇다. 이야기도 학교에선 왕따 찌질이, 집에선 투명 인 간인 17살 수현에서 출발한다. 수현은 학교 폭력으로 자살을 시도하지만 말짱하게 깨어나서 학교를 맴도는 귀신(승우, 다인, 지훈)을 볼 수 있게 된다. 이후 수현은 귀신 삼총사의 빙의로 농구부에 들어간다.

〈전설의 리틀 농구단〉에서 바다는 농구부원들이 전지훈련을 가는 장소이기도 하지만, 15년 전 종우의 과거와도 연결되어 있다. 작품에서 바다가 직접 드러나는 뮤지컬 넘버는 7. 바다는 어때, 9. 바다로 가자(바다는 어때 리프라이즈), 11. 이제 와서 미안해, 15. 구조 신호 리프라이즈이다. 이 넘버들은 인물들의 일상을 변경시키는 기능을 한다.

> 수현 같은 자릴 맴도는 삶은 너무 지겨워/ 지금을 벗어나 자유롭고 싶어
>
> 다인 지겨운 여길 떠나 /**파도 넘실대는 바다**는 어때
>
> 다같이 가자가자. **자유로운 곳 동해바다**로
>
> 이 지긋지긋한 학교를 떠나/ 이제 좀 벗어나고 싶어
>
> 땀내 나는 코트 말고 /**자유로운 동해바다** 같은, 이곳을 벗어나 제발 제발
>
> 다같이 가자가자. **자유로운 곳 동해바다**로/ 이곳을 벗어나 **속초 바다**로 / 사는 게 너무 답답해/ 지루한 일상 넘어 **자유로운 푸른빛의 바다** /단 하루라도 좋아 바다로
>
> (7. 바다는 어때, 인용자 강조)

음악은 가사와 함께 섞이면서 주인공의 내면적인 성격을 표현하고 관객들로 하여금 분위기에 취하게 하는 힘이 있다.[18] '바다는 어때' 넘버는 반복적인 일상을 벗어나고픈 아이들의 소망이 담겨 있다. 17살의 시선

---

18) 스티븐 시트론, 앞의 책, 268면.

에서 바다는 학교-집이란 반복적인 틀을 벗어날 수 있는 도피, 여가, 힐
링의 공간이다. 이는 도시인의 시선에서 보는 파라다이스의 이미지와
닮아있다.[19] 곡 초반 다인과 수현 파트는 키보드 단독으로 표현되지만
후렴구는 다양한 악기와 등장인물 모두의 화음으로 발랄하게 진행한다.
즉 뮤지컬 넘버는 이들이 원하는 바다는 자유로운 곳이며 모두의 소망
임을 악기와 파트 구성을 통해 드러낸다.

> 다같이 가자가자. **바다로 가자/ 파도 넘실대는 자유로운 바다로**
> 하루쯤 어때 지겨운 코트 벗어나
>
> 상태 하루쯤 어때 답답한 학교 벗어나/
>
> 아이들 **파도가 넘실대는 바다로**
>
> 종우 정말 **가기 싫었던 바다** / 결국 가긴 가는 구나
> 이제 바다까지 왔으니 / 그래 특훈이다! / **바다의 전지훈련**
> (중략)
>
> 다같이 가자가자. 바다로 가자 바다로 / 파도 넘실대는 **자유로운 바
> 다로** / **새하얀 모래**에 파란 하늘에 / **넘실대는 파도** 부서지
> 는 속초로 가자 / 이대로 결승까지 가보자
>
> (9. 바다로 가자, 인용자 강조)

'바다로 가자'는 '바다는 어때' 리프라이즈 넘버이다. 이 넘버는 짧지만
(1분 35초) 농구부가 바다로 이동하는 전환에 기여한다. 농구부원들은
노래를 부르며 비눗방울, 튜브, 구명조끼, 오리발, 물안경 등 바다를 연상

---

19) 산업주의 대중노동자 계급의 바캉스 즉 해변이 딸린 별장 옆 파라솔 아래 누워 칵테
일을 마시는 파라다이스의 이미지의 반영인 셈이다. 배정희, 「바다- 치유와 향락과
재난의 이미지」, 『유럽사회문화』 13, 유럽사회문화연구소, 2014, 36면.

하는 소품을 통해 여행의 과정과 들뜸을 발랄하게 표출한다. 가창 순서는 합창, 개인 파트, 합창으로 구성되며, 코치 종우가 바다를 싫어한다는 힌트도 함께 보여준다는 점에서 앞선 곡과 차별된다.

> 종우 안 돼, 제발. **그날의 바다** 너흴 데려간 **검은 바다**
> 다인 넌 수영 못하니까 여기서 사람들 부르고 있어, 금방 갔다 올게!
> 종우 함께한 순간 꿈같던 내 시절 추억이 된 그 날들이
>   **바다 깊이 깊이 깊이 가라앉아**
>
> (15. 구조신호 리프라이즈. 인용자 강조)

구조신호 리프라이즈는 종우의 단독 넘버로 감성적인 피아노 반주로 진행된다. 뮤지컬 독백은 인물에게 결정을 내리기 위한 동기와 인물의 새로운 면을 보여준다.[20] 바다는 15년 전 친구들(귀신 삼총사)이 죽은 곳이었고, 종우는 수영을 못해서 이들의 죽음을 그저 바라봐야만 했다. 그러니 종우에게 바다는 혼자 살아남았다는 죄책감과 친구를 잃은 공포감을 느끼게 하는 공간이었다. 작품 속에서 바다는 고등학생들에게는 답답한 일상을 잠깐 잊게 할 수 있는 낭만적인 공간인 동시에 종우에게는 친구들의 삶을 앗아간 공간이었다. 뮤지컬 넘버는 같은 멜로디인 리프라이즈의 분위기 전환을 통해 바다의 이중적인 의미를 확실히 구분시킨다.

> 수현 모두에게 보이지 않는 나란 존재, 진짜로 사라진다면 누가 슬퍼
>   할까

---

20) 스티븐 시트론, 앞의 책, 269면.

산다는 게 이 느낌이라면/죽는 건 또 어떤 느낌일까. (중략)
오늘도 써내려간 편지/내용은 조금 달라도/내 마음은 똑같아
누군가 듣고 있다면 날/어디선가 보고 있다면/**날 살려달라고
오늘도**(2. 구조신호, 인용자 강조)

    종우   기대어 울 수 없었지/사람들은 내게 물었어/왜 너 혼자 여깄냐
고/다들 어디갔냐고
어쩌면 나란 존재는/여기 없었어야해/끝도 없는 터널을 걷고
또 걸었어
살았는지도 모른 채/농구공을 놓지 못했어/저 밖에 너희가 있
을까봐
이것마저 잃으면 안 될 것 같아서/내 안에 죄책감이 사라질까봐
사실은 말야 나 혼자/**이 어둠을 나갈 수 없을까봐**

                        (15. 구조신호 리프라이즈, 인용자 강조)

　작품의 두 주인공, 수현과 종우는 타인과 어울리는 방법을 자의로, 타의로 익히지 못했다. 이들의 닮은 모습은 '구조 신호'라는 넘버로 확인된다. 이 넘버는 초반에는 수현의 자살 시도 장면에서 후반에는 친구를 잃고 혼자 남은 종우의 상황에서 리프라이즈로 사용된다. 수현과 종우는 17살에 혼자 버틸 수 없는 상황에서 각각 구조 신호를 보냈다. 하지만 그 발신에 대한 답신이 오지 않아 종우는 그 시간에 멈춰있게 된다.

　종우가 바다를 두려워했던 것은 우리에서 혼자가 되었기 때문이었다. 수현은 바다에서 상태와 교류하면서 혼자에서 우리가 된다. 수현은 동료를 만났고, 종우는 자신과 닮은 수현을 지지해주며 차츰 변한다. 사소한 지지로 서로를 구조한 셈이다. 혼자 해결하지 못한다면, 타인과 손을

잡아야 한다. 타인은 나에게 세상의 일부이고, 나 역시 타인에게 세상의 일부이기 때문이다. 농구 코치와 왕따는 운동을 통해 내면의 상처를 마주하고, 바다에 가서 타인과 함께하는 방법을 배우게 된다. 그러므로 이들에게 바다는 함께 교감하며 살아가는 방법을 터득하게 하는 성장의 공간이 된다.

이 작품은 경쟁과 승부보다는 '함께'에 의미를 부여한다. 그래서 수현이의 차후 학교생활과 상록구청 농구단의 미래는 나오지 않는다. 수현이는 이야기를 나눌 누군가가 생겼고, 종우는 농구부를 예전에 비해 더 열심히 지도할 것이다. 대중 서사에서 주인공의 성장이 이야기의 핵심에 있는 것을 성장물이라 한다. 어린 아이는 자아의 미숙함을 딛고 일어서 존재 가치와 의미를 깨닫게 되는 데 이 과정을 비평가들은 '통과 제의', '성인 입문식'으로 표현한다.[21] 등장인물들의 삶이 극적으로 바뀌지 않았지만 처음보다 한 발자국 성장했다는 것, 성과주의 시대에서 맞지 않는 결론처럼 보이기도 한다. 하지만 모든 변화는 바로 이 한걸음부터 출발한다는 단순한 사실은 공감을 받을 수밖에 없다. 그것이 바로 현실을 반영한 것이기 때문이다.

〈전설의 리틀 농구단〉은 보통의 인물들이 좌충우돌하는 현실을 그려내었다. 작품 속 인물들은 현실에서 소외와 트라우마를 겪던 이로, 현실도피를 원했다. 하지만 이들은 바다에서 교감하는 법을 터득한 뒤 타인과 함께 서는 방법을 시도한다. 뮤지컬 넘버는 분위기 전환에 적극적으로 기여하고 인물들의 변화와 교감을 이해하는 데 도움을 준다. 작품의

---

21) 로널드 토비아스, 김석만 옮김, 『인간의 마음을 사로잡는 스무 가지 플롯』, 풀빛, 1997, 271~282면.

시작과 끝을 비교해보면 이들의 삶이 크게 변화되진 않았다. 하지만 이들이 바다에서 겪은 경험은 치유의 가능성을 열어주었다. 변화는 자그만 시도들의 결합으로부터 이루어지기 때문이다.

4. 거리두기와 자기 탐색 : 〈무인도 탈출기〉

유럽 근대 소설인 〈로빈슨 크루소〉(1719)는 무인도와 표류, 자연 극복과 살아남기라는 기본 모티프를 반복 생산하게 하는 계기가 된다. 이 유형은 주인공의 신분과 도착한 섬에 따라 다양하게 변주되었다.[22] 주인공은 본의 아니게 난파를 당해 외부와 고립된 공간(섬)에 갇히고, 자신이 떠나온 세계와 유대감을 잃지 않기 위해 공간을 변형시키다가 고향으로 돌아간다.[23] 섬은 육지 중심의 시선 아래 낭만적이지만 고립된 공간으로 표상되었다. 그래서 작품에서 그려진 섬은 이상적인 체제가 갖춰진 곳이거나, 현실을 풍자하는 공간으로 그려졌다. 최근 섬은 인물들이 재탄생하는 입문의례로도 활용되고 있다.[24]

뮤지컬 〈무인도 탈출기〉에는 2020년대를 살고 있는 20대 후반 청년들

---

22) 〈스위스의 로빈슨 가족〉(1812-1827), 〈로빈슨 가족의 모험〉, 버트 밸런타인의 〈산호섬〉(1857), 로버트 루이스 스티븐슨의 〈보물섬〉(1883), 쥘 베른의 〈15소년 표류기〉(1888), 윌리엄 골딩 〈파리대왕〉(1954), 진 크레이그 헤드 조지의 〈나의 산에서〉(1959), 스콧 오델 〈푸른 돌고래 섬〉(1961), 게리 폴슨의 〈손도끼〉(1987), 마이클 모퍼고의 〈켄즈케 왕국〉(1999)

23) 박아르마, 「쥘 베른 소설에 나타난 무인도의 역설」, 『불어불문학연구』 92, 한국불어불문학회, 2012, 163면.

24) 곽수경, 「섬을 보는 두 가지 시선과 장르 활용의 효과」, 『씨네포럼』 23, 동국대학교 영상미디어센터, 2016, 237면.

이 등장한다. 작가가 되고 싶은 히키코모리 백수(동현), 성실한 만년 취준생(봉수), 지상 1층에 사는 알바몬(수아)이 그들이다. 이들은 청년 수당, 실업수당, 알바로 생계를 이어간다. 세 사람은 생계유지를 위한 최소한의 돈을 가지고 있다는 점에서 경제적 상황이 비슷하다. 이들은 공모전 상금 500만 원을 위해 동현의 지휘 아래 연극 대본을 만드는 작업을 하게 된다.

〈무인도 탈출기〉의 기본 공간은 봉수와 동현이 살고 있는 원룸 반지하방이다. 거실, 침실, 주방이 하나로 묶여 있는 방은 집을 사기엔 돈이 부족한 이들이 거주한다. 햇볕이 들지 않아 늘 실내등을 켜야 하고, 파란 곰팡이도 있다. 바람직한 사회 구성원이 거주하기에는 사회적 기준에 미흡한 공간이다.[25]

공식포스터, 섬으로 간 나비 제공   공연장면, 섬으로 간 나비 제공

뮤지컬의 배경은 반지하방에서 바다, 해변, 동굴, 무인도로 바뀐다. 현실 속 공간은 반지하방이고, 그 외는 상상 속 공간이다. 무대 전환은 대도구가 아닌 소품과 음악으로 이루어진다. 욕조는 배가 되고, 옷걸이가

---

25) 김현경, 『사람, 장소, 환대』, 문학과 지성사, 2015, 204면.

동굴이 되고 파랑과 초록의 이불의 양면이 바다와 산이 되듯 일상 소품으로 공간을 확장하였다.[26] 이 작품은 현실과 판타지의 경계를 담고 있는데 뮤지컬 넘버는 이러한 극적 전환을 돕는다. 이는 뮤지컬 속성에 대한 연출의 이해가 밑받침되었다.[27] 작품 속에서 바다 공간(바다, 무인도)과 뮤지컬 넘버는 어떻게 연결되는지 확인해보자.

〈무인도 탈출기〉에서 바다 공간은 바다, 해변, 무인도이다. 이 공간들이 직접 언급되는 뮤지컬 넘버는 '1. 상상과 현실, 5. 북태평양 한가운데 무인도, 7. 그리고 아무도 없었다, 11. 봉수 아일랜드, 14. 흰점이 보여'이다. 이 넘버들은 인물들이 일상에서 떨어져 자기를 발견하는 과정에서 각각의 역할을 담당한다.

동현 : 나는 상상 나는 해적/ 핑크바스호의 선장되어/ 항해를 시작해 / **여긴 바다 저기 외딴 섬**/ 팔십제곱야드의 내 땅/ 정박을 시작해/ 햇볕이 나를 감싸/ 젖은 몸도 뽀송해져/ 나무 그늘을 찾아/ 그 아래 누우면 / 이걸로 됐어 아주 충분해/눈만 감으면 완벽히 / **외딴 섬으로 낙원으로/파라다이스로**

봉수 : 다시 여기 어두 컴컴/ 곰팡내 퀘퀘이 뿜어내는/ 낭떠러지 위 / 정신차려 이게 현실/ 빛이 완벽히 차단된/ 아득한 내 인생 / 이제 그만 제발 그만/ 소리 질러도 /메아리조차 갇혀있어

봉수, 동현 : 다시 여기 **여긴 바다**/ 어두 컴컴 저긴 **외딴 섬**

봉수 : 고갤 저어　　　동현 : 노를 저어

봉수 : 고갤 저어　　　동현 : 노를 저어

26) 한성주 무대디자이너,『무인도 탈출기』공연 팜플렛, 2021, 40면.
27) 처음 이 작품은 연극으로 공연되었고, 작가는 뮤지컬 어법과 더 어울릴 것이라 생각해서 장르를 변경시켰다. 윤상원 작·연출 인터뷰, 모베터블루, 2022.2.13. pm16:00.

봉수, 동현 : 이걸로 됐어 아주 충분해

봉수 : 더 나빠질 것 없는   동현 : 눈만 감으면

봉수 : 밑바닥 내 인생   동현 : 완벽히

봉수 : 가자 지하로   동현 : **외딴 섬**으로

봉수 : 내 집으로   동현 : **낙원**으로

봉수 : **파란 곰팡이**

봉수, 동현 : **파라다이스** 내 집으로 (1. 상상과 현실, 인용자 강조)

오프닝 곡인 '상상과 현실'은 동현과 봉수 각자의 입장과 성격을 드러
낸다. 동현은 눈만 감으면 파라다이스가 될 수 있다고 믿고, 봉수는 현실
과 멀어지는 공간이라고 생각한다. 일도 안 하고 방 안에 숨어 있는 동현
이나, 취업서류를 낼 때마다 떨어지는 봉수는 서른이지만 변변한 직장
이 없고, 월세나 식비도 밀려있다. 성인의 기준이 경제적 자립이라면, 그
부분에서 이들은 많이 부족하다. '비정규직 노동자, 사회적 약자, 빈곤층'
의 범주에 있으며, 취업은 어렵고, 등록금과 대출금에 허덕인다. 이 모습
은 흙수저 88만원 세대로 불리는 청년들의 자화상이며 사회 주변부에
서 타자화된 모습이다.[28] 이들에게 거주 공간은 현실에서 숨 쉴 수 있는
유일한 공간이지만 지하이기에 파란 곰팡이가 함께 하는 곳이다. 그런
데 외딴 섬으로 상상하면 파라다이스가 될 수 있다. 이 곡은 1절은 동현,
2절은 봉수의 입장으로 구성한 뒤 마지막 파트에서 대화처럼 두 사람의
교차되는 시선을 보여준다. 또한 이들이 처한 상황이 현실적으로 밝지
않고, 위태로운 경계에 있기 때문에 단순한 피아노 연주로 차분한 분위

---

28) 소영현, 「한국사회와 청년들 -'자기 파괴적' 체제비판 또는 배제된 자들과의 조우」,
    『한국근대문학연구』 26, 한국근대문학회, 2012, 398면.

기를 조성한다.

> 동현 : 둥둥- 둥둥- 둥둥- 둥둥-
>
> **바다 위를 떠다니는** 사람/ 구명조끼 덕에 떠 있는 사람
>
> 낮에는 부표가 떠다니듯/ 잔잔하지 폭풍전야처럼
>
> 하지만 **밤에는 파도가 들이닥쳐**/ 상상보다 더 세게 파바박!
>
> 봉수 : 언제까지 이렇게 떠다닐까 둥
>
> 언제 나는 죽게 될까/ 눈앞에는 계속해서 **파란 바다뿐**
>
> 동현 : 어! 어! 어! 그때! 그러던 그때!
>
> 초록이 보여 /**파랑과 맞닿은 흙색이 보여**/ 저기 저 **무인도!**
>
> 동현 : 참 다행이야   봉수 : 상어를 만나지 않아서
>
> 동현 : 참 다행이야   봉수 : 내 몸이 아직은 멀쩡해
>
> 동현 : 참 다행이야   봉수 : **파도도 이제 잔잔해져**
>
> (5. 북태평양 한가운데 무인도, 인용자 강조)

'북태평양 한가운데 무인도'는 동현의 설정에 따라 봉수가 바다에 떨어졌다가 무인도를 발견하는 상상을 돕는 곡이다. 봉수는 동현이 설정한 세계관에 자신을 투영하는데 이는 'Magic if(만일에 내가)' 즉 스타니슬라브스키의 연기 훈련법과 유사하다. 이는 가상의 상황 설정을 통해 자신의 액션을 명확히 깨닫게 하는 방식이다.[29] 봉수는 멜로디와 리듬의 전환에 따라 바다 표류부터 무인도 발견으로 순식간에 공간의 변화를 겪는다. 이 넘버는 물결의 흐름과 변화를 음향효과와 속도감으로 표현하여 관객들을 상상에 동참시킨다. 이동하고, 경계를 침범하며 여러

---

29) 멜리사 브루더 외, 이용은 옮김, 『배우수업』, 예니, 2015.

장소를 넘나드는 음악의 능력³⁰⁾을 잘 활용한 곡이라 하겠다. 봉수는 상어도 만나지 않고, 말짱한 몸으로 섬에 도착한다. 이로 보아 이 작품에서 바다는 일상과 적당하게 차단하는 역할을 담당하고 있음을 알 수 있다.

> 동현 : 벗어버려 옷 따위 물속으로 뛰어
>
> 수아 : 춤을 춰도 상관없잖아　　봉수 : 여긴 나 혼자니깐
>
> 봉수 : 배가 고프면　　　　　　수아 : 열매를 따 먹어
>
> 봉수 : 목이 마르면　　　　　　동현 : 호숫물을 마시면 돼
>
> 봉수 : 수만 가지 생각들 하나씩 안녕하면 마지막에 남는 건 오직 나
> **이 섬이 전부 내 것이라면 나는 자유 이제부턴 내키는 대로**
>
> 　　　　　　　　(7. 그리고 아무도 없었다, 인용자 강조)

> 봉수 : 능선을 따라 걷다 보면/눈앞엔 푸르른 호수/그렇게 또 걷다 보면/**호수와 연결된 바다**/눈을 돌리면 거대한 나무숲/한쪽엔 **파도에 떠내려 온 보물산**
>
> 봉수 수아 : 때론 눈을 감았을 때/더 많은 게 보여/현실보다 꿈이 더 달콤하듯이
>
> 수아 : 때론 잠시 머무를 때/더 많은 걸 느껴
>
> 봉수 수아 : 질주 끝에 멈춰 선/그 순간처럼
>
> 봉수(수아) : 상상을 최대치로 (우-) 마음의 눈을 떠요 즐거운 마음으로 (우-)
>
> 봉수 수아 : 주위를 돌아 봐요 그때부터 **마법처럼 이곳은**
> **시크릿 프라이빗 봉수 아일랜드**

---

30) 에드워드 사이드, 박홍규 · 최유준 옮김, 『음악은 사회적이다』, 이다미디어, 2008, 22면.

(11. 봉수 아일랜드, 인용자 강조)

'봉수 아일랜드'는 봉수의 상상을 투영하여 가사와 대사로 파도, 절벽, 나무, 새, 바람, 호수 등을 표현한다. 무대는 일상 소품으로 무인도의 사물들을 대체한다. 이 공간은 아무도 없으니 배고플 때는 먹고, 자기 내키는 대로 하면 된다. 이 곡은 봉수의 곡 중 박자와 비트가 가장 빠르고 다이나믹하게 구성되어 있다. 상상으로 공간 전환을 이루는 이 장면은 대사와 음악이 연동되는 뮤지컬이란 장르 특성과 잘 부합한다.[31] '그리고 아무도 없었다'의 경우 심장박동이 두근대는 것처럼 퍼커션을 활용하여 일상에서 벗어난 즐거움을 표현한다. 두 곡 다 봉수의 상상을 보여주는데 경쾌한 박자로 인해 이전 봉수의 우울한 현실과 확연히 다름을 보여준다.

봉수에게 무인도는 새로운 것을 그릴 수 있는 기회와 가능성의 공간이다. 이들의 놀이는 현실과 다른 자신을 상상하는 모습은 MZ(밀레니얼·Z)세대가 온라인상에서 부캐릭터(부캐) 혹은 멀티 페르소나(Multi-Persona)처럼 보인다.[32] 능력이 없어 존재를 부인당하는 사람들에게 필요한 것은 사회 안에 빼앗길 수 없는 자리/장소를 마련해주는 일이다. 하

---

31) 음악감독은 관객들이 상상에 빠질 수 있도록 넘버들을 편곡했다고 강조했다. 임한밀 음악감독 전화 인터뷰, 2021.11.5. pm14:00.

32) 정덕현은 "대중문화 콘텐츠는 기본적으로 몰입을 바탕으로 하기 때문에 어디서든 캐릭터를 발견할 수 있다"며 "과거에는 캐릭터와 실제 인물을 혼동해 한 인물이 여러 캐릭터를 드러내는 데 익숙하지 않았다면 최근에는 캐릭터와 실제 인물을 분리해 바라보는 새로운 관점이 생겼다"고 한다. 김현진, 「유산슬, 김다비, 깡 열풍, 캐릭터의 확장이 통하다」, 『서울경제』, 2020.06.03., https://www.sedaily.com/NewsVIew/1Z3VTGZ1YP.

지만 지금의 청년들에게는 일상적인 돌봄에 대한 실천적 장치[33]도 부담
스럽다. 부캐 놀이는 이들의 부담을 줄여준다. 이들에게 바다는 새로운
경험을 하는데 필요한 과정이다. 봉수는 무인도에서 잊고 지냈던 만화
그리기를 다시 하게 된다. 그림은 최소의 도구(종이와 펜)만 있으면 무
한의 상상을 펼칠 수 있다는 점에서 무인도 놀이와 닮아있기도 하다.

> 봉수 : 맑게 갠 하늘 아래/ 저 멀리 흰 점이 보여
>
> **드넓은 바다 위에 희망이 보여**/ 깃발 흔들어 소리를 질러
>
> 시간이 됐어 세상으로 돌아갈 시간이
>
> 동현 : 안개는 걷히고/ 흰 점은 점점 더 자라나
>
> 눈앞에 있어 이제/ **무인도에서 탈출할 시간** (중략)
>
> 봉수 : 검은 먹구름 몰려와/ 어둠 속에 비바람도
>
> 한 치 앞도 보이지 않아/ 한치 앞도 보이지 않아
>
> 봉수 : 수많은 실패와/ 수많은 아픔
>
> 동현 : 저 멀리
>
> 봉수 : 막막하기만 한/ 현실 속의 내 모습
>
> 동현 : 흰 점이 보여 (중략)
>
> 봉수 : 난 나를 지킬 거야/ 여기에 멈춰서
>
> 동현 : 몸을 던져/ 희망의 빛으로
>
> 봉수 : **시련을 벗어나/ 상상의 세상에서**
>
> 동현 : **상상을 끝내고/ 현실의 세상으로**
>
> (14. 흰점이 보여, 인용자 강조)

---

33) 기욤 르 블랑, 박영옥 옮김, 『안과 밖』, 글항아리, 2014, 243면.

'흰점이 보여'는 기대감과 벅찬 감정을 장조의 빠른 템포로 시작하지만, 중간 이후부터 봉수가 돌아갈 현실을 자각하면서 느린 단조로 변경된다. 후렴구에는 봉수와 동현의 의견이 부딪침을 한 멜로디 안에서 상반된 가사를 연결시켜 드라마틱하게 표현한다. 이 넘버는 세 번의 변화를 통해 각자에게 무인도의 의미가 달랐고, 다른 선택을 할 것임을 알린다. 동현의 무인도는 현실을 살아내기 위한 충전과 같은 의미였고, 봉수에게는 자신의 강점을 재발견하게 된 곳이었다. 결국 봉수는 봉수 아일랜드에 남는다. 그리고 "각자의 이야기가 있고 넌 네가 하고 싶은 선택을 하면 돼"란 마무리로 놀이는 끝난다. 즉 이 작품은 개인의 취향과 선택 존중, 함께 있어도 다름이 가능하다는 것을 보여준다.

즉흥극 이후 세 청춘의 삶은 이전과 크게 다르지 않다. 동현은 취직 결심만 한 상태이고, 봉수는 만화 삼매경에 빠져있다. 이들의 후일담은 억지스럽지 않다. 이들은 바다를 거쳐 무인도에 도착하는 상상을 통해 일상과 거리를 두면서 진짜 원했던 것이 무엇이었는지 고민해본다. 작품 속 뮤지컬 넘버는 전형적 구성을 따르지는 않지만, 상상으로 공간을 만들고, 인물들의 'Magic if'를 진행하는데 일정한 역할을 담당한다. 음악은 연주 방식과 멜로디 변주를 통해 인물 감정의 변화, 캐릭터의 부딪침을 자연스럽게 드러낸다. 이 작품 속 인물들은 부담스럽지 않은 호의와 연대, 감정적인 부분에서 적절한 거리두기 등과 같은 이상적인 태도들을 보여준다는 점에서도 관객들에게 좋은 호응을 얻었다.

5. 청춘의 고민과 해결의 공간

바다는 생활영역 상에서 보았을 때, 통치의 대상이기도 했고, 새로운 문물이 오고가는 통로의 공간이기도 했다.[34] 문학예술에서 그려진 바다의 이미지도 자연의 위험성을 내포한 개척의 대상이었다가, 근대 이후 휴양과 낭만의 이미지가 덧씌워졌다. 그로 인해 바다로 둘러싸인 섬도 육지 중심의 시각에서 고립되어 낙후된 공간과 신비롭고 낭만적인 공간처럼 상반된 이미지를 담고 있었다. 2000년대 이후 한국 소극장 뮤지컬은 외국, 일제강점기, 현대, 전쟁 등 다양한 시공간을 다루고 있다. 본고는 소극장 뮤지컬에서 공간적 배경과 바다가 부각되는 작품들을 선별하여 작품 내에서 바다가 어떠한 기능을 하는지 살펴보았다.

〈여신님이 보고 계셔〉, 〈전설의 리틀 농구단〉, 〈무인도 탈출기〉 세 작품에서 바다 공간은 바다 외에 해변과 섬처럼 바다와 인접한 지역까지 담고 있다. 등장인물은 군인, 고등학생, 취업준비생처럼 도시 혹은 바다 이외에서 살다가 우연한 기회에 일상에서 벗어나 바다에서 일정 기간 머무르게 된다. 이들 작품에서 바다는 약간 위험하지만, 적절히 대처할 수 있는 곳 즉 공포가 교묘히 제거된 공간이다. 그리고 이들 외부자는 바다 공간의 체험을 통해 이전의 모습에서 발전, 변화되는 공통적인 모습을 보여준다.

〈여신님이 보고 계셔〉에서 바다는 전쟁이란 현실을 차단하는 공간이다. 무인도는 군인들에게 기존 질서를 전복할 수 있는 기회를 준다. 남북의 군인들은 이념 위주의 질서에서 벗어나 인간의 기본자세와 가치를

---

34) 주경철, 『문명과 바다』, 산처럼, 2002, 20면.

공유하였다. 이를 통해 전쟁으로 파괴되었던 일상을 되돌아보고 인간의 모습이 크게 다르지 않음을 깨닫는다. 즉 이상적인 공동체를 경험할 수 있었다. 즉 바다와 섬은 이들에게 중요한 가치를 환기시키는 유토피아적인 공간이었다. 작품 속 뮤지컬 넘버 중 오프닝, 피날레, 리프라이즈는 바다가 표상하는 의미를 드러내고, 상황을 노출하며, 인물들의 성장을 드러내었다. 이 작품은 지금의 관객들에게 이상적 공동체에 대한 간접 경험을 제공한다는 점에서 만족도를 높일 수 있었다.

〈전설의 리틀 농구단〉에서 바다는 스트레스를 벗어나고픈 도피의 공간인 동시에 현실에 적응 못하는 인물들이 타인과 교감하는 법을 터득하는 공간이다. 바다는 17살의 시선에서 학업스트레스를 벗어날 수 있고 농구 실력이 향상되리란 기대를 담은 공간이었다. 그에 비해 코치 종우에게 바다는 15년 전 친구들이 죽은 곳이므로 두려움과 공포의 공간이다. 종우와 수현 둘다 17살에 전지훈련을 핑계로 바다에 갔지만, 타인에게 구조 신호를 어떻게 보내고 받아들여지느냐에 따라 이후의 삶이 달라졌다. 종우는 바다에서 혼자가 된다는 것을 경험하였고, 수현은 친구와 마주하게 된다. 즉 이들은 타인의 사소한 지지와 반응으로 변화되었다. 그러므로 바다는 공동체의 구성원으로 사는 방법을 터득하게 하는 공간이 된다. 이때 뮤지컬 넘버는 분위기 전환에 적극적으로 기여하고, 인물들의 변화와 교감을 이해하는데 도움을 주었다.

〈무인도 탈출기〉에서 바다는 실제 존재하지 않는 무인도에 가기 위한 도구였다. 즉 사람, 일, 문명과 같은 비루한 일상에서 분리되어 자기를 탐색하게 만든 공간이었다. 바다는 상어나 육체적 고난과 같은 위험은 적절하게 소거하여 일상과 차단만 하였다. 동현, 봉수, 수아는 함께 무인도 스토리텔링을 했지만 각각에게 의미는 다르다. 동현에게 무인도는 상상을 현실로 만들 수 있다는 믿음을 준 공간이었고, 봉수에게는 하고픈 것을 실천하게 한 공간이었으며, 수아에게는 꿈에 관심을 가지게 된 공간이었다. 이 작품은 무인도를 모두 탈출하지 않는다는 결말을 통해 각각의 선택을 존중해준다. 음악은 소극장이지만 공간이 확장되었음을 관객들이 받아들일 수 있도록 하는데 도움을 준다.

〈여신님이 보고 계셔〉, 〈전설의 리틀 농구단〉, 〈무인도 탈출기〉는 소극장 뮤지컬이지만 바다 공간을 다루었고, 현실과 판타지, 각각 다른 장소들의 경계 등 공간 변화를 드러내는 데 뮤지컬 장르의 특성을 적재적소에 활용하였다. 각 작품에서 바다 공간과 연결된 뮤지컬 넘버들은 여러 곡 등장하였으며 연주 방식과 멜로디 변주를 통해 인물 감정의 변화, 캐릭터의 부딪침을 자연스럽게 드러낸다. 또한 이 작품들은 라이브 밴드로 진행되어 청각적 환기를 통해 생동감과 스펙터클을 살려주었다. 뮤지컬 넘버들은 극적 상황을 노출하고, 주인공의 내면을 표현하거나, 분위기 전환을 해주었다. 이것이 가능한 이유는 음악이 이동, 경계 침범 및 장소를 넘나드는 기능 외에, 사람과 사람, 개인과 사회, 인간과 자연계와 같은 삶의 관계를 은유하기 때문이다.[35]

〈여신님이 보고 계셔〉, 〈전설의 리틀 농구단〉, 〈무인도 탈출기〉에서 주인공은 일상에서 마주할 수 있는 평범한 인물들로 설정되어 있었다. 등장인물들이 마주친 바다 공간(바다, 해변, 무인도)은 현실의 고통과 위험이 제거되어 있었다. 관객들은 작품 속 등장인물들의 처음 상황보다는 과정을 통해 어떻게 변화되었는지에 관심이 많다. 즉, 작중인물이

---

35) 크리스토 스몰, 조선우·최유준 옮김, 『뮤지킹 음악하기』, 효형출판, 2004, 35면.

처음에 비해 성장하기를 바란다.[36] 주인공은 외부 시선에서 벗어난 공간에서 과거를 돌아보고, 현재를 살아나갈 힘을 얻는다. 이들은 타인의 기준과 자기 자신에 대한 고민을 하면서 미숙함을 딛고 일어서 존재가치와 의미를 깨닫는다. 그렇다고 결말에서 등장인물들의 삶이 처음에 비해 많이 변화되지는 않는다. 하지만 모든 변화는 한걸음부터 출발한다는 단순한 진실을 보여준다. 뮤지컬 넘버들은 현실과 상상으로 분리되는 지점들을 자연스레 연결하였으며, 주인공의 결정적 순간들을 알려주어 관객들이 공감할 수 있는 장치였다.

한국 소극장 뮤지컬의 주 관객층은 도시의 20~30대 미혼의 청년층이다. 현재 창작 뮤지컬은 이들의 관심을 적극적으로 반영하고 있다. 본고는 뮤지컬에서 구현된 '바다'가 갇혀있는 청춘(〈여신님이 보고 계셔〉, 〈무인도 탈출기〉) 혹은 현대의 청춘(〈전설의 리틀 농구단〉, 〈무인도 탈출기〉)의 면모를 드러내주면서, 관객들의 공감을 이끌어내는 지점들을 파악해보았다. 또한 근래 뮤지컬에서 바다가 현실을 탈피할 수 있는 공간, 아픈 역사의 장소, 성장의 공간 등으로 확장되고 있음을 드러내면서 공간이 담고 있는 의미가 확장되었음을 확인할 수 있다.

– 정명문, 「바다 공간과 뮤지컬 형상화 연구 – 〈여신님이 보고 계셔〉, 〈전설의 리틀 농구단〉, 〈무인도 탈출기〉를 중심으로」, 『해양문화재』 16, 국립해양문화재연구소, 2022.

---

36) 스티븐 시트론, 앞의 책, 213면.

8
TV 로맨스 드라마와 바다
: 치유와 회복의 공간

문 선 영

1. 바다, 낭만, 로맨스

서구 문명에서 인간이 바다에 대해 가지는 이미지는 고대와 중세, 그리고 근대 이후로 크게 이분화시켜 말할 수 있다. 전자가 공포와 재난의 바다였다면, 근대 이후에는 공포와 재난의 부정성에서 벗어나 희망과 긍정도 바다와 함께 연상되기 시작한 것이다. 이 전환을 이끌고 지속적으로 동행했던 것은 '섬-유토피아'의 근세 사상이다. 바다 너머의 이상국가 섬에 대한 환상이 15~16세기 대서양 항해를 통해서 부질없는 것으로 증명되었지만, 여전히 바다에 대한 낙관적 투사는 그치지 않고 있다. 하지만 18세기 후반을 지나면서 유토피아는 공간성의 차원을 떠나 시간성의 차원으로 확장된다. 즉 어딘가에 존재하는, 여행과 탐험이라는 공간이동을 통해 찾아내야 하는 이상적 장소로서가 아니라, 역사를 통해 스스로 실현해내어야 할, 사회 내 변혁의 목표지점, 한 사회의 자기 기획

의 차원으로 이동하게 된 것이다.[1]

현대사회에서 바다와 유토피아의 관계는 '개인화'의 단계로 들어서게 되었다. 현대인들은 바닷가를 찾아 도시 문명에 찌든 심신을 휴식하고, 바다 전망을 감상하고, 해변 산책을 하는 등 치유와 회복의 시간을 갖는다. 바다의 이미지는 개인의 휴식과 회복이 실현되는 사적 공간이자 유토피아로서 개인의 제한된 일상탈출의 해방적 함의를 띠게 되었다. 바다는 도시와 구별되는 낯선 공간으로, 생활환경, 일상의 리듬 등이 도시와는 다를 것이라는 환상을 심어주는 배경이 되기도 한다. 일반적으로 도시와 다른 공간에서 휴식을 원할 때, 쉽게 떠올릴 수 있는 것은 '바다' 또는 '숲'이다. 힐링의 공간을 상상하는 것은 높은 빌딩과 자동차, 화려한 조명, 바쁘게 움직이는 사람들 등의 이미지를 담은 도시와 구별된 풍경에 대한 기대이다. 바다는 현대인이 상상하는 힐링 공간에 대한 낭만적 이미지를 충족시키는 공간 중 하나라고 할 수 있다.

한국 TV에서도 바다는 마당이 있는 집, 낮은 담벼락 등 복잡하고 정신없는 서울과 다른 지역으로 재현된다. 방송에서 문화적으로 재현되는 지역, 소도시는 낭만적으로 그려지는 편이다. 2014년 시작하여 2020년 전후까지도 대중적 호응이 높았던 예능 프로그램 〈삼시세끼〉는 산과 바다를 배경으로 하여 산촌이나 어촌의 낭만적 이미지를 적절하게 활용했다. 〈삼시세끼〉는 자급자족으로 하루 세끼를 직접 해 먹고 자연과 가까워지는 법을 배우며, 삶의 여유를 찾아가는 힐링 프로그램을 유행시켰다. 도시와 다른, 낯선 지역은 일상의 삶을 떠난 인물에게 새롭고 흥미로

---

1) 배정희, 「바다-치유와 향락과 재난의 이미지」, 『유럽사회문화』 13, 연세대학교 유럽사회문화연구소, 2014, 1~6면 참조.

운 사건이 펼쳐지는 환경적 조건이 된다. 이는 자연적 배경이 주는 시각적 만족감 이외의 다양한 콘텐츠를 생산할 수 있다는 의미이기도 하다.

한국 TV드라마에서 '바다'는 낭만적 로맨스를 이루기 적절한 공간적 장치로 자주 활용되었다. 로맨스 드라마에서 사랑은 우연한 기회에 포착된 인물들의 만남으로 시작된다. 서로 다른 환경에서 우연이 아니면, 스쳐 지나갈 낯선 사람들은 우연을 가장하여 만나게 되고, 낯설고 이상한 대상을 결국 사랑해버린다. 로맨스 드라마는 사랑의 낭만성을 극대화하기 위해, 갈등적 상황을 적절히 배치한다. 생활환경, 가치관, 취향이 서로 다른 두 사람은 사랑에 빠지고, 사랑의 결합을 이룬다. 여기서 '바다'라는 공간은 사랑에 빠질 만한 분위기를 형성하는 데 중요한 배경이 된다. 그러므로 로맨스 드라마에서 '바다'는 종종 도시와 다른 어떤 곳, 일상에서 벗어난 곳, 긴장을 풀고 여유를 가질 수 있는 곳으로, 낯선 환경이나 만남에 대한 낭만적 기대가 충족되는 판타지적 공간으로 재현되었다.[2]

'바다'는 로맨스 드라마에서 낭만적 이미지를 그리는 데 여전히 유효하지만, 단지 전략적 배경으로만 활용되는 것은 아니다. 바다는 대체로 도시와 떨어진 지역과 관계된 공간으로, 서울을 중심으로 하는 도시와

---

2) "바다를 중심 배경으로 하지 않지만, 서울과 구별되는 지역, 도시를 벗어난 지역에 대한 대중의 욕망을 충족시키는 영화나 드라마는 최근 몇 년간 많이 있었다. 대표적인 예로 영화 〈리틀 포레스트〉, 드라마 〈날씨가 좋으면 찾아 가겠어요〉등은 서울의 생존경쟁에서 상처를 받은 청춘들이 지역 소도시로 내려가 소도시의 자연과 느리게 흘러가는 시간에서 삶의 여유를 찾는 과정을 담아내고 있다. 또한 그 곳에서 마음 따뜻한 사람들과의 만남을 통해 힐링을 하는 이야기이다. 이 작품들은 현실에서 실현하기 어려운 대중들의 욕망을 해소해 주는 판타지라고 할 수 있다." (이주라, 「서울의 생존, 지역의 공존」, 『르몽드디플로마티크』, 2021, 〈http://www.ilemonde.com/news/articleView.html?idxno=14972〉).

구분되는 지역적 특성을 가지고 있다. 그러므로 '바다'를 배경으로 하는 로맨스 드라마에서 '바다'는 사랑의 결합을 위한 낭만적 분위기와 영상 미학적 효과에 그치지 않는다. 바다는 밝음과 어둠이 존재하는 물의 이중적 속성을 지니고 있다. 수면의 화려함과 수면 아래 깊은 어둠이 공존하는 바다의 특성은 인간의 실존을 반영한다. 이는 바다를 공간으로 하는 드라마에서도 적용될 수 있다.[3] '바다'를 중심 배경으로 하는 로맨스 드라마는 상처와 결핍을 지닌 인물이 일상을 떠나 '바다'와 연결된 상대를 만나 자신의 어둠의 깊이를 발견하는 서사가 중심을 이루고 있다. 또한 인물의 갈등을 단지 개인적 차원에 두지 않고, 도시와 섬, 서울과 지역사회의 공동체 간의 다름에서 발생하는 차이로 보며 시선을 확장 시키는 시도를 하는 작품도 있다. 최근 로맨스 드라마는 '바다'를 중심으로 생활하는 사람들의 다양한 이야기를 담아냄으로써, 또 다른 로맨스를 꿈꾸고 있다. 이 글은 최근 로맨스 드라마에서 '바다'를 통해 시도하고 있는 감각은 무엇이며, '바다'는 어떤 이미지로 활용되는지 살펴볼 것이다.

---

3) 물이 깊으면 깊을수록 표면에서 일어나는 반영의 깊이는 좀 더 뚜렷해진다. 그러므로 이 반영은 물의 깊이가 제공하는 어둠에 근거하고 있다. 인간은 활기찬 일상생활의 수면으로부터 깊이 내려가 수심에로 향하게 되면 거기서 죽음의 우울을, 그 수심이 가득 찬 자신의 운명을 보게 된다. 수면의 화려함은 수심의 단조로운 어둠으로 인해 가능했음을 발견하나. 물이 인간의 삶과 직접적인 연결되는 것이라면, 물의 밝음과 어둠의 대비를 통하여 우리들의 삶이 지니는 실존적 속성을 드러내는 것이라 할 수 있다.(박치환 · 김성수 외,『상상력과 문화콘텐츠-바슐라르와 뒤랑을 중심으로-』, 한국외국어대학교 출판부, 2013, 177~178면.)

2. 치유를 향한 열망의 이상적 공간 : 〈톱스타 유백이〉

1) 멈춤과 여유, 신비한 섬마을

〈톱스타 유백이〉[4]는 아이돌 그룹 '시리우스'의 리더 겸 배우인 유백(김지석 분)이 서울에서 대형 사고를 치고, 강제로 섬 여즉도에 잠시 머물게 되면서 섬에서 나고 자란 순박한 해녀 오강순(전소민 분)을 만나 사랑에 빠지는 로맨스 드라마이다. 유백은 어린 나이에 데뷔해 노래, 춤, 연기 등 다양한 분야에서 재능을 발휘하며, 인기 스타로 성장했다. 그는 완벽한 외모와 타고난 재능을 갖추고 있지만, 자신 이외에는 경쟁자가 없다고 공공연하게 말하며 거만하고 무례한 태도를 일삼는, 나르시스트이다. 유백은 연말 시상식이 있던 날, 음주측정을 요구하는 경찰의 검문을 무시하고 시상식에 참여하지만 형편없는 수상 소감을 남기며 논란의 대상이 된다. 결국 기획사 대표에 의해 유백은 사람들이 찾을 수 없는 섬으로 강제 휴가를 가게 된다.

자신밖에 모르는 유백이 도착한 낯선 공간은 섬마을 여즉도이다. 여즉도는 배 없이는 외부로 나갈 수 없는 작은 섬이다. 서울의 중심, 고층 아파트에 살던 유백에게 여즉도는 하루도 머물고 싶지 않은 공간이다. 드라마 초반부 유백의 눈으로 재현되는 바다는 서울로 돌아가는 방법을 찾을 수 없는 고립된 공간으로 그려진다. 그는 바다를 배경으로 하는 아름다운 풍경에는 관심이 없다. 유백의 관점에서 여즉도는 이해가 되지 않는 곳이다. 여즉도 사람들 대부분이 핸드폰을 소유하고 있지 않고 심

---

4) 이소정 · 이시은 극본, 유학찬 연출(2018.11.16.~2019.1.25. tvN에서 방영)

지어 외부와 연결되는 전화는 이장댁과 보건소에 두 대뿐이다. 섬 안에서 연락은 마을 이장 최한봉(이한위 분)의 안내 방송을 통해 공개적으로 전달된다. 유백이가 숙박을 해결하게 된 오강순 집에는 PC, 텔레비전, 라디오 등 외부 소식이 전달되는 전자제품은 찾아볼 수 없다. 넘쳐나는 정보 속에서 눈 깜짝할 사이 퍼지는 소문에 시달렸던 연예인 유백에게 세상과 단절된 듯 보이는 섬마을은 이상한 공간일 수밖에 없다.

여즉도는 1980년대 섬 개발 여부를 놓고 의견이 갈라지며 마을 사람들 사이에서 치열한 싸움이 일어났던 과거를 지니고 있다. 현재의 여즉도에는 개발을 찬성하던 사람들이 모두 떠나고, 섬을 그대로 유지하고자 소망했던 사람들만이 남아서 시간이 멈춘 듯 살아가고 있다. 여즉도는 리조트와 휴양지 개발이 중단된 것만이 아니라, 과거 시점에서 멈춰져 있는 것처럼 보인다. 1990년대 이후 통신기술의 변화, 대중문화의 전환 등은 여즉도에서 찾아볼 수 없다. 2021년 인터넷 최강국 한국에서 와이파이가 없다는 것, 심지어 그 흔한 핸드폰 하나 없는 것, 심지어 마을에서 외부와 연결할 수 있는 수단은 전화 두 대뿐이라는 것은 여즉도가 현실적으로 가능한 공간인지 의문을 갖게 한다.[5]

여즉도의 문화가 현재와 너무 동떨어져 있다는 것 이외에도 여즉도의 비현실성은 그곳에 거주하는 사람들을 통해서도 발견할 수 있다. 섬

[5] 〈톱스타 유백이〉의 기획 의도에서도 살펴볼 수 있듯이, 이 드라마에서 여즉도는 삶의 여유와 위안을 주는 이상적인 공간임을 알 수 있다. "디지털 문명이라는 시간의 흐름에서 벗어나 여즉도, 아날로그적 삶과 슬로 라이프를 즐기며 살고 있는 미스터리 가상의 섬 '여즉도'…삶의 속도를 한걸음 멈추고, 슬로 라이프와 아날로그로 살아가는 '여즉도' 섬마을 사람들의 정겹고 따뜻한 이야기를 통해 사라지는 것들에 대해 잠시나마 추억하고 되돌아 볼 수 있는 계기가 되었으면"(〈톱스타 유백이〉tvN 홈페이지http://program.tving.com/tvn/topstaruback)

마을 주민들은 불편함 없이 지낸다. 잠깐 있어도 답답하고 견디기 힘든 섬에서 불평과 불만을 늘어놓는 사람은 외부에서 온 타지인 유백이 혼자이다. 모든 일을 긍정적으로 풀어가는 마을 사람들에게 갈등과 분쟁은 일어나지 않는다. 대부분이 섬에서 태어나서 자란, 섬을 떠나본 적이 없는 마을 사람들은 서로에 대해 너무 잘 알고 있다. 마을 사람들은 모두 가족처럼 지낸다. 가족이라도 작은 다툼은 발생하기 마련인데, 여즉도는 서로를 향한 이해와 배려만 넘친다. 심지어 이곳은 지역 공동체가 가지고 있는 타지인에 대한 배타적 태도마저 찾아볼 수 없다. 마을 사람들은 도시에서 어쩔 수 없이 내려온 외지인 유백이가 섬에 적응할 수 있도록 도와준다. 〈톱스타 유백이〉의 섬마을 여즉도가 비현실적인 이유는 이 마을의 호의가 진심에서 비롯되기 때문이다. 섬마을 사람들은 그가 유명 연예인이기 때문에 특별한 관심이나 호의를 베푸는 것이 아니다. 그들은 낯선 환경에 던져진 타지인에 대해 진정으로 염려하고 아무런 대가를 바라지 않는다. 사랑과 정이 넘치는 여즉도의 일상은 여유롭고 행복하기만 하다.

[그림1] 〈유백이〉1회-유백의 집 그림

[그림2] 〈유백이〉1회-여즉도

개인의 생활을 중시하는 유백에게 마을 사람들의 관심은 낯설고 불편하다. 도시에서 타인과의 거리감을 유지하던 유백에게 서로에 대해 너무 잘 아는, 알고 싶어 하는 이 마을은 매우 불편하고 이상한 공간이다. 하지만 이해가 되지 않는 이 섬은 평소 그가 꿈꾸던 이상적 공간과 가깝다. 10대부터 아이돌 스타로 대중의 지나친 관심 속에서 살아왔던 유백은 누군가의 시선을 의식하지 않았던 날이 없었다. 파파라치에 의해 그의 표정, 말, 행동은 실시간으로 공개되고 때론 왜곡된 사실로 기사화되기도 했다. 대중의 사랑과 관심이 높을수록 각종 소문에 시달려야 하는 유명인 유백은 늘 긴장하며 살아야 했다. 오랜 시간 반복된 삶을 살면서, 일상으로부터 도피하고 싶은 유백의 마음은 자신의 침대 옆에 걸어놓은 바다 풍경을 담은 그림으로 재현된다.(그림1) 여즉도는 유백이 평소에 꿈꾸었던 그림 속 공간, 자신에게 여유와 위안을 주는 안식처로 상상하던 공간과 유사하다.

   유백이가 그림을 통해 상상하던 이상적 공간은 강순에게는 삶의 터전인 여즉도라는 섬마을이다. 드라마 〈톱스타 유백이〉에서 유백의 바다 그림에서 여즉도로 이어지는 첫 회 장면은 유백의 현재 삶이 전환을 맞이할 계기가 되는 곳이 여즉도 임을 암시하고 있다.(그림2) 또한 서울의 유백과 여즉도의 강순이 물리적으로 맞닿을 수는 없지만, 공간적 한계를 넘어 친밀한 관계로 이어질 것이라는 점을 암시한다.

[그림3] 〈유백이〉1회-구름에 덮인 여즉도

[그림4] 〈유백이〉1회-여즉도 풍경

유백이 처음 목격한 바다 위 외따로 있는 여즉도는 구름이 뒤덮고 있어서 묘한 느낌을 주는 신비한 섬처럼 그려진다.(그림3) 그를 섬으로 데려다 준, 작은 배의 선장마저 알 수 없는 말("쉼 없이 달려왔으면 이제는 멈출 때도 됐지. 길을 잃은 별의 끝을 알고 있나?")을 유백에게 남기고 유유히 사라진다. 유백이가 여즉도에서 처음 만나는 마을 사람들 역시 예사롭지 않게 등장한다. 자동차만큼 빠른 동춘 아빠(정은표 분)는 어디서 나타났는지 모르게 나타나 유백에게 간단한 인사만 하고, 모래바람을 일으키며 빠르게 사라진다. 마을 어귀 우물 앞에서 만난 장흥댁(허진 분)과 군산댁(성병숙 분) 할머니들은 자신의 키보다 높이 쌓은 미역 줄기가 담긴 커다란 고무 바구니를 머리에 이고 유백에게 아슬아슬한 인사를 건넨다. 여전히 국민학교로 표기되어있는 여즉도 초등학교에 다니는, 여즉도 유일한 어린이 박동만(유주원 분)은 돼지 오줌보를 축구공 삼아 논다. 유백이가 나오는 방송을 한 번도 본적이 없고, 그의 유명세를 체감하지 못하지만 여즉도에서 처음 만난 마을 사람들은 그를 '톱스타'라고 부르며 좋아하고 친절하게 대해준다.

따뜻하게 자신을 맞아 주는 섬사람들의 호의를 의심하며 거리를 두었던 유백은 이상한 섬과 마을 사람들에게 조금씩 마음의 문을 열게 된다. 그는 드넓고 푸른 바다, 파도소리, 물새소리가 들리는 여즉도의 자연을 통해 마음의 안정을 찾게 되고, 점차 악몽에서 벗어나게 된다.(그림4) 그는 불편하고 이상하기만 했던 여즉도를 점차 안정적인 공간으로 받아들인다. 유백은 여즉도와 마을 사람들을 수용하게 되면서 조금씩 바쁜 일상의 습관들을 멈추고 여유를 갖는다. 여즉도의 느린 시간의 흐름에 맞춰 앞을 향해 달려가기만 하던 유백은 비로소 자신을 돌아보는 성장의 기회를 갖는다. 〈톱스타 유백이〉에서 여즉도는 외롭다고 느꼈던 유백이

정이 넘치는 사람들을 만나고 과거 트라우마에서 벗어나 타인과 화해하고 함께 살아가는, 그의 소망이 이루어지는 공간이라 할 수 있다.

2) 아픔의 공유와 성장, 사랑의 판타지

〈톱스타 유백이〉는 타인에게 자신의 솔직한 모습을 내보이지 않았던 유백이가 순박한 섬마을 사람들을 향해 조금씩 마음의 문을 열게 되는 과정을 그리고 있다. 유백이 마음에 변화가 일어나기 시작한 것은 사랑의 대상, 강순을 만나면서부터이다. 낯선 환경에서 예상치 못한 사랑은 유백의 인색하고 차가운 마음을 변화시키고, 타인을 배려할 줄 아는 따듯함을 회복시킨다. 여기서 중요한 것은 사랑의 상대가 되는 인물의 역할이다.

〈톱스타 유백이〉에서 강순은 가시 돋은 듯 예민하게 행동하는 유백의 마음을 보듬어 줄 수 있는 사랑이 충만한 인물이다. 유백이 여즉도에 도착한 후, 처음 만난 인물이 강순인데, 두 사람의 첫 만남은 로맨스 드라마의 전형적인 관습을 그대로 따른다. 전혀 다른 환경에서 생활한 남녀는 티격태격하며 싸우며, 갈등적 상황에 놓이게 되고 서로의 결핍을 안쓰럽게 여기는 사이가 된다.[6] 강순은 선하고 따듯한 성품으로 유백에게 먼저

---

6) "로맨스 코미디 드라마에서 충돌의 과정은 감정을 극한의 지점까지 몰아가지 않고, 그 밀도가 높지도 않다. 두 사람이 티격태격하는 과정은 서로를 놀리고 놀림을 당하며 즐거워하는 유희의 차원이라고 생각할 수 있다. 또한 이들의 싸움은 과정된 방식으로 이루어지며 웃음을 유발하지만 이는 감정의 과잉이 아니라 행동방식의 과정일 뿐이기 때문에 작품 속의 인물도 작품의 수용자도 감정적 고통을 느끼지 않는다. 인물들의 과장된 행동 방식에 웃을 뿐이다. 그렇기 때문에 로맨틱 코미디의 '충돌과 화해'의 서사

다가간다. 그녀는 다른 사람에게 상처를 주는 말을 하면서, 자신을 단단히 보호하고 있는 유백의 마음을 읽으며, 그의 외로움을 이해해준다.

> "가시가 돋은 것이 그쪽과 닮았네요. 성게는 겉은 뾰족하니 가시가 돋았어도 속은 얼마나 연하고 부드러운지 몰라요. 속을 숨기고 가시를 세워야지 살아갈 수 있는, 난 성게 맘 이해해요."[7]

강순은 섬을 벗어나기 위해 온갖 시도를 하는 유백에게 성게를 선물한다. 투박한 듯 내뱉는 그녀의 말은 유백의 마음의 문을 열게 하고 그를 섬에 남게 하는 결정적인 계기를 마련해준다. 강순은 높지 않은 학력, 뒤떨어진 문화적 감각을 가진 인물이지만 나이에 비해 성숙하고 타인의 결핍을 품을 줄 아는 따뜻한 캐릭터이다.

유백의 이기적인 모습 혹은 타인에게 냉정하고 무례한 행동들은 그의 상처에서 비롯된 것이다. 10대부터 유명 스타로 성공한 유백은 재혼한 엄마가 자신을 버렸다고 믿으며 성장했다. 엄마의 재혼남은 형편없는 인물로, 잘나가는 아들을 둔 유백 엄마를 철저하게 이용했다. 이러한 경험으로 유백은 사람과 소통하는 법을 제대로 알지 못한 채 성장했다. 그는 스타라는 자신의 배경 때문에 사람들이 접근한다고 여기며 타인과 친밀한 관계를 거부하며 거만하고 무례한 태도로 자신을 보호하곤 했다. 타인에게 경계심을 가지며 늘 긴장하는 유백에게 강순의 한결같은 모습은 안정감을 준다. 강순에게 마음의 문을 열기 시작한 유백에게 바다는 잠시 바라보거나 머무르는 곳이 아닌, 자신의 삶과 밀접한 관계를

는 밝고 경쾌한 분위기로 진행된다."(이주라 · 진산, 『로맨스』, 북바이북, 2015, 18면.)
7) 〈톱스타 유백이〉(tvN) 3회.

가진 친근한 공간으로 변화하기 시작한다.

[그림5] 〈유백이〉3회-유백과 강순

[그림6] 〈유백이〉4회-칠게 잡이

　여즉도의 바다 풍경을 멀리서 바라만 봤던 유백은, 물질하는 강순을 만나러 바다 가까이 나가기도 하고, 강순을 기다리다 걱정돼서 바다에 뛰어들기도 한다.(그림5) 심지어 강순과 함께 칠게 잡이를 하며 바다의 색다른 경험을 즐기기도 한다. 잔잔한 파도소리와 달빛이 아름답게 비추는 밤바다는 오직 두 사람만의 낭만적 공간이 된다.(그림6) 유백이 강순을 사랑하게 된 결정적인 계기는 자신의 상처를 공유하면서부터이다. 유백은 부모님 제사가 끝난 후, 밤바다에 누워 있는 강순을 목격한다. 바다는 어린 강순에게 부모를 잃게 만든 두려운 공간이 아니라, 부모의 품을 느낄 수 있는 안정적인 공간이다.(그림7) 그러므로 그녀에게 바다는 모든 것을 받아주는 부모 그 자체이다. 유백은 바다에 누워있는 강순의 그리움과 동화되고 어린 시절 자신의 상처를 돌아본다.

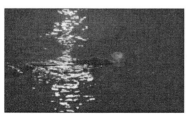
[그림7] 〈유백이〉4회-강순의 바다

[그림8] 〈유백이〉4회-어린 유백과 강순

유백의 강순을 향한 열린 마음은 그녀가 안쓰러웠기 때문이기도 하지만, 강순에게서 어린 자신을 발견했기 때문이다. 상처받고 외롭게 홀로 서 있는 어린 유백은 강순을 향해 달려간다.(그림8) 바다를 따뜻하고 포근한 부모님의 품처럼 느끼며, 바다에서 안정감을 가지는 강순을 이해하지 못했던 유백은 점차 강순의 바다를 이해하고 사랑하게 된다. 그러므로 〈톱스타 유백이〉에서 바다는 상처를 치유하고 사랑을 완성하는 환상적 공간으로 그려진다.

〈톱스타 유백이〉는 진정한 사랑을 발견한 유백이 어머니를 용서하고 상처에서 벗어난 후, 성숙한 정체성을 갖게 되는 결말을 담고 있다. 유백과 강순은 사랑의 불안과 두려움의 과정을 거쳐 결혼이라는 사랑의 결합을 이룬다. 사랑의 결합과 관련된 서사는 한국의 전형적인 로맨스 관습인 신데렐라 스토리를 따르고 있다. 두 사람이 사랑을 이루는 과정은 몇 가지 신데렐라 타입의 로맨스물의 특징을 갖추고 있는데, 우선 사랑의 경쟁 상대가 등장하여 모호한 관계에 확신을 준다는 것이다. 섬에서 함께 나고 자라면서 강순과 친남매처럼 지냈던 여즉도 청년 최마돌(이상엽 분)의 등장은 사랑의 경쟁 구도를 만들어, 사랑을 시작하려는 주인공을 긴장하게 만든다. 사랑의 경쟁자로 인해, 두 사람은 서로의 마음을 확인한다. 또 한 가지 사랑의 확인이 이루어진 이후, 유백이 자신의 화려한 일상으로 복귀하고, 고립된 섬마을의 강순을 서울, 도시의 여성으로 변신시키는 것이다. 강순은 유백이 덕분에 자신의 선택에 대해 용기를 가지게 되고 새로운 미래를 꿈꾼다.

3. 화해와 공존의 실현 공간 : 〈갯마을 차차차〉

1) 갈등과 타협, 차이에 대한 인정

〈갯마을 차차차〉[8]는 2004년 영화 〈어디선가 누구에게 무슨 일이 생기면 틀림없이 나타난다 홍반장〉을 리메이크한 드라마이다.[9] 동네에 무슨 일이 생기면 순식간에 나타나서 모든 일을 해결하는 홍반장(김선호 분)과 어촌 마을 공진을 방문했다가, 급작스럽게 치과를 개원하여 낯선 환경에 적응해가는 치과의사 윤혜진(신민아 분)의 사랑을 그린 로맨스 드라마이다.

이 작품은 윤혜진이 서울에서 쫓겨나 바닷가 작은 마을, 공진에 치과를 개원하면서 지역 소도시에 정착해 나가는 과정을 중심으로 두 남녀의 사랑 이야기를 풀어간다. 윤혜진이 서울을 떠나 공진에 개원을 하게된 계기는 공진 바다에 대한 그녀의 추억 때문이다. 공진의 바다는 병으로 일찍 세상을 떠난 엄마와의 마지막 추억의 장소이다. 혜진에게 바다는 엄마가 그리울 때 찾게 되는 공간으로 그려진다. 엄마의 기일, 혜진은 홀로 공진의 바다를 찾게 되고 우연히 홍반장을 만난다. 혜진은 멍하니 바다를 바라보며 엄마를 추억하다 벗어놓은 구두를 잃어버리게 되고, 혜진 근처에서 서핑을 즐기던 홍반장이 그녀의 구두 한 켤레를 찾아주

---

8) 신하은 극본, 유제원 연출(tvN, 2021.8.28.~2021.10.17.)

9) 드라마 〈갯마을 차차차〉는 영화〈어디선가 누군가에 무슨 일이 생기면 틀림없이 나타난다 홍반장〉(2004, 강석범 감독, 김주혁, 엄정화 주연)의 기본적인 스토리, 주인공 캐릭터의 성격은 그대로 유지하면서, 두 사람이 서로를 이해하며 친밀하고 깊이 있는 관계가 되는, 개인사에 대한 서사는 변형시켰다. 무엇보다도 주변 인물인 마을 사람들, 삼각관계 설정의 혜진의 대학 선배 지성현 등의 이야기는 새롭게 추가된 부분이 있다.

면서 두 사람의 인연은 시작된다.

로맨스 드라마에서 우연한 사건으로 만난 남녀가 별것 아닌 일로 얽히며 티격태격 갈등을 일으키는 장면은 〈갯마을 차차차〉의 1회 초반부터 시작된다. 현실적이고 합리적인 일처리 방식에 익숙한 혜진은 홍반장을 만난 이후, 이상하게 일이 꼬이며 처음 본 사람들에게 아쉬운 소리를 해야 하는 상황에 놓인다. 한 짝만 남은 신발 때문에 홍반장이 던져준 화정횟집 화장실 슬리퍼를 끌고 다닐 수밖에 없게 되고, 공진 일대 통신 마비, 자동차 배터리 방전 등 하루아침에 우연하게 일어난 작은 사고로 혜진은 홍반장의 도움을 받는다. 홍반장의 도움으로 최악의 상황을 모면하기는 하지만, 혜진은 태어나 한 번도 해보지 않은 일을 짧은 시간에 경험한다. 오징어 손질 아르바이트를 소개하는 홍반장에게 황당해하며 혜진은 "내 소셜 포지션이 있지. 저 치과의사예요. 엘리트에 고급인력이라고요."라고 말한다. 이 생각은 그녀가 공진에 내려와 치과를 개원한 이후 한동안 지속되는데, 혜진이 서울과 공진을 구별하는 이유이자 혜진이 공진의 사람들과 섞이지 못하는 원인이기 되기도 한다.

혜진은 서울에서 밀려나듯 작은 어촌 마을에 치과를 개원했기 때문에 공진 생활이 만족스럽지 않다. 그녀의 계획은 빠르게 수익을 올리고 서울로 돌아가는 것이다. 이러한 이유로 공진의 삶을 시작한 그녀에게 공진은 불편한 것 투성이다. 혜진을 가장 불편하게 하는 것은 마을에서 일어나는 일에 비밀이 없는 마을 사람들이다. 특히 그녀가 가장 이해할 수 없는 인물은 마을의 모든 일을 나서서 하고, 나이와 성별을 불문하고 반말을 하며 모든 사람과 친하게 지내는 홍반장이다. 혜진이 공진에 정착 준비를 하는 과정 중, 홍반장이 나서지 않은 일은 없다. 공인중개사, 인테리어 기술자, 카페 바리스타, 중국집 배달원 등 공진에서 그의 손이 거치지 않은 곳이 없을 정도다. 잡다한 일을 하면서 사람들에게 신뢰를 받는 홍반장과 같은 인물은 서울, 대도시에서는 흔하지 않다. 서울에서 태어나서 대도시 생활권을 떠나본 적이 없는 혜진이 쉽게 이해할 수 없는 것은 당연한 일인지도 모른다.

〈갯마을 차차차〉는 서울과 지역, 도시와 작은 어촌 등 차이를 단순하게 대립시키지 않는다. 〈갯마을 차차차〉는 단지 서울과 지역의 차이를 대립적으로 그리는 것이 아니라, 공간적 배경으로 인해 생겨난 삶의 방식 차이가 어떤 인물형을 탄생시켰는지를 그려낸다. 서울의 생존경쟁에 익숙한 윤혜진은 자신의 삶을 챙기고 외부로부터 자신을 보호하고, 그러기 위해서 타인에게 예민하게 구는 삶의 방식에 익숙하다. 이와 달리 지역사회 속에서 모두와의 신뢰 관계를 바탕으로 살아가는 홍두식은 마을의 모든 사람과 잘 어울리며 마을의 모든 대소사를 자기가 나서서 처리하는, 말 그대로 홍반장으로 살아왔다.[10] 다른 삶의 방식의 두 인물 모두 옳고 그름으로 구별할 수 없다. 그렇기 때문에 혜진이 공진에 익숙해지기 위해서는 서울과 다른 삶의 공간을 이해하는 시간이 필요하다. 홍반장을 비롯하여 공진의 마을 사람들에게도 무례하고 인정 없이 보이는 혜진의 태도를 받아들이는 과정이 필요하다.

[그림9] 〈갯마을〉 마을잔치-2회   [그림10] 〈갯마을〉 공개연애-12회

---

10) 이주라, 앞의 글.

〈갯마을 차차차〉에서 혜진은 마을잔치에 초대되어 억지로 참석하게 되고, 마을 사람들에게 본의 아니게 상처를 준다. 그녀는 할머니들이 손으로 직접 싸준 보쌈을 거절하고, 슈퍼마켓 보라네에게는 자신이 쓰던 고급 샴푸가 없다며 무안을 준다. 혜진은 '시골'이라는 단어를 사용하며 지역사회를 무시하는 발언을 한다. 그녀의 태도는 공진 마을 사람들에게는 상처일 수밖에 없다. 결정적으로 혜진은 마이크가 켜진 줄 모르고, 친구 미선과 통화 중 과거 무명가수였던 카페 주인 오윤(조한철 분)에 대해 뒷담화를 한다. 혜진의 통화내용은 현장에 있던 마을 사람들에게 공개 되고 그녀는 그곳에서 겉돌기 시작한다.(그림9) 이후 마을 사람들은 혜진을 상대하려 하지 않고, 그녀의 치과에 아무도 방문하지 않는다.

〈갯마을 차차차〉는 마을잔치 사건을 계기로 혜진이 마을 사람들과 오해를 풀어가는 과정을 통해, 다른 삶의 방식에 대한 이해가 필요함을 제시한다. 마을잔치 실수를 만회하기 위해 혜진은 개원 떡을 돌리며, 사람들에게 다가가려 하지만 개인적 목적이 앞선 진심 없는 그녀의 태도는 통하지 않는다. 홍반장의 도움으로 마을 회의에 참여하고 마을 대청소를 함께 하면서 그녀는 마을 사람들과의 거리를 좁힐 수 있게 된다. 결국 서울과의 차이를 염두하며 공진을 불편하고, 잠시 머물 공간으로 생각했던 혜진은 공진에서 사람들과 함께 사는 방법에 익숙해진다. 혜진은 카페 사장 오춘재의 잊힌 꿈에 대해 이해하게 되고, 다른 사람의 이야기를 쉽게 전하는 수다스러운 중국집 사장 오남숙(차청화 분)의 아이를 잃은 상처를 안쓰럽게 여기게 된다. 감리 할머니(김영옥 분)가 치과 치료를 거부하는 이유를 의사가 아닌 인간적인 마음으로 배려할 수 있게 된다. 드라마 초반부 마을 사람들과 거리를 두고, 공진에서 겉돌았던 혜진은 드라마 후반부에는 사적인 일도 마을 사람들과 공유하며 불편해하지

않는다.(그림10)

〈갯마을 차차차〉는 공간적 차이로 인해 발생한 오해와 갈등을 하나씩 풀어가면서, 서로를 이해하는 과정을 그린다. 이 드라마는 기본적으로 윤혜진, 홍두식 두 사람이 사랑을 이뤄가는 과정을 중심이야기로 다루기는 하지만, 이외에도 바닷가 마을의 다양한 사람들과의 이야기를 그리고 있다. 공진이라는 바닷가 마을의 특성이 로맨스를 풀어가는 데 중요한 요소가 되는 것이다.

2) 상처에 대한 수용과 낭만적 사랑

〈갯마을 차차차〉는 서로 다른 삶의 방식에서 발생하는 차이를 좁혀가며, 사랑을 이뤄가는 로맨스를 다루고 있다. 윤혜진과 홍반장은 우연한 만남에서 시작되지만, 그들의 과거를 거슬러 올라가면 두 사람은 운명적 사랑이었음을 알 수 있다. 혜진과 홍반장은 과거 두 번의 우연한 만남이 있었다. 두 번의 우연 모두 공진의 바닷가였으며, 잠깐의 만남이었지만 두 사람 모두 서로에 대해 좋은 감정을 간직하고 있다. 그들은 과거 어릴 적 어렴풋한 추억 속 누군가와 사랑에 빠지게 된 것이다. 혜진과 홍반장은 사랑에 빠질 운명적 인연이었던 것이다. 운명적 사랑이 결국 결실을 맺는다는 것은 사랑의 낭만성을 강화하는 로맨스물의 전형적인 방식이다. 〈갯마을 차차차〉 역시 로맨스의 전형적인 관습에 따라 낭만적 사랑을 추구하며 운명적 만남을 활용하고 있다. 여기에 두 사람의 로맨스에서 중요한 연결고리이자 배경이 되는 바다는 사랑의 낭만적 이미지를 증폭시킨다. 혜진과 홍반장의 이야기는 과거부터 현재까지, 첫 만남부터 연인이 되기까지, 바다를 배경으로 이루어진다.

한 가지 주목할 점은 〈갯마을 차차차〉에서 로맨스의 과정은 단순히 낭만적 사랑만을 제시하고 있지는 않다는 것에 있다. 그들은 도시와 지역이라는 공간에서 생활하며 다른 삶의 방식으로 살아왔다. 이러한 차이를 좁히면서 그들은 연인이 되는데, 여기에는 서로의 상처를 이해하고 수용하는 과정이 존재한다. 또한 공진 마을 사람들과의 관계성이 보태진다.[11]

혜진에게 공진은 엄마와의 추억이 있는 장소이며 그리움의 공간이기도 하지만 일찍 돌아가신 엄마에 대한 아픈 기억이 있는 곳이기도 하다. 혜진에게 바다는 엄마의 품을 상상할 수 있는 공간이 되기도 하지만 엄마의 빈자리가 확인되는, 피하고 싶은 곳이기도 하다. 혜진의 이중적인 심리는 공진에 들려서 바다와 거리를 두고 바라보는 그녀의 행동을 통해 드러난다. 엄마를 그리워하면서도 감정에 흔들리고 싶지 않은 혜진의 행동은 도시에서 살아남기 위해 감정을 다스려야 했던 삶의 방식에 익숙해져 있기 때문이기도 하다. 혜진은 두식과 친해지기 전까지, 바다에 발을 담그는 것조차 하지 않으며 바다와 일정 정도 거리를 둔다. 이에 비해 두식은 바다에 온전히 자신의 몸을 맡기며 즐긴다.

[그림11] 〈갯마을〉 1회   [그림12] 〈갯마을〉 1회   [그림13] 〈갯마을〉 3회

---

11) 서울에서 사는 혜진, 공진에 사는 두식은 다른 환경에서 자랐다는 것이 분명하다. 드라마에서는 과거 혜진이 공진을 잠깐 방문하여 두식과 우연히 만나는 것으로 설정하고 있는데, 과거에는 두식이 혜진에게 먼저 손을 내미는 방식이었다.

두식에게 바다는 돌아가신 할아버지의 삶을 담고 있는 공간이며, 서울의 절망적 상황 속에서 죽음의 문턱까지 갔었던 자신을 살려낸 안식처이다. 이는 두 사람이 처음 만나는 장면에서부터 제시가 되는데, 혜진은 멀리서 바다를 바라보며 앉아있고, 두식은 바다에서 서핑을 즐기고 있다.(그림11) 물끄러미 바다를 바라보는 혜진의 시야에 서핑하는 두식의 모습이 있다.(그림12)

혜진이 공진에 와서 바다에 가까이 가기 시작한 것은 홍반장을 통해서이다. 혜진은 마을잔치 사건에 도움을 준 홍반장에게 고맙다는 말을 하기 위해 바다에서 독서 중인 홍반장을 찾아간다. 혜진은 바다 갯바위 위로 올라오라고 손을 내미는 홍반장의 손을 잡고 바다를 가까이에서 접하게 된다.(그림13) 홍반장의 삶의 전부인 바다와 가까워지는 순간, 혜진의 로맨스는 시작이 된다.

[그림14] 〈갯마을〉 5회   [그림15] 〈갯마을〉 16회

비를 맞으면 축축해지는 것이 싫다던 혜진은 홍반장과 비오는 바다에서 뛰어놀며 즐거운 시간을 보내기도 한다.(그림14) 결국 혜진과 홍반장은 바다에서 서로에게 프로포즈를 하고 사랑의 결실을 맺는다.(그림15) 〈갯마을 차차차〉는 두 사람의 사랑이 시작되는 장면과 사랑이 완성되는 마지막 장면에 바다를 적극적으로 활용한다. 아름다운 바다 풍경을 배

경으로 펼쳐지는 두 사람의 로맨스는 낭만적으로 그려진다.

우연한 만남과 갈등, 사랑의 확인과 결혼이라는 해피엔딩까지, 〈갯마을 차차차〉는 로맨스의 전형적인 관습을 따라가는 로맨스 드라마임에 분명하다. 하지만 이 드라마를 단순한 로맨스물로만 볼 수 없는 이유는 사랑의 결합을 이루는 과정 중에 있다. 연인이 온전히 친밀해지는 과정은 서로에게 솔직해지는 것에서부터 시작된다. 연인 사이의 솔직함은 어떤 비밀도 없어야 한다는 것이 아니라 두 사람의 친밀함에 선을 긋게 하는, 숨기고 있는 사실들의 존재 여부에 있다.

홍반장은 공진의 모든 일을 처리하고, 마을 사람들을 세심하고 따뜻하게 챙겨주는 인물이다. 그는 혼자 사는 감리 할머니의 아들이 되기도 하고 손자가 되기도 한다. 철물점 금철(윤석현 분)과 보라 엄마 윤경(김주연 분)부부와 친구처럼 지내며 그들의 갈등을 풀어주기도 하고, 카페 주인 오춘재의 꿈에 자신감을 주기도 한다. 마을 사람 각각의 사정을 이해하고 아픔을 돌봐주는 홍반장이지만 정작 자신의 상처에 대해서는 꽁꽁 감춰둔 채 말하지 않는다. 마을 사람들은 어릴 적부터 영재 소리 들으며, 서울대 공대를 입학한 후 서울에서 생활하다 갑자기 내려온 홍반장의 과거 이야기를 알지 못한다. 하지만 공진의 사람들은 서울에 잘나가는 회사에 취직해 지내다 어느 날 갑자기 넋이 나간 상태로 돌아온 홍반장의 과거에 대해 아무도 묻지 않았다. 그들은 각자 나름의 방식으로 홍반장을 챙기며 그를 공진에서 다시 살아가게 했다. 하지만 마을 사람들의 배려와 사랑을 통해서도 그의 상처는 온전히 치유되지 않았다. 그 이유는 홍반장의 상처는 죄책감에서부터 비롯되었기 때문이다. 능력 있는 펀드 매니저였던 홍반장은 주식폭락 사건으로 인해, 주변의 소중한 사람들을 잃은 아픔을 겪었다. 그는 자신과 가장 가까운 선배의 죽음, 회사

경비 아저씨의 자살 등을 자신의 책임으로 돌리며 과거 기억에 얽매인 채 살아왔다. 그는 공진의 삶에 만족하며 살아가지만, 죄책감에서 벗어나지 못한 상처로 인해 악몽에 시달렸다.

자신의 과거에 대해 솔직하게 대면하지 않고 피하려고 했던 홍반장은 혜진과 사랑을 하게 되면서, 상처를 극복하게 된다. 자신의 과거를 혜진에게 말하고 자신의 상처를 혜진과 나누면서 그는 스스로를 용서할 수 있게 된다. 그는 과거 자신과 화해하게 되면서, 진정으로 함께 살아가는 삶의 의미를 받아들일 수 있게 된다. 홍반장에게 남긴 감리 할머니의 마지막 편지 내용처럼 서로에게 힘이 되는 관계를 진정으로 수용할 수 있게 된 것이다.[12] 〈갯마을 차차차〉에서 사랑의 결합은 상처를 진정으로 치유하고 회복하는 과정을 통해 한 인간을 이해하는 방식으로 이루어지고 있다.

4. 치유와 바다, TV드라마

한국 TV드라마에서 '바다'는 도시와 구별된 곳으로, 힐링에 대한 낭만적 이미지를 충족시켜주는 장소로 활용되었다. 바다는 치열한 경쟁 구도에서 반복되는 일상을 살던 현대인에게 도피처이자 탈출구라는 이미지가 강하다. 도시와 다른, 자연을 가까이할 수 있는 바다는 흥미로운 사건이나 새로운 만남이 이루어질 것 같은 환상과 어우러져 특히 낭만적

---

12) "사람은 사람 사이에서 살아야 해, 가끔은 가슴이 막막 할거야. 하지만 니가 나를 업어준 것처럼 누군가 너를 업어 줄거야."(〈갯마을 차차차〉(tvN) 16회 감리 할머니의 마지막 편지 중에서)

사랑을 주제로 하는 로맨스 드라마에서 주요 배경 공간으로 활용되었다. 로맨스 드라마에서 바다는 낯선 환경이나 만남에 대한 낭만적 기대가 충족되는 판타지적 공간으로 재현되었던 것이다.

엇갈린 만남 속에서 이어지는 첫사랑의 순정에 대해 다루었던 〈가을동화〉(KBS, 2000)에서 서로의 사랑을 다시 확인하는 마지막 장면도 바닷가를 배경으로 하고 있었다. 죽어가는 연인 은서(송혜교 분)를 업은 채, 사랑을 고백하는 준서(송승헌 분)와 파도가 일렁이는 가을 저녁 바다의 이미지는 순정적 사랑의 판타지를 만들어내기에 충분했다. 〈가을동화〉 이후에도 로맨스 드라마에서 바다는 이루어질 수 없는 관계의 연인이 사랑을 확인하는 장소가 되거나, 사랑의 방해물을 피해 두 사람만의 도피처로도 종종 배경이 되었다. 이는 최근 로맨스 드라마에서도 지속적으로 이어지고 있는 관습이기도 하다. 〈남자친구〉(tvN, 2018)에서 차수현(송혜교 분)과 김진혁(박보검 분)은 신분적 차이로 인해 숨겨두었던 마음을 바닷가에서 확인한다. 〈런온〉(tvN, 2020)에서도 재벌 그룹의 대표 서단아(수영 분)와 평범한 미대생 이영화(강태오 분)가 냉정한 현실을 넘어 낭만적 사랑을 이어가는 계기는 영화의 고향 바닷가 마을이 중요한 배경이 된다. 이처럼 TV로맨스 드라마에서 바다는 사랑의 장애나 방해물로부터 사랑의 결합을 이루어내는 로맨스 서사의 낭만성을 강화시키는 요소 중 하나로 작동되었다.

바다는 로맨스 드라마에서 낭만적 이미지를 그리는 데 여전히 유효하다. 하지만 최근 TV드라마에서 바다는 사랑의 결합을 위한 낭만적 분위기를 위한 배경적 요소에 그치지 않는다. 바다와 결합된 로맨스 드라마에서는 상처와 결핍을 지닌 인물이 일상을 떠나 바다와 연결된 상대를 만나 자신의 상처를 치유하고 회복하는 이야기를 중심으로 다룬다. 〈톱스타 유백이〉(tvN, 2018)는 유백이 숨겨두었던 과거 상처를 섬 여즉도에서 만난 강순을 통해 치유 받고 성장하는 로맨스를 다루었다. 사람들의 편견에 시달리며 미혼모라는 상처를 안고 지내온 동백(공효진 분)이 순박한 청년 용식(강하늘 분)을 만나 자존감을 회복하며, 공동체에서 유대감을 형성하게 되는 드라마 〈동백꽃 필 무렵〉(KBS,2019)도 바닷가 마을을 배경으로 한다.

바다를 주요 공간으로 하는 로맨스 드라마에서는 도시와 섬, 서울과 지역사회의 공동체 간의 다름에서 발생하는 차이의 문제를 다루며 다양한 이야기를 담기도 한다. 서울에서 온 치과의사 혜진과 어촌 마을 공진을 삶의 터전으로 둔, 두식과의 로맨스를 그린 〈갯마을 차차차〉는 두 사람의 로맨스뿐 아니라 바다를 중심으로 생활하는 사람들의 관계를 다양하게 제시하고 있다. 여기서 바다는 낭만적 사랑에 대한 판타지를 그려내는 배경에 그치지 않고, 로맨스의 주인공과 그들을 둘러싼 사람들 간의 관계성을 촘촘하게 드러내는 특수한 공간이 된다.

이후 TV드라마에서 바다는 로맨스 서사의 관습에 갇힌 이미지를 생산하기 위한 단순한 배경이 아닌, 좀 더 다양한 의미 안에서 활용되고 해석될 것이다. 또한 로맨스 드라마를 넘어서 다른 장르에서도 마찬가지로 작동될 것으로 예측된다. 이는 TV드라마가 생산해낸 바다의 고정적 이미지를 벗어나, 단지 장소로서의 배경이 아닌 서사에 적극적으로 개입되고 활용되는 새로운 장치로서 기능할 것으로 기대된다. 이후 이와 관련된 드라마들은 새로운 장을 통해 논의되어야 할 것이다.

-문선영, 「TV 로맨스 드라마와 바다: 치유와 회복의 공간」, 『해양문화재』 16, 국립해양문화재연구소, 2022.

9
<센과 치히로의 행방불명>에 나타난 물과 바다 모티프

김남석

1. 우주강의 출현과 개념

알타이어족 문화 중 텡그리즘(Tengrism)은 이후 동아시아의 신앙과 종교에 깊은 영향을 미쳤다. 텡그리즘은 시베리아에 존재하는 샤먼 벨트와 동아시아에서 공통적으로 공유되는 종교관이다. 텡그리즘에서 세계는 천상, 지상, 지하로 나뉘며, 이러한 세계를 연결하는 구조물은 우주목, 혹은 우주산이다.[1]

샤먼이 탈혼하여 산을 오르거나 신이 들려 작두를 타거나 솟대로 자신의 영역을 표시하는 일은 이러한 우주목과 우주산이 지니는 천상으로의 이동을 상징적으로 재현하기 위해서이다. 산이 영험하고 종교적 의

---

1) 김광선, 「중앙아 텡그리즘과 한민족 고대사상: 게세르 신화와 단군신화를 중심으로」, 『미션인사이트』 10, 주안대학원대학교 출판부, 2021, 141~152면 참조 ; 유수 · 권미정, 「시베리아 샤머니즘 정신문화의 관점에서 본 샤먼복식 연구」, 『복식문화연구』 29-1, 복식문화학회, 2021, 105~106면 참조.

미를 지니는 자연물로 추앙되는 이유도 여기에서 유래한다. 그러니 우
주산을 오르는 행위는 그 자체로 신성한 시공간으로 향하는 의지의 행
위이다.

〈센과 치히로의 행방불명〉에서 신들의 온천장은 이러한 우주산의 면
모를 지니고 있다.

우주산의 대체 공간으로서 신들의 온천장

온천장 건물은 하늘을 향해 우뚝 솟아 있으며, 솟대와 유사한 인상을
자아내는 깃발을 거느리고 있다. 지형적으로 볼 때도 온천장은 절벽 위
에 위치하고 있어, 옆에서 볼 경우에는 수직적인 인상을 더욱 강화한 형
태이다. 치히로가 신들의 온천장에 입성하고 결국 센이 되어 신들을 모
신다는 설정은, 신들의 통로인 우주산을 사용할 수 있는 교통자가 된다
는 의미로도 해석될 수 있다.

흥미로운 점은 이러한 우주산의 존재 이외에도, 〈센과 치히로의 행방
불명〉에서는 우주강의 존재도 등장한다는 점이다. 우주강은 천상-지
상-지하를 수직적인 차원이 아니라 수평적인 차원에서 나누는 관념적,
종교적, 제의적 기준이다.

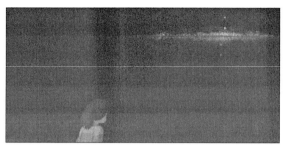

인간 세상(지상)과 신들의 세계(온천장)을 나누는 우주강의 생성과 경계

우주강의 출현은 사실 당혹스럽다. 이러한 우주강이 인간계와 신계 (영혼계)를 나누면서 강이 아닌 바다의 출현을 예고하기 때문이다. 사실 강인지 바다인지 정체조차 불분명한 이 물길은 본래 존재하는 경계이자 장벽이었지만, 평소 인간은 이를 의식하지 못하는 상태였다. 밤이 찾아 오고 인간의 시간(노동의 시간)이 사라지면, 낮의 힘을 대체하는 영혼의 힘이 부활하고 종교적 시간(성의 시간)이 생성되면서, 해당 강은 그 위 용을 드러낸다.

〈센과 치히로의 행방불명〉에서 이 우주강은 그 자체로는 바다는 아니 다. 바다가 우주강에 폭우가 쏟아져 일종의 범람 상태가 되었을 때 만들 어지면, 그러한 바다는 검고 깊고 불투명한 인상의 우주강과는 달리, 맑 고 은은하고 반짝이는 특성을 지니고 있기 때문이다.

주목되는 바는 치히로는 이 우주강을 통해 인간계와 분리되고, 나중 에 형성되는 신들의 바다를 통해 자신을 완성하는 모험을 떠날 수 있었 다는 점이다. 두 개의 물은 그 근원이 유사하고 표면적으로는 치히로에 게 고난을 주고 현실의 편안함을 빼앗는 역할을 하지만, 궁극적으로는 인생의 목표와 함께 방향을 알려주는 상징이자 이정표 역할을 하고 있 다. 이러한 측면에서 〈센과 치히로의 행방불명〉은 물에서 시작해서 강으

로 불어나 바다를 거쳐 다시 물 바깥의 세상으로 돌아오는 이야기라고
할 수 있다.

2. 물과 경계

치히로가 신들의 온천장에 도착하기 위해서 거쳐야 했던 관문은 여러
가지인데 그 중에는 시내도 포함되어 있었다. 치히로의 부모는 쉽게 건
널 수 있는 곳이었지만, 작은 체구의 치히로에게는 결코 간단하지 않은
물길이었다. 치히로는 가볍게 뛰어넘지 못하고 손과 발을 교대로 놀려
서야 이 시내를 건널 수 있었다.

시내였던 물길이 커다란 배가 들어올 정도로 큰 강이 되는 상황

문제는 이 시내가 해가 저물고 신들이 몰려들면서 거대한 물길(일종
의 우주강)로 변했다는 사실이다. 망연자실해서 시냇가로 나온 치히로
는 도저히 건널 수 없는 폭으로 변해버린 거대한 물길 앞에서 다시 한번
절망해야 했다. 거대한 물길이 되자 그 물길을 가르며 신들의 배가 도착
했고, 배에서 내린 신들이 온천장으로 몰려들었다.

신들의 온천장은 물가에 위치한 영업장으로, 불가시의 세계에 속하는

정령(영혼)들은 물을 건너 이곳에 오곤 했다. 자연스럽게 물은 온천장을 진입하기 위하여 건너야 하는 관문이 되었고, 그 관문은 기본적으로 가시(인간계)와 불가시(신의 세계)라는 양쪽 세계를 잇고 나누는 경계가 되었다.

이러한 강의 존재로 상상 속의 강들을 찾아낼 수 있다. 가령 신화 속의 강의 존재가 그러하다. 신화와 종교에서 배와 물은 인간의 세계를 건너가는 곳(혹은 오는 곳)의 경계 표시로 일찍부터 인식되었다.[2] 그리스 신화에서도 이러한 강(저승의 강)의 존재를 인정했고 그 강 중에서 가장 대표적인 강이 스틱스(Styx)와 레테(Lethe)였다(나머지는 아케론(Acheron), 코퀴토스(Cocytos), 플레게톤(Phlegethon)). 레테는 망각의 강으로 망자가 이 강을 건너면 그 전의 기억을 잃는다고 하는데, 치히로가 건넌 강(시내) 역시 기억을 잃도록 한다는 점에서 유사한 특성이 발견된다. 서양에서 저승의 강에 해당하는 동아시아의 강은 황천 혹은 삼도천 등인데, 이러한 강의 유사성으로 동서양을 막론하고 이승과 저승의 경계를 나누고 가시와 불가시 영역이 갈라지는 곳에 강이 존재했다는 사실을 확인할 수 있다.[3]

이러한 우주강의 탄생은 그 자체로 신들의 영험과 능력을 보여 주는 장치이기도 하다. 〈센과 치히로의 행방불명〉에서 우주강은 본래 그 원류가 존재하는 강이이기는 했지만, 신들의 시간이 되자 마법과 주술로 더해진 물이 합류하여 형성된 강이기도 하기 때문이다.

---

2) 신화와 종교에서 강의 이름과 의미는 다음의 글을 참조했다(김남석, 「〈센과 치히로의 행방불명〉에 나타난 제의적 특성에 관한 연구 ─ 한 이방인의 입무(入巫)와 낯선 침입자의 난장(亂場)을 중심으로」, 『민족문화연구』 92, 고려대학교 민족문화연구원, 2021, 393~395면 참조).

3) 미르치아 엘리아데, 이동하 옮김, 『성과 속 종교의 본질』, 학민사, 2006.

신상에서 검은 물이 흘러 강으로 들어가는 설정

시내(물)의 확장은 치히로가 센이 되어야 하는 이유도 만들었다. 치히로는 인간의 세계로 돌아가는 길을 잃었고, 온천장에 남아야 생존할 수 있는 위기에 몰렸다. 그리고 센이 되어 온천장 종업원이 되는 것에 성공했다. 그러자 그녀에게는 물과 관련된 업무가 할당되었다.

3. 물의 이미지와 이미지의 확산

그녀에게 처음 부여된 난처한 업무는 신들이 사용하는 대형 욕조를 청소하는 일이었다. 이 욕조는 치히로의 키를 넘는 깊이를 가진 욕조로, 혼자 힘으로는 그 안에 들어가는 것조차 힘들 정도로 거대한 크기였다. 그 안팎에는 눌어붙은 때가 상당했는데, 이 목욕 때를 청소하기 위해서 특수한 약품이 첨가된 온천수가 필요했다.

이 온천수는 온천장 측에서는 매우 아끼는 용수였고, 센이 초임이었던지라 쉽게 내주려고 하지 않았던 귀한 재료였다. 하지만 가오나시의 도움을 받은 센은 그 온천수를 얻는 데 성공한다. 그런데 이 욕조의 크기가 일반적인 상식을 뛰어넘다 보니 그 욕조에 담기는 물의 양도 엄청나기 이를 데 없다. 센으로서는 또 하나의 거대한 물을 만나게 된다.

때마침 그날은 비가 쏟아지는 날이었기에, 온천장 안팎에는 물이 넘쳐나고 있었다. 가오나시 역시 그 빗속에 서 있었고, 그와 동시에 오물신도 빗속을 걸어오고 있었다. 두 손님은 비와 함께 온천장으로 찾아왔는데, 나중에 이 비로 인해 바다가 만들어진다는 점을 생각하면, 그들의 이미지는 물-바다로 연계되어 있다.

가오나시는 센의 초청에 의해 온천장으로 들어왔고, 오물신은 힘으로 뚫고 들어왔으며, 결국 오물신은 욕조에 몸을 담그는 바람에, 치히로는 새로운 약수를 요청해야 했다. 가오나시가 훔쳐 준 전표로 약수를 불러오는 데 성공했는데, 그만 세찬 물줄기에 의해 센은 욕조 속에 빠져 익사할 뻔하기도 한다. 하지만 결과적으로 센은 오물신의 정화를 도우면서, 그날의 난제를 성공적으로 이수한다.

물의 힘을 보여 주는 강의 신

오물신은 원래 물의 신이었는데, 그것도 큰 강을 다스리는 신이었다. 온천욕을 통해 본래의 면모를 회복한 강의 신은 치히로를 신비한 물로 감싸거나 큰 강을 연상시키는 용으로 변신하기도 한다. 신비한 물의 움직임이나 강을 뜻하는 용으로의 변신은 모두 물의 이미지를 반복하고 있다. 그리고 온천장은 그 강의 신이 내뿜은 오물, 쓰레기, 물로 혼잡한 상태에 이른다.

두 명의 방문자는 비와 함께 나타났고 온천장 내부를 물로 적셨다. 특히 강의 신은 온천장에서 상당한 양의 온천수를 사용하도록 만들었고, 본인 자신도 강력한 물의 힘을 보여 주었다. 이로 인해 온천장에는 물의 홍수가 일어났는데, 아직은 바다만한 강력한 힘을 가지고 있지는 못해도, 이러한 물의 확대는 〈센과 치히로의 행방불명〉에서 물을 주목해야 하는 이유를 설명하고 있다고 해도 과언은 아닐 것이다.

4. 바다의 등장, 비의 고임

오물신의 등장으로 한바탕 난리가 나고 또 상당한 수확을 거둔 밤에 비가 그치자 그림 같은 바다가 펼쳐졌다. 센과 고참 종업원은 모처럼 느

굿한 휴식을 즐기다가 불을 끄자 나타난 바다의 아름다움에 놀란다.

온천장에서 바라본 막막한 어둠

숙소의 불을 끄자 나타난 바다

이 바다는 어둠 속에서 달에 의해 그 위용을 드러내는데, 넓이도 넓이 이지만 그 아름다움과 빛깔이 압권이다. 특히 그날은 센이 오물신으로 한바탕 어려움을 겪었고, 린 역시 센과의 의리를 지키기 위하여 어려운 상황에 뛰어드는 소란을 겪은 후였기 때문에, 일과 후 즐기는 휴식은 달 콤한 것이 아닐 수 없었다. 그들은 팥이 든 만두(암만)을 먹으면서, 새로운 날을 예고하는 듯한 바다의 탄생을 구경할 수 있었다.

이 바다가 새로운 모험과 또 다른 고난을 가져오겠지만, 그 시간만큼 은 그녀들에게 적지 않은 위안과 휴식의 시간을 제공하고 있었다.

달빛을 비추며 모습을 드러낸 바다

이러한 바다의 아름다움은 〈센과 치히로의 행방불명〉에서는 장쾌한 구경거리임에 틀림없다. 이에 이 바다는 센의 또 다른 모험을 촉발하는 장소이자 계기이며 동시에 기회이자 위기이기도 했다.

5. 바다

> 격한 비가 내리는 하룻밤이 지나가면
> 지평선까지 바다가 되어 있다
> 습지나 숲이나 황야는
> 투명한 물결 아래서 흔들리고 있다
> 파도를 일으키며 정시 전철이 달려간다
> 거대한 해파리, 물고기들이
> 이런 곳에도 헤엄쳐 와서
> 천천히 꼬리를 휘날린다
> - 〈바다〉의 1연 부분[4]

〈센과 치히로의 행방불명〉에서 갑자기 나타난 물의 평원은 바다였다. 비가 와서 민물이 바다가 된다는 설정은 현실 세계에서는 낯선 것이지만, 신들의 온천장은 이러한 설정을 거부하지 않는다. 그곳은 분명 바다였다. 파도가 있었고, 해파리가 있었다. 물고기들도 그것이 바다라고 증언한다.

---

[4] 「〈센과 치히로의 행방불명 이미지 앨범〉을 위한 메모」, 『반환점(1997-2008)』, 대원씨아이, 2013, 207면.

갑자기 바다가 생겨나는 설정은 당혹스럽다. 하지만 신들의 온천장 주민들에게는 익숙한 것으로 보인다. 그리고 바다가 생겨났다고 해도 여전히 기차는 다니고, 숲이나 황야도 건재하다. 일상의 풍경이 바다 위에서 혹은 바닷속에서 여전히 존재하고 있기 때문이다.

하지만 바다의 등장은 센에게는 적지 않은 변화의 맹아였다. 더구나 처음에는 보이지 않던 바다가 불을 끄자 나타난 것은 센의 모험과 관련이 깊다. 이 바다는 갑작스럽게 생겨난 바다였고 애초부터 존재하는 바다는 아니었다. 센이 오물신을 상대하던 날 내렸던 비가 세상을 덮어 강이 불어나고 바다가 생겨났는데, 오물신의 왕림이 다시 더 큰 소동과 소요를 불러일으킨다는 점에서 온천장에서의 물난리는 완전히 끝난 것은 아니었다.

유바바의 막연한 예감에서도 나타나듯, 그날 온천장에 들어온 이는 강의 신만이 아니었다. 가오나시는 오물신의 소동을 지켜보면서, 금의 위력과 욕망의 방향을 터득했다. 그리고 이러한 금과 욕망의 상관관계를 이용하여, 온천장 어느 구석에서부터 심각한 광기를 끌어올리기 시작했다.

바다가 나타난 다음 날 잠에서 깬 센은 다시 두 가지 문제에 봉착해야 했다. 하나는 하쿠의 부상이다. 하쿠는 바다를 건너온 종이 인형에게 큰 부상을 당했다. 다른 하나는 가오나시가 나타난 온천장 종업원들의 신경을 사로잡았고, 궁극적으로 센을 대령하라는 명령이 내려졌다. 센은 하쿠를 구하기 위하여 제니바를 만나야 했음에도 불구하고, 가오나시에게 끌려가 수모를 당하며 겁탈 위기를 모면해야 했다.

두 개의 사건은 센이 다시 치히로가 되어 바다를 건너기로 하면서 일시적으로 중단된다. 다만 바다를 건너는 일은 간단한 모험이나 편안한 여행일 수 없기 때문에, 바다는 직감적으로 위기의 공간으로 상정될 수는 있었다. 기차가 바다 위로 다니는 설정도 그럴듯하지만, 그 기차를 타고 늪의 바닥으로 가야 한다는 조건도 실상은 낭만적인 것만은 아니었다.

6. 물 위의 일상

하지만 기차 여행은 의외로 안전했고, 모험은 싱겁게 끝났다. 그들을 습격하는 괴물도 없었고, 마주해서 싸워야 하는 용도 나타나지 않았다. 마법의 공격이나 곤란한 위험도 나타나지 않았다. 치히로 일행은 기차를 탔고 기차역에 설 때마다 타고 내리는 사람들을 구경했다. 기차역과 기차역 사이에서는 그림 같은 풍경을 주시하기도 했다. 바다는 평온했고, 그 바다 위에 펼쳐진 삶의 터전은 더욱 평온했다.

그렇다면 왜 이러한 바다 여행이 배치된 것일까. 바다는 건너야 할 드넓은 공간을 가리킬 때 흔히 소환되는 지형이다. 인간에게 미지의 영역으로 남아 있어, 호기심과 신비함이 가득한 공간이기도 하기 때문에, 바다를 건너면서 혹은 바다에 들어가면서 일어나는 모험은 은밀하고 또 상상력을 자극하는 힘을 가지고 있기 마련이다. 해양영화가 별도로 존재할 정도로, 바다의 매력과 유혹은 상당하다고 해야 한다.

하지만 미야자키 하야오는 이러한 바다를 고난과 역경의 바다로 만들지 않았다. 낯선 풍경과 이국적 정취의 공간으로 설정하지도 않았다. 바다를 지나면서 만나는 풍경은 아름답지만 색다르지는 않았다. 그 풍경은 우리의 일상이고 또 인생의 풍경과 다르지 않았기 때문이다.

수평선에 마을이 나타난다. 환상의 마을
저것은 금색의 모스크탑
몇 개인가 그 위를 모래알처럼 날아다니는 자

온화한 바람 희미한 파도소리
습기가 마음을 풀어준다
오늘은 바다의 날
 – 〈바다〉의 2~3연 부분[5]

미야자기 하야오가 그린 바다는 일상을 무너뜨리지 않는 바다이다. 이 바다는 온화한 바람과 희미한 파도 소리를 동반하지만, 마을이 마을로 있고 그 안의 거주자가 거주자로 남아 있다. 그들과 그들의 거처에는 큰 변화가 없다. 일상은 흘러가고 기차는 다음 역으로 떠나간다.

탑승객들은 기차가 역에 정차하면 내리거나 올라탔다. 그들은 말이 없고 표정이 없었다. 그들은 치히로 일행처럼 어디론가 가고 있었고, 그 목적지는 대부분 집이거나 일터로 보였다. 때가 되면 내렸고, 때가 되면 그 방향으로 걸어갔다. 그렇게 그들은 걸음을 옮겼을 따름이다. 괴물은 커녕 그들은 대화조차 시도하지 않았다.

그들이 영혼들이고, 치히로가 인간이었기 때문일까. 하지만 중요한 사실을 기억할 필요가 있다. 그것은 치히로 일행이 이미 용과 괴물을 만나는 모험을 치렀다는 사실이다.

치히로를 센으로 만들고 다시 치히로로 돌아가게 한 이유 중 하나는 하쿠였다. 하쿠는 멋진 소년의 외모를 지니고 있었지만, 동시에 용이기

---

5) 위의 글.

도 했다. 용일 때 하쿠는 하늘을 날 수 있고 강력한 힘을 발휘할 수 있다. 동양의 믿음답게 용은 신령한 존재였는데, 이러한 용이 부상을 당해 힘을 잃은 모습은 좀처럼 보기 힘든 경우이다. 용은 그 자체로 신격화된 존재이거나, 서양에서처럼 막강한 적수여야 하는데, 일개 소녀 치히로의 보호를 받을 정도로 힘을 잃은 상태이기 때문이다.

가오나시는 돈과 힘을 두루 갖춘 VIP로 변했고, 일약 주목받는 존재가 되었다. 하지만 동시에 가오나시는 음식과 섹스에 집착하는 진상손님이기도 했다. 결국 그는 자신의 돈과 힘과 욕망과 집착을 이기지 못해 괴물로 돌변하는데, 이로 인해 센과 온천장은 적지 않은 고초를 치러야 했다. 마법사 대모인 유바바 역시 가오나시를 효과적으로 제압하지 못했다. 센의 거절과 치료(환약)로 인해 인성을 되찾아 가지만, 그때의 가오나시 역시 만만하지 않은 적수였다.

하쿠와 가오나시는 용과 괴물로 이미 치히로 앞에 나타난 바 있다. 하쿠가 치히로를 괴롭히는 존재는 아니었지만, 고대의 모험과 신화의 이야기 속에서 막강한 힘을 발휘하는 용은 아니었다고 해야 한다. 모험과 성장의 서사에서 안타고니스트로 자주 등장하는 위대하고 막강한 존재로서의 위상을 이미 잃은 후였다고 해야 한다.

가오나시의 변신인 괴물 역시 마찬가지이다. 흉측한 입과 징그러운 다리, 그리고 토사물을 토해내는 그의 모습은 징그럽고 잔인하다. 하지만 가오나시 역시 치히로의 처방에 따라 홀쭉하고 가녀린 몸매로 돌아왔고, 흉성을 잃고 이성을 되찾은 후 양순한 태도를 보이고 있다. 어떻게 보면 〈센과 치히로의 행방불명〉에서 용은 도움을 주어야 하는 처지로 전락했고, 괴물은 제압되어 길든 후였다.

그런데도 치히로가 다시 괴물과 맞서는 모험을 해야 할 이유가 있을

까. 바다가 나타났다고 해도, 치히로의 일정에 바다의 괴물을 추가할 필요는 없어 보인다. 이미 치히로는 용과 괴물과 싸워야 했고, 그들을 만나면서 넘어야 할 고난과 대면한 후였기 때문이다.

지친 영혼의 탑승객들이 앉아 있다.   육지가 물이 되어도 일상의 기차는 달린다.

미야자키 하야오는 바다를 일상과 내면의 공간으로 만들었다. 큰 비로 일상의 공간이 바다로 뒤덮였지만, 여전히 일상을 살아가야 하는 모습을 보여 주고자 했다. 비록 풍경 속 존재들은 인간이 아니고 영혼이거나 정령이었지만, 그들도 집으로 향하거나 일터로 가야 하는 고된 일상을 살아야 하는 것은 마찬가지였다. 일상의 기차는 바다가 된 세계 위에서도 다녀야 했고, 역시 일상에 지친 탑승객들은 이질적인 존재인 치히로가 탔음에도 자신의 자리를 지켜야 했다. 지치고 힘든 그들의 표정에는 용이나 괴물보다 더 무서울 수 있는 일상의 흔적으로 가득했다.

다시 치히로가 된 센은 그들의 모습을 보면서 무엇을 떠올렸을까. 귀가하는 그들의 모습은 자연스럽게 자신들이 떠나온 곳을 생각하도록 만들지 않았을까. 그중에는 혹 온천장에서의 자신(센)도 포함되어 있지는 않았을까.

짐을 내리며 내릴 준비를 하는 탑승객   귀가하는 탑승객을 바라보는 치히로 일행

 그녀는 센을 포기함으로써 그녀는 직장이 아닌 여행을 할 수 있었는데, 그로 인해 생겨나는 갈등은 그렇게 만만하지 않았을 것이다. 가령 두고 온 하쿠나 부모가 문책 받거나 보복당할 수 있는 위험은 잔존하고 있었고, 그로 인해 치히로가 받는 압박도 사라지지 않고 있었을 것이다. 유바바의 조치는 그녀가 감당할 수 있는 수준을 넘을 수도 있는데, 그럴 경우 혼자 온천장을 탈출했다는 자책감을 떨쳐버리기 힘들 것이다.

 그럼에도 다른 한편으로 그들은 제니바와의 약속을 지켜야 했다. 바다가 펼쳐졌지만 두려움 없이 건너야 했고, 건넌 이후에는 도장을 주고 하쿠의 목숨을 보증받아야 했다. 물론 일행 중에는 각자 제니바와 해결해야 할 문제를 가지고 있기도 했지만, 우선은 그들 자신의 내면을 살피며 기차 여행의 의미부터 되새겨야 했다. 치히로 일행에게 바다를 건너는 일은 험한 풍랑의 바다가 아니라, 일상과 내면의 바다였다. 바다가 주는 위험에 대해 경계하는 것이 아니라, 바다가 생겨났음에도 변함없이 흘러가는 일상의 의미와 바다를 건너면서도 모른 척하며 마냥 잊고 있을 수 없는 내면의 고민에 대해 생각해야 했다. 그들에게 바다는 물리적 위험이 아닌 생의 위기였고, 그렇다고 폭발적인 경계 신호가 아닌 내면적인 고민의 신호였다고 해야 한다.

7. 내면의 바다

기차 바깥으로 흐르는 풍경이 평범하고, 기차 여행 내내 별다른 일이 일어나지 않는다는 사실은 의외일 수 있다. 치히로는 신들의 온천장에 발을 딛는 순간부터 범상하지 않은 일련의 사건을 겪었고 일반 사람들이 상상하기 힘든 영혼이나 괴물과 조우해야 했는데, 막상 가장 무서운 마녀 제니바를 만나러 가는 길은 평탄하기 이를 데 없었다.

두 개의 자아를 통합시키려는 센과 치히로　　　그녀가 바라보는 황량하지만 아름다운 풍경

치히로는 신들의 온천장에 입성하면서 센이 되었고, 다시 늪의 바닥으로 향하면서 치히로가 되었다. 이미 서로 다른 자아로서 살아본 경험이 누적된 그녀는 이미 센인 적도 있었고, 치히로인 적도 있었다. 결국 두 자아는 통합을 위한 여행을 시작했는데, 차창으로 바깥을 내다보는 그녀에게는 그러한 필요와 기미가 배어나오고 있다.

쾌락 원칙을 대표하는 치히로는 의존심이 강하고 자립성이 약한 자아였다. 그로 인해 부모가 사라진 직후에 치히로는 주변과 집단에서 밀려나는 위험을 겪었고 온전한 자아로 자신을 추스르지 못했다.

다른 사람과 어울려 살기 위하여 센이 된 이후에는 놀랄 만한 변신을 했고 적응력을 보여 주었지만, 반대로 노동과 규율 그리고 강압과 의무에 대해 무조건 수용할 수 없는 거부감도 늘어났다. 특히 가오나시의 요구를 물리치는 과정에서, 그리고 하쿠를 구해야 한다는 본능적 선택에서 그녀는 더 이상 센으로만 처신할 수 없다는 사실을 깨달았다. 의무대로 한다면 가오나시의 요구와 황금을 수용해야 했지만 그녀는 그럴 수 없었고, 온천장의 규율에 묶인다면 그녀는 제니바와의 약속을 지키지 못해 하쿠를 위험으로 몰아넣을 수도 있었다.

소중한 사람을 구하고 자신을 소중하게 가꾸기 위해서 그녀는 다시 치히로로 환신해야 했다. 하지만 기차 여행을 통해 온천장을 탈출한 치히로는 온천장 입성 전의 치히로와는 달랐다. 그 전의 치히로가 자신만 아는 응석받이 치히로였다면, 센이 되고 그 속의 세계를 경험한 이후 다시 돌아온 그녀는 센의 현실 원칙뿐만 아니라 치히로로서의 쾌락 원칙 또한 수용한 통합적 존재에 가까운 치히로였다.

창밖을 내다보는 치히로는 아마도 세상의 평범한 이치를 다시 확인하고 있었을 것이다. 집단과 사회의 구성원이 되기 위해서는 노동과 규칙을 이해해야 했지만, 연인과 동료를 지키기 위해서는 감정과 본능에 충실해야 했기 때문이다.

창밖으로 보이는 이들은 노동과 규칙의 시간과 세계를 끝내고 자신과 가족의 시간으로 향하고 있으며, 그러한 시간과 세계는 세상이 물로 덮이거나 바다가 된다고 해도 멈추지 않는다. 우리가 일상의 시간을 그 어떤 방식으로든 뛰어넘거나 생략할 수 없듯이, 육지가 바다가 된다고 해도 그 시간을 흐르고 그 속에서의 삶은 유지될 것이다.

치히로의 평범한 생각은 이미 온천장을 떠나올 때 완성되었을 수도 있다. 다만 그녀는 그러한 깨달음을 구체화할 생각의 도화선이 필요했다고 할 수 있는데, 그 도화선이 바다였고, 바다로 덮인 육지였고, 파괴되었거나 멈추었을 것으로 여겨졌던 일상이었다. 비가 와도, 용이 다쳐도, 괴물이 출몰해도, 그 모든 소란이 바다로 뒤덮여도 일상은 지속되고 있었다. 비나 괴물이나 용이나 바다보다도 일상은 무서운 존재였고, 그래서 소중한 존재였다.

8. 기억의 강물, 합일의 강물

제니바의 집은 평온했고, 그래서 치히로 일행은 한편으로 휴식을 취하며 다른 한편으로는 각자의 중대사를 해결했다. 보는 노동의 가치를, 보의 보모는 보의 성장을, 가오나시는 자립과 노동의 조건을 이해했다. 치히로는 하쿠의 사명을 완수했고, 하쿠의 생존을 확인했다. 이제 그들은 돌아가야 했다. 물론 가오나시는 제니바의 집에 남아야 했고 치히로 역시 온천장이 최종 귀환지는 아니었지만, 숲속의 오두막은 그들에게 귀환을 시작하는 공간이 될 수 있었다.

가오나시가 빠진 치히로 일행은 때마침 날아온 하쿠를 타고 신들의 온천장을 향했다. 멋진 비행이었는데, 난다는 것은 신나는 일이고 또 짜릿한 쾌감을 주는 일일 것이다. 그런데 그 순간 치히로는 하쿠를 탄 적이 있다는 사실을 상기한다. 가장 최근은 당일 아침이었을 것이다. 치히로는 부상당한 하쿠와 함께 지하 하수구로 떨어졌는데, 그때 하쿠를 독려해서 날도록 응원했고 잠시 비행한 하쿠에 매달려 있기도 했다.

그리고 그때 더 오래된 과거의 한때를 잠시 떠올렸었다. 그 시간에도 치히로는 하쿠를 타고 있었다. 온천장으로 돌아오는 비행에서 치히로는 먼 과거의 한때 하쿠를 타고 추락하는 위험 속에서 살아난 기억을 되살릴 수 있었다. 그 기억은 자신이 하쿠의 강에 빠졌고, 죽을 뻔한 위기를 하쿠가 구해준 기억이었다.

코하쿠 강에서 치히로의 기억

코하쿠 강으로서 본신을 되찾는 하쿠

그 기억은 거꾸로 하쿠의 위기를 구해준다. 하쿠는 물리적으로는 건강을 되찾은 상태였지만, 정신적으로는 유바바의 구속을 벗어나지 못한 상태였다. 그의 이름을 잊었기 때문에, 유바바에게 정신적으로 혹은 정서적으로 예속되어 있었는데, 이러한 예속에서 벗어나기 위해서는 잃어버린 이름을 되찾아야 했다. 여기서 이름은 정체성을 의미하니, 잃어버린 이름은 본래의 하쿠였다. 본래의 하쿠를 찾는 일은 자연스럽게 타인에게 종속된 자아를 풀어주는 일이기도 하다.

하쿠의 본래 이름은 '니기하야미 코하쿠누시'로 '코하쿠 강'이었다. 하쿠는 자신의 이름을 되찾는 순간, 용의 비늘을 잃고 본래 하쿠의 모습으로 돌아온다. 마법의 위장으로 가졌던 또 다른 육신을 탈피하여, 코하쿠라는 강의 신으로 그리고 치히로를 사랑하는 한 남자의 본신(本身)으로 돌아온다.

하쿠가 물의 신이었고, 그것도 과거 치히로와 인연을 맺었던 강이었다는 의미는 매우 신선하고 또 새롭다. 강이라는 자연의 현상이 인간의 육신을 하고 치히로의 애인의 되었으며, 또 한때는 용이 되어 하늘을 날고 마법을 발휘한다는 상상 자체가 자연과 인간, 영혼과 육신, 정신과 물질이라는 한계와 경계를 뛰어넘기 때문이다.

결국 치히로는 물의 기억을 통해 물과 세상과 자신이 하나가 되는 경험을 얻을 수 있었다. 오물신의 경우에서도 나타났지만, 인간은 강과 함께 사회를 만들고 문명을 건설했다. 이러한 문명과 사회는 인간의 의식을 다시 지배하고 결과적으로는 사회적 자아, 즉 현실 원칙을 생성했으며, 노동하고 규율을 지키는 속(俗)의 세계를 만들었다. 치히로는 그 세계(속의 세계)를 경험했고, 나아가서는 그 세계만으로는 자아의 완전한 통합을 이룰 수 없다는 사실을 인식했다.

현실 원칙과 짝을 이룰 쾌락 원칙이 필요했고, 노동과 규율과 함께 존재해야 할 욕망과 개인의 시간이 필요했으며, 자아 위주의 삶의 양식에서 자연과 생물 그리고 타인을 아우르는 확대된 자아가 필요하다는 사실을 또한 깨달았다. 하쿠와의 기억을 되살리고 그와의 정서적, 정신적 결합을 이루면서 영혼의 합일을 이루는 듯한 위의 장면은 결국 이기적인 치히로만의 세계가 아니라, 하쿠와 보와 가오나시와 제니바와 유바바 그리고 온천장의 종업원들과 부모까지 포함하는 확대된 세계 속의 치히로가 되어야 한다는 사실을 암시한다. 이때 강도 예외가 아니며, 그 강이 모여 이룬 거대한 물의 세계인 바다 역시 빠질 수 없다.

하쿠와 비행하는 세상에서 바다는 어느새 물러나 있었다. 물이 빠지고 강이 줄어들고 세상의 육지가 바다를 밀어 올리고 다시 부상했기 때문일 것이다. 하지만 비는 언제든 올 수 있고, 신들의 온천장 주위에는 불어난 물로 다시 강이 생기고 바다가 생겨 그 위로 기차가 지나야 하는 시간이 생겨날 것이다. 그 시간은 치히로와 하쿠 그리고 보와 가오나시에게는 자신을 찾는 시간이었고, 앞으로 그들처럼 여행하는 이들에게도 바다 위의 모험은 역시 동일 시간이 될 것이다. 바다의 시간은 결국 자신을 찾는 모험이었고, 내면으로의 여행이었으며, 속과 성의 시간이 만나는 합일의 시간이었다.

참/고/문/헌

1. 조선족 희곡 〈불길〉을 통해 여순항쟁을 읽다

〈논문〉

- 김미란, 「여순항쟁과 4월혁명, 혹은 김승옥 문학의 시공간 정치학–반공과 자유주의의 길항 관계를 중심으로」, 『대중서사연구』 22, 대중서사학회, 2009.
- 임송자, 「여순항쟁 연구의 현황과 쟁점, 그리고 과제」, 『남도문화연구』 2, 남도문화학회, 2021.
- 전영의, 「해양도시 여수의 문학적 표상과 공간의 로컬리티」, 『현대소설연구』 82, 현대소설학회, 2021.

〈단행본〉

- 김시준, 『중국현대문학사』, 지식산업사, 1992.
- 김운일 · 권철 · 한기영 편, 『20세기 중국조선족 문학사료전집–희곡』 16, 연변인민출판사, 2010.
- 김운일, 『중국 조선족 연극사』, 신성출판사, 2006.
- 민병욱, 『북한연극의 이해』, 삼영사, 2001.
- 이광일, 『해방 후 조선족 소설문학 연구』, 경인문화사, 2003.
- 한국국방부 전사편찬위원회, 『한국전쟁사』, 서울 전사편찬위원회, 1968.

〈기타〉

• 「여수-순천 사건 재조명, 창작연극 '1948 여수' 개막」,『예술과 함께 문화뉴스』, 2020.10.21.

• http://www.mhns.co.kr/news/articleView.html?idxno=419495

2. 바다의 경계 확장과 의미 변화

〈기본자료〉

• 천승세, 「만선」,『황구의 비명』, 창작과 비평사, 1975.

• 천승세, 「빙등」,『한국문학』, 한국문학사, 1984.08~1986.02.

〈논문〉

• 김남석a, 「어촌 소재 희곡의 상동성 연구」,『호원논집』 8, 고려대학교 일반대학원, 2000. 9.

• 김남석b, 「한국 희곡 연구에 나타난 해양 관련 담론 연구」,『인문사회과학연구』 12-2, 부경대학교 인문사회과학연구소, 2011.

• 김태희, 「한국 전쟁에 대한 기억과 연극의 재현 양상 ─신명순의 〈증인〉을 중심으로」,『공연문화연구』 43, 한국공연문화학회, 2021.

• 윤진현, 「파멸과 생성의 변증법: 천승세」,『1960년대 희곡연구』, 새미, 2002.

• 최상민, 「천승세 희곡에서 로컬리티의 문제」,『드라마연구』 41, 한국드라마학회, 2013.

• 최원식, 「민중예술의 길 천승세 소설론」,『혜자의 눈꽃』, 심지, 1991.

⟨단행본⟩

- 백낙청, 『민족문학과 세계문학 Ⅱ』, 창작과 비평사, 1985.
- 조규익 · 최영호, 『해양문학을 찾아서』, 집문당, 1994.

⟨기타⟩

- 김종균, 「[한국원양어업기술훈련소 역사] 한국해양수산연수원으로 명맥 이어져」, 『부산일보』, 2017.02.12.
- 안영민, 「작가가 고난을 외면할 만큼 이 시대는 진정 풍요로운가」, 『월간말』, 1999.11.
- 천금성, 「다시보는 천금성의 '한국 원양어업 개척사'9」, 『현대해양』, 2017.04.03.
- 『동아일보』, 『조선일보』, 『경향신문』

3. 1960년대 영화와 단절의 현해탄

⟨기본자료⟩

- 김영수 · 류한철, ⟨귀국선⟩ 오리지널 시나리오, 1963.
- 김효천, ⟨슬픔은 파도를 넘어⟩, 1968.
- 김효천(최금동, 신봉승), ⟨슬픔은 파도를 넘어⟩ 오리지널 시나리오, 1968.
- 안현철, ⟨윤심덕⟩, 1969.
- 유한철, ⟨윤심덕⟩ 오리지널 시나리오, 1969.
- 유한철, ⟨윤심덕⟩ 심의대본, 1969.

- 장사공, 〈총독의 딸〉 오리지널 시나리오, 1965.

〈논문〉
- 고연숙, 「임화 시에 나타난 '바다'의 상징성 연구」, 『인문학연구』 83-2, 충남대학교 인문과학연구소, 2011.
- 김예림a, 「불/안전국가의 문화정치와 포스트콜로니얼 문화상품의 장 -1960년대 영화와 "현해탄 서사" 재고-」, 『현대문학의 연구』 42, 한국문학연구학회, 2010.
- 김예림b, 「현해탄의 정동 -국가라는 "슬픔"의 체제와 밀항」, 『석당 논총』 49, 동아대학교 설당학술원, 2011.
- 김혜인, 「현해탄의 정치학-제국의 법질서와 식민지 주체의 정화술」, 『어문론총』 512, 한국문학언어학회, 2010.
- 박경 · 장은미, 「대한해협의 지리학적 의미에 대하여」, 『대한지리학회 학술대회논문집』, 대한지리학회, 2013.
- 박경수, 「현대시에 나타난 현해탄 체험의 형상화 양상과 의미」, 『한국문학논총』 48, 한국문학회, 2008.
- 소재영, 「현해탄의 두 물길-임진왜란의 길, 조선통신사의 길」, 『해양한국』, 한국해사문제연구소, 2015.6.
- 오영숙, 「한일수교와 일본표상」, 『현대영화연구』 10, 한양대학교 현대영화연구소, 2010.
- 이화진, 「'65년 체제'의 시각 정치와 〈총독의 딸〉」, 『한국근대문학연구』 18-1, 한국근대문학회, 2017.
- 함충범a, 「1960년대 한국영화 속 일본 재현의 시대적 배경 및 문화적 지형 연구」, 『한일관계사연구』 47, 한일관계사학회, 2014.

• 함충범b, 「영화 〈현해탄은 알고 있다〉에서의 일본 대상화 방식 및 효과 연구」, 『현대영화연구』 10-1, 한양대학교 현대영화연구소, 2014.

〈단행본〉
• 김남석, 『해양영화의 의미와 미학』, 부경대학교출판부, 2018.

〈기타〉
• 『동아일보』, 『조선일보』, 『경향신문』

4. 영화 〈해무〉가 그리는 생명정치와 바다

〈기본자료〉
• 김민정, 『해무』, 지만지, 2014.
• 심성보, 〈해무〉, 2014.

〈논문〉
• 구재진, 「예외상태의 윤리 – 조선족 밀항을 재현하는 시선들」, 『한국학연구』 47, 인하대학교 한국학연구소, 2017.
• 김남석, 「희곡과 스크린의 미학적 융합」, 『국어국문학』 170, 국어국문학회, 2015.
• 김이석, 「영화 〈해무〉의 서사분석」, 『인문사회과학연구』 16-1, 부경대 인문사회과학연구소, 2015.

- 김재기, 「중국 조선족의 과계민족(跨界民族)적 특성과 북한 및 통일관」, 『한국동북아 논총』 38, 한국동북아학회, 2006.
- 김종수, 「한국 영화에 나타난 조선족 재현 양상 연구」, 『비교문화연구』 44, 비교문학연구, 2016.
- 민신기, 「영화 해무에 등장한 캐릭터들의 성격 연구」, 『디지털디자인학연구』 16-3, 한국디지털디자인협의회, 2016.
- 오승렬, 「이달의 쟁점 : 중국 조선족의 불법입국,불법체류 대책은 무엇인가? ; 정부의 적극적 정책이 요구된다」, 『통일한국』 148, 평화문제연구소, 1996.
- 조정희, 「해양영화의 할리우드 표상과 오디세이적 담론에 대한 연구-〈명량〉과 〈해무〉를 중심으로」, 『인문논총』 56, 경남대학교 인문과학연구소, 2021.
- 주성철, 「해무 속에 욕망이 갇혀 있네」, 『씨네 21』, 2014.08.14.

〈단행본〉
- 강영안, 『타인의 얼굴』, 문학과지성사, 2013.
- 구모룡, 『해양문학이란 무엇인가』, 전망, 2004.
- 군터 숄츠, 김희상 옮김, 『바다의 철학』, 이유출판, 2020.
- 김남석, 『해양영화의 이해』, 지식과교양, 2017.
- 김정하, 『바다를 담아낸 소설과 민속』, 전망, 2005.
- 데이비드 보드웰 · 크리스틴 톰슨, 주진숙 · 이용관 외 옮김, 『영화예술』, 지필미디어, 2011.
- 마르틴 하이데거, 전양범 옮김, 『존재와 시간』, 동서문화사, 2018.
- 미셸 푸코a, 이규현 옮김, 『성의 역사1(지식의 의지)』, 나남출판,

2020.

- 미셸 푸코b, 오트르망(심세광 · 전혜리 · 조성은) 옮김, 『생명관리 정치의 탄생』, 난장, 2012.

- 서동욱, 『차이와 타자』, 문학과지성사, 2013.

- 슬라보예 지젝, 정일권 · 김희진 · 이현우 옮김, 『폭력이란 무엇인 가』, 난장이, 2011.

- 에마누엘 레비나스a, 김도형 · 문성원 옮김, 『타자성과 초월』, 그린 비, 2020.

- 에마뉴엘 레비나스b, 강영안 옮김, 『시간과 타자』, 문예출판사, 1996.

- 윤영도 · 신현준 · 이정은 · 조경희, 신현준 엮음, 『귀환 혹은 순환』, 그린비 2013.

- 이상섭, 『문학비평용어사전』, 개정판 1쇄, 민음사, 2001.

- 이재현, 『모바일 문화를 읽는 인문사회과학의 고전적 개념들』 (ebook), 커뮤니케이션북스, 2013.

- 오길영, 『포스트미메시스 문학 이론』, 느티나무책방, 2018.

- 윤인진, 『코리안 디아스포라』, 고려대학교출판부, 2017.

- 자크 아탈리, 전경훈 옮김, 『바다의 시간』, 책과 함께, 2021.

- 조르조 아감벤a, 김항 옮김, 『예외상태』, 새물결, 2009.

- 조르조 아감벤b, 박진우 옮김, 『호모 사케르』, 새물결, 2008.

- 조셉 보그스, 이용관 옮김, 『영화 보기와 영화 읽기』, 제3문학사, 1998.

- 토마스 렘케, 심성보 옮김, 『생명정치란 무엇인가』, 그린비, 2015.

- 한비자, 김원중 옮김, 『한비자』, 현암사, 2006.

- 홍순애, 『한국 근대문학과 알레고리』, 제이앤씨, 2009.

〈기타〉

- 심영섭, 「해무…백경과 세월호를 기억나게 하는」, 『매일경제』, 2014.08.19. https://www.mk.co.kr/economy/view/2014/1107104
- 「근해어선 감척사업 '부메랑'」, 『서울신문』, 2005.04.12. https://n.news.naver.com/mnews/article/081/0000038550?sid=102
- 「밀입국 중국인 질식사 '현장 검증', 공기 통풍 가능한 어창안 '질식사' 의문으로 남아」, 『오마이 뉴스』, 2001.10.13.
  https://www.ohmynews.com/NWS_Web/View/at_pg.aspx?CNTN_CD=A0000055964&CMPT_CD=SEARCH
- 「시체 25구가 바다에 버려진 '선상 살인사건'의 전말」, 『Insight』, 2017. 06. https://www.insight.co.kr/newsRead.php?ArtNo=108721

5. 암흑의 시간, 미디어를 횡단하는 페스카마호

〈기본자료〉

- 임선빈, 「페스카마-고기잡이배」, 『2017 서울연극제 희곡집』, 서울연극협회 엮음, 지식을만드는지식, 2017.
- 〈페스카마〉 공연영상, 김명현 촬영, 2017.

〈논문〉

- 백두산, 「다문 입 〈페스카마-고기잡이배〉, 〈말 잘 듣는 사람들〉」,

『한국희곡』66, 한국극작가협회, 2017.

• 소모뚜, 「함께 사는 달콤한 세상」, 『웹진 민연』25, 2013.

• 조만수, 「(좌담회) 서울연극제와 창작극」, 『한국희곡』66, 한국극작
  가협회, 2017.

• 차근호, 「(좌담회) 서울연극제와 창작극」, 『한국희곡』66, 한국극작
  가협회, 2017.

〈단행본〉

• 염운옥, 『낙인찍힌 몸』, 돌베개, 2019.

• 린다 허천, 정문영 · 박희본 옮김, 『각색과 전유』, 도서출판 동인,
  2019.

• 줄리 샌더슨, 손종흠 · 유춘동 · 김대범 · 이진형 옮김, 『각색 이론의
  모든 것』, 앨피, 2017.

〈기타〉

• 김남헌, 「독자수필 '페스카마호 참극'과 조선족의 한」, 『동아일보』,
  1996.11.30.

• 『경향신문』, 『국민일보』, 『동아일보』, 『매일신문』, 『부산일보』, 『서울
  신문』, 『한겨레』, 『한국일보』

• 「대법원 판결문-97도1142」, 1997.

• 「부산고등법원 판결문-97노36」, 1997.

• 「부산지방법원 판결문-96고합429」, 1996.

• 「수산업법 시행령」, 2021.

• 〈죽음의 배 페스카마15호, 나는 두목이 아니었다〉, 『그것이 알고 싶

다』390회. SBS, 2006.

6. 함세덕의 독서체험과 바다 소재 희곡

〈논문〉

- 김모란, 「〈무의도 기행〉의 상호텍스트성 재고」, 『한국극예술연구』 61, 한국극예술학회, 2018.
- 신승모, 「조선의 일본인 경영 서점에 관한 시론 일한서방의 사례를 중심으로」, 『일어일문학연구』79, 한국일어일문학회, 2011.
- 양승국, 「한국 근대 어민극의 가능성 : 함세덕 희곡에 나타난 바다의 의미」, 『한국 근대극의 존재형식과 사유구조』, 연극과 인간, 2009.
- 오애리, 「새 자료로 본 함세덕」, 『한국극예술연구』 1, 한국극예술학회, 1991.
- 이상우a, 「현대극장 시절의 함세덕과 〈황해〉」, 『근대극의 풍경』, 연극과 인간, 2004.
- 이상우b, 「입센주의와 여성, 그리고 한국근대극」, 『현대문학의 연구』 25, 한국문학연구학회, 2005.
- 이상우c, 「함세덕과 아이들 : 가족로망스, 혹은 청년의 탄생」, 『한국극예술연구』 29, 한국극예술학회, 2009.
- 이희환, 「새 자료로 본 함세덕의 가계와 문학-발굴희곡 〈벽공〉과 해방기 공연자료를 중심으로」, 『함세덕』, 연극과 인간, 2010.
- 장혜전, 「함세덕 희곡에 나타난 외국작품의 영향」, 『함세덕』, 연극과 인간, 2010.

• 히비 요시타카, 「한반도에서의 일본어 서점의 전개」, 『동아시아의 일본어 잡지 유통과 식민지문학』, 역락, 2014.

〈단행본〉
• 노제운 편, 『함세덕문학전집(1~2)』, 지식산업사, 1996.
• 박노홍, 「한국극장사」, 『박노홍전집4』(김의경, 유인경 편), 연극과 인간, 2008.
• 유민영, 『한국현대희곡사』, 홍성사, 1982.
• 이광수, 『이광수 전집(1)』, 삼중당, 1971.
• 이해랑, 『허랑의 진실』, 새문사, 1991.
• 정진수 편역, 『현대의 명작 단막희곡선』, 예니, 1985.
• 久保榮 譯, 〈天佑丸〉, 『白耳義‧和蘭 近代劇集』, 『世界戱曲全集(第36卷)』, 東京:近代社, 1928.
• 楠山正雄 譯, 〈海の夫人〉, 『イプセン集』, 『世界戱曲全集(第28卷)』, 東京:近代社, 1928.
• 松村みね子 譯, 〈海に行く騎者〉, 『愛蘭劇集』, 『世界戱曲全集(第9卷)』, 東京:近代社, 1928.
• 倉林誠一郎, 『新劇年代記』(戰中編), 東京:白水社, 1972.

7. 뮤지컬에서 그려진 현실 도피와 성장통의 공간

〈기본자료〉
• 박해림 작, 황예슬 곡, 장우성 연출, 〈전설의 리틀 농구단〉, 2020년

공연 대본.

- 윤상원 작 · 연출, 박인영 · 임준형 곡, 〈무인도 탈출기〉, 2021년 공연 대본.
- 한정석 작, 이선영 곡, 박소영 연출, 〈여신님이 보고 계셔〉, 2019년 공연 대본.
- 『무인도 탈출기』 공연 팜플렛, 2021.
- 장우성 연출 서면 인터뷰, 2020.8.14.
- 임한밀 음악감독 전화 인터뷰, 2021.11.5. pm14:00.
- 윤상원 작 · 연출 인터뷰, 모베터블루, 2022.2.13. pm16:00.

〈논문〉

- 곽수경, 「섬을 보는 두 가지 시선과 장르 활용의 효과」, 『씨네포럼』 23, 동국대학교 영상미디어센터, 2016.
- 김남석, 「한국 희곡 연구에 나타난 해양 관련 담론 연구」, 『인문사회과학연구』 12-2, 부경대학교 인문사회과학연구소, 2011.
- 박상민 · 정수현, 「스포츠 경기의 영화화에 따른 담화전략 연구」, 『대중서사연구』 23, 대중서사학회, 2010.
- 배정희, 「바다- 치유와 향락과 재난의 이미지」, 『유럽사회문화』 13, 유럽사회문화연구소, 2014.
- 소영현, 「한국사회와 청년들 -'자기 파괴적' 체제비판 또는 배제된 자들과의 조우」, 『한국근대문학연구』 26, 한국근대문학회, 2012.
- 신사빈, 이우창, 「뮤지컬 여신님이 보고 계셔의 서사 구조와 뮤지컬 넘버의 극적 기능」, 『한국콘텐츠학회논문지』 14-3, 한국콘텐츠학회, 2014.

- 김현진, 「유산슬, 김다비, 깡 열풍, 캐릭터의 확장이 통하다」, 『서울경제』, 2020.06.03., https://www.sedaily.com/NewsVIew/1Z3VTGZ1YP.
- 서정준, 「'당신의 무인도는 어디인가요'-무인도 탈출기 인터뷰」1, 『문화뉴스』, 2017.04.20., http://www.mhns.co.kr/news/articleView.html?idxno=50104.
- 조택원, 「격조있고 여운남긴 무대」, 『중앙일보』, 1971.09.29.
- 안세영, 「무대 위의 스포츠, 그 땀방울이 품은 진정성」, 『더 뮤지컬』 141, 클럽서비스, 2015.06.
- 유인경, 「1970년대 역사뮤지컬 연구」, 『민족문학사연구』 24, 민족문학사학회, 2004.
- 정명문, 「여신과 현대인의 소통 가능성」, 『한국희곡』 55, 한국희곡작가협회, 2014 가을.
- 정명문, 「농구 한 판, 생존 신호가 되다」, 『TTIS 오늘의 서울연극』 119, 연극기록실, 2020.09.29., http://www.ttis.kr/2020/09/base119/.
- 최승연, 「통속과 순수 사이」, 『연극평론』 74, 한국연극평론가협회, 2014.

〈단행본〉
- 김현경, 『사람, 장소, 환대』, 문학과 지성사, 2015.
- 주경철, 『문명과 바다 : 바다에서 만들어진 근대』, 산처럼, 2009.
- 기욤 르 블랑, 박영옥 옮김, 『안과 밖』, 글항아리, 2014.
- 로널드 토비아스, 김석만 옮김, 『인간의 마음을 사로잡는 스무 가지

플롯』, 풀빛, 1997.

- 시모어 채트먼, 한용환 옮김, 『이야기와 담론』, 푸른사상, 2003.
- 스티븐 시트론, 정재왈 · 정명주 옮김, 『뮤지컬』, 미메시스, 2007.
- 에드워드 사이드, 박홍규 · 최유준 옮김, 『음악은 사회적이다』, 이다미디어, 2008.
- 엘리스 캐시모어, 정준영 옮김, 『스포츠, 그 열광의 사회학』, 한울, 2001.
- 크리스토 스몰, 조선우 · 최유준 옮김, 『뮤지킹 음악하기』, 효형출판, 2004.

8. TV 로맨스 드라마와 바다

〈기본자료〉
- 〈톱스타 유백이〉, 이소정 · 이시은 극본, 유학찬 연출(tvN, 2018.11. 16.~2019.1.25.)
- 〈갯마을 차차차〉, 신하은 극본, 유제원 연출(tvN, 2021.8.28. ~2021.10.17.)

〈논문 및 단행본〉
- 박치완 · 김성수 외, 『상상력과 문화콘텐츠-바슐라르와 뒤랑을 중심으로-』, 한국외국어대학교 출판부, 2013.
- 김경애, 「최근 드라마에 나타난 연애관의 변모양상」, 『인문사회21』, 아시아문화학술원, 2016.

- 박은하, 「텔레비전 멜로드라마의 이야기구조와 남녀주인공의 특성」, 『한국콘텐츠학회논문지』 14-2, 한국콘텐츠학회, 2014.
- 배정희, 「바다-치유와 향락과 재난의 이미지」, 『유럽사회문화』 13, 연세대학교 유럽사회문화연구소, 2014.
- 이주라, 「서울의 생존, 지역의 공존」, 『르몽드디플로마티크』, 2021 (http://www.ilemonde.com/news/articleView.html?idxno=14972)
- 진보래·지혜원, 「드라마 시청자 로맨스에 대한 환상을 조장하는가?」, 『한국언론학회 학술대회발표논문집』, 2012.

〈단행본〉
- 이주라·진산, 『로맨스』, 북바이북, 2015.

9. 〈센과 치히로의 행방불명〉에 나타난 물과 바다 모티프

〈기본자료〉
- 미야자키 하야오, 〈센과 치히로의 행방불명〉, 2002.

〈논문〉
- 김광선, 「중앙아 텡그리즘과 한민족 고대사상: 게세르 신화와 단군 신화를 중심으로」, 『미션인사이트』 10, 주안대학원대학교 출판부, 2021.
- 김남석, 「〈센과 치히로의 행방불명〉에 나타난 제의적 특성에 관한 연구 - 한 이방인의 입무(入巫)와 낯선 침입자의 난장(亂場)을 중

심으로」, 『민족문화연구』 92, 고려대학교 민족문화연구원, 2021.

- 유수 · 권미정, 「시베리아 샤머니즘 정신문화의 관점에서 본 샤먼복
  식 연구」, 『복식문화연구』 29-1, 복식문화학회, 2021.

〈단행본〉
- 미르치아 엘리아데, 이동하 옮김, 『성과 속 종교의 본질』, 학민사,
  2006.

〈기타〉
- 「〈센과 치히로의 행방불명 이미지 앨범〉을 위한 메모」, 『반환점
  (1997-2008)』, 대원씨아이, 2013.

찾/아/보/기

필자소개(가나다 순)

김남석

부경대학교 국어국문학과 교수.
『동아일보』 신춘문예에 영화평론 「경박한 관객들 – 홍상수 영화를 대하는 관객의 시
선들」으로 당선되어 영화평론가가 되었다. 주요 저서로는 『빛의 향연』, 『세상의 모든
나들』, 『조선 연극과 무대 미술』, 『빈터로의 소환』 등이 있다.

김태희

원광대학교 인문학연구소 연구교수.
현재 연극과 제도, 기존 연극사의 바깥에 관심을 두고 공부하고 있으며 현장에서 연극
평론가로 활동하고 있다. 대표 연구로는 「극단 아리랑의 통일 소재 연극 연구」, 「거리
극의 연기 형식과 공간 활용에 대한 연구」, 「한국 전쟁에 대한 기억과 연극의 재현 양
상」 등이 있다.

문선영

한국공학대학교 지식융합학부 조교수.
주요저서로 『대중서사장르의 모든 것 : 코미디』(공저), 『대중서사장르의 모든 것 : 환
상』(공저), 『순결과 음란 : 에로티시즘의 작동방식』(공저), 『문화, on&off 일상』(공저),
『문화, 정상은 없다』(공저), 『문화, 공동체를 상상하다』(공저), 『한국의 공포드라마』
(저서) 등이 있다. 현재 한국 방송극의 장르 문화와 형성에 관심을 기울이면서 연구하
고 있다.

박소영

부경대학교 · 고려대학교 강사.

현재 영화와 문화콘텐츠를 공부하고 있으며 부경대와 고려대를 오가며 강의 중이다. 대표 저서로는 『융합의 시대 : 메타버스 – 확산의 예감』 (공저), 『음식문화와 문화동력』(공저)가 있다.

서미진

고려대학교 국어국문학과 박사 졸업.

고려대학교 · 한국예술종합원 · 한림대학교 강사 역임, 에딘버러 대학 방문연구원.

주요논문으로는 「임권택 영화 〈춘향뎐〉의 서술(Narration) 연구」, 「임권택 판소리 영화 〈천년학〉의 매체변환에 따른 서술양상과 미의식의 특이성」, 「김수용 문예영화의 결말구성과 의미화 작용의 양상」 등이 있다. 한국 문예영화 · 작가론 및 임권택 영화에 대하여 지속적인 연구를 진행하고 있으며 젠더 수행성 및 역사를 소재로 한 영화, 연극, 문화 콘텐츠 등에 관심을 기울이고 있다.

이복실

중국해양대학교 한국연구소 전임연구원.

현재 '만주국' 시기 극문학과 연극 등 공연 활동을 중심으로 연구 활동을 전개하고 있으며 대표 논저로 「만주국 조선인 연극」, 「만주국의 라디오 방송과 이동하는 미디어」, 「'항미원조'(抗美援朝) 위문단의 실체와 활동 양상」 등이 있다.

이상우

고려대학교 국어국문학과 교수.
주요 저서로 『유치진 연구』, 『근대극의 풍경』, 『식민지극장의 연기된 모더니티』, 『극장, 정치를 꿈꾸다』, 『우리는 왜 극장에 가는가』 등이 있다.

이주영

한국교통대학교 강사, 연극평론가 · 드라마투르그.
주요 논문으로 「일제 말기 국민연극 기획과 관람 양상」(박사논문), 「코로나19 이후 온라인 연극의 전개와 방향성」, 「1930년대 〈봉산탈춤〉과 전통의 향방」 등이 있다. 일제 말기 극예술 전반에 관심이 있다.

정명문

한양대학교 창의융합교육원 강사
주요논저로 「1950년대 악극의 혼성감각과 좌표」, 『한반도 음악극』, 『인천음악가와 만남』(공저), 『텔레비전 드라마, 판타지를 환유하다』(공저) 등이 있다. 극작으로 음악극 〈할머니, Grandma〉가 있다. 대중과 접점을 가지고 있는 다양한 음악극에 대한 관심을 가지고 연구를 확장하고 있다.

극예술, 바다를 상상하다

초 판 인 쇄 | 2023년 11월 30일
초 판 발 행 | 2023년 11월 30일

지 은 이 공연과 미디어 연구회

책 임 편 집 윤수경

발 행 처 도서출판 지식과교양
등 록 번 호 제2010-19호
주 소 서울시 강북구 삼양로 159나길18 힐파크 103호
전 화 (02) 900-4520 (대표) / 편집부 (02) 996-0041
팩 스 (02) 996-0043
전 자 우 편 kncbook@hanmail.net

© 공연과 미디어 연구회 2023 All rights reserved. Printed in KOREA

ISBN 978-89-6764-204-4 93680   **정가** 21,000원